HEYNE <

Das Buch

Was seit Jahren in Griechenland, Portugal, Spanien und Italien passiert, ist erst der Anfang. Auch Deutschland und anderen europäischen Staaten soll es so ergehen: Durch drastische Sparprogramme werden die Löhne gesenkt, Einschnitte in die Sozial-, Gesundheits- und Bildungssysteme durchgesetzt, die Arbeitnehmerrechte reduziert und der Verkauf öffentlichen Eigentums vorangetrieben. Unter dem Vorwand der Krisenbewältigung geht es um die gnadenlose Durchsetzung einer marktfundamentalen Politik, um einen kalten Putsch gegen die europäische Zivilgesellschaft. Doch wer steckt dahinter? Eine mächtige Elite aus Wirtschaft und Politik, deren Ziel die Durchsetzung langfristiger wirtschaftsfreundlicher Strategien und die Entmachtung des Staates ist. Jürgen Roth nennt die Putschisten und ihre Helfershelfer beim Namen, er deckt auf, wie sie über das Schicksal Europas entscheiden, und zeigt, warum wir uns nicht länger belügen und täuschen lassen dürfen – ein brisantes Enthüllungsbuch.

Der Autor

Jürgen Roth, geboren 1945, ist einer der bekanntesten investigativen Journalisten in Deutschland. Seit 1971 veröffentlicht er brisante TV-Dokumentationen und aufsehenerregende Bücher über Politik, Korruption und Kriminalität. Zuletzt erschienen von ihm »Der tiefe Staat«, »Gazprom – Das unheimliche Imperium« und »Gangsterwirtschaft«, die allesamt Bestseller sind.

JÜRGEN ROTH

DER STILLE PUTSCH

Wie eine geheime Elite
aus Wirtschaft und Politik sich Europa
und unser Land unter den Nagel reißt

WILHELM HEYNE VERLAG
MÜNCHEN

Die Verlagsgruppe Random House weist ausdrücklich darauf hin, dass im Text enthaltene externe Links vom Verlag nur bis zum Zeitpunkt der Buchveröffentlichung eingesehen werden konnten. Auf spätere Veränderungen hat der Verlag keinerlei Einfluss. Eine Haftung des Verlags für externe Links ist stets ausgeschlossen.

Verlagsgruppe Random House FSC® N001967

2. Auflage
Taschenbucherstausgabe 06/2016
Copyright © 2016 by Wilhelm Heyne Verlag, München,
in der Verlagsgruppe Random House GmbH,
Neumarkter Straße 28, 81673 München
Redaktion: Andrea Kunstmann, München
Umschlaggestaltung: Hauptmann &
Kompanie Werbeagentur, Zürich
Satz: Satzwerk Huber, Germering
Druck und Bindung: GGP Media GmbH, Pößneck
Printed in Germany

ISBN 978-3-453-60389-9

www.heyne.de

INHALT

Vorwort
Warum Europas Blütenträume welken 9

DER STILLE PUTSCH

Wen repräsentiert die Troika? Die Putschisten 27
Ein Blick hinter die Kulissen:
   die bisherige Erfolgsbilanz der Putschisten 30
Der Putsch und die Folgen 37

DIE AKTEURE

Einblicke in die geheime Elite aus Wirtschaft
   und Politik...................................... 43
Die Intimität eines Netzwerks: die Baden-Badener
   Unternehmer Gespräche 47
Bilderberg: Macht oder Ohnmacht der Eliten......... 49
Nicht nur in den Korridoren der Macht: die Runden
   Tische.. 56
Wer versteckt sich hinter dem *Entrepreneurs'*
   Roundtable?..................................... 57
Die Bankenmacht im Eliteklub 62
Wo nicht nur ein Ex-Bundesbankpräsident aktiv ist:
   Kleptokratie Angola............................. 69

Die Einflüsterer des *Entrepreneurs' Roundtable* 73
Die unheimliche Medienmacht des *Entrepreneurs' Roundtable*. 74
Die Infiltration von McKinsey 76
Deutschlands Eliten ganz unter sich. 79
Der *European Round Table of Industrialists*:
    die europäische Elite und einige ihrer Geheimnisse.. 85
Wie wird man Topmanager und Führungsmitglied
    des ERT – ein Fallbeispiel...................... 94
Die Milliardenmacht der Banken in Brüssel 103
Der Helfershelfer, den sie riefen: der Italiener
    Mario Draghi 108
Das System der Loge oder der Beginn einer neuen
    Republik?.................................... 115
Weder saubere Hände noch saubere Geschäfte 119
Der Fall Griechenland und Mario Draghi............ 124

DIE OPFER

Eine Woche in Athen oder das Abbild unserer
    eigenen Zukunft 129
Die Wut der Ohnmächtigen 132
Diskussion unter Journalisten über einen
    Oppositionsführer 135
Einblicke in die griechische Presse- und
    Meinungsfreiheit 138
Was ist das eigentlich für eine Demokratie? 141
Ein zerstörtes Gesundheitssystem und ein gestörter
    rechtsradikaler Gesundheitsminister 145
Hass gegen das Fremde – der Zerfall demokratischer
    Gesellschaften................................ 150
Sieht so unsere Zukunft aus? 159

DIE PROFITEURE

Über ein Leben ohne Skrupel und gesellschaftliche
    Verantwortung 165
Das Feuer der griechischen Neonazis und die Kultur
    der Intoleranz 172

DIE HOFFNUNGEN

Die Geschichte der vertrockneten roten Nelken....... 183
Die Verdrängung der Geschichte oder warum die
    deutsche Elite so unbeliebt ist 184
Von der Diktatur in die Freiheit und dann zur Troika:
    Portugals Nelkenrevolution 191
Grândola – ein Volk befreit sich 194
Das Ende des Traumes von Freiheit und
    Gerechtigkeit..................................... 197
Sozialdemokraten aus Deutschland und der Weg
    zurück 200
Die wahren Herrscher in Portugal – gestützt von
    der Troika 204
Das promiskuitive Verhältnis zwischen Banken
    und Politikern und das Geld der Steuerzahler....... 208
Über die Wut, die Melancholie und die
    Ohnmacht 212

METHODEN UND STRATEGIEN

Das schwarze Loch der Public-Private-Partnerships ... 223
Die Korruption der Rüstungsindustrie am Beispiel
    Portugal... 225
Das griechische Drama der systemimmanenten
    Korruption 229

Die Waffenindustrie – Deutschlands Erfolge in
   Griechenland 231
Der Fall Siemens – Deutschlands Beitrag zur
   Schuldenkrise................................... 236
Sokratis Kokkalis – der griechische Milliardär,
   der die DDR gut kannte 244

DIE BILANZ

Der große Räumungsverkauf – staatliche
   Einrichtungen zum Schleuderpreis................ 247
Die deutsche Treuhand als Vorbild für das
   Privatisierungsdiktat der Troika?................ 249
Europa rüstet auf – gegen die Bürger 258

DER WIDERSTAND

Wasser für alle – oder Profite für wenige............. 266
Gold für die Investoren – Gift für die Bürger 270
Über Macht und Ohnmacht in einer
   Bankenmetropole................................ 280

Schlussbemerkung.................................. 285

Dank 293
Anmerkungen 295
Namensregister 319

VORWORT

Warum Europas Blütenträume welken

Nein, es ist kein Märchen. Es gibt sie tatsächlich, die Grundrechtecharta der Europäischen Union. In ihrer Präambel haben die Mitgliedsstaaten ausdrücklich erklärt, dass die Europäische Union sich »gründet (…) auf die unteilbaren und universellen Werte der Würde des Menschen, der Freiheit, der Gleichheit und der Solidarität«. Und sie beruht auf den »Grundsätzen der Demokratie und der Rechtsstaatlichkeit«.[1]

Glücklich wären wir Bürger in Europa, wenn wenigstens ein Teil davon in die politische und gesellschaftliche Praxis umgesetzt worden wäre. Von wegen universelle Werte der Würde des Menschen. Darauf hofften jene Menschen, die Schutz vor politischer Verfolgung und quälendem Hunger in Europa suchten, vergeblich. In den letzten Jahren starben bei ihrer Flucht aus Afrika allein im Mittelmeer mindestens 20.000 Babys, Kinder, Frauen und Männer. Wie hoch die Zahl jener Flüchtlinge ist, die auf dem Weg nach Europa zuvor schon erstickt, erfroren oder verhungert sind, ist nicht einmal ansatzweise bekannt.

Von wegen Freiheit, Gleichheit und Solidarität: Laut einem Bericht des Internationalen Roten Kreuzes müssen 43 Millionen Europäer hungern, 120 Millionen Europäer sind armutsgefährdet.[2]

Was ist die Addition von *Freiheit, Gleichheit, Solidarität*? Es ist Gerechtigkeit. Und schon der römische Philosoph und Kirchenlehrer Augustinus (*354 n. Chr.) verkündete: »Wo die Gerechtigkeit fehlt – was sind die Staaten dann anderes als große Räuberbanden.«[3] In unserer Zeit sind jedoch nicht »die Staaten« die großen »Räuberbanden« – wie es neoliberale Ideologen ständig proklamieren. Im 21. Jahrhundert verstehen die Bürger unter den Räuberbanden eher bestimmte Regierende in Europa und (selbst wenn das furchtbar abgedroschen und einfältig klingt) ihre Amigos in den internationalen Konzernen, den Banken, in der parasitären Finanzindustrie. Und damit liegen sie, leider, nicht falsch.

Denn diesen Räuberbanden gelang in den letzten Jahren ein bewundernswerter Coup. Sie setzten unter dem Vorwand notwendiger Reformen ein wirtschaftliches und soziales Ordnungssystem bereits in mehreren europäischen Ländern durch, das eine aufgeklärte demokratische Zivilgesellschaft nicht kampflos hinnehmen würde. Und diese »Reformen« sollen auch in Deutschland durchgesetzt werden. Deshalb wählten sie das klassische Instrument für einen Systemwechsel: den Putsch. Im Windschatten der öffentlichen Wahrnehmung vernetzte sich eine globale Elite mit ihrer geballten politischen und wirtschaftlichen Macht. Bei diesem stillen Putsch geht es um nicht weniger als die Machterhaltung, Besitzstandswahrung und Vermögensvermehrung eben dieser globalen Elite. Sie hat sich in ihrem eigenen Universum eingerichtet, das mit allen Mitteln verteidigt werden muss. Die Zerstörung der sozialen Sicherungssysteme ist eine der Voraussetzungen, um das zu erreichen. Dabei gibt es eine Europäische Sozialcharta, deren Existenz wohl wissentlich verschwiegen wird. Sie wurde 1961 in Turin mit großem

Brimborium verabschiedet und von 43 Staaten des Europarats unterzeichnet, darunter Deutschland. Die Charta beinhaltet 19 Grundrechte, unter anderem das Recht auf gerechte, sichere und gesunde Arbeitsbedingungen, das Recht auf ein gerechtes Arbeitsentgelt, das den Arbeitnehmern und ihren Familien einen angemessenen Lebensstandard ermöglicht, das Recht auf soziale Sicherheit und auf gesetzlichen wirtschaftlichen und sozialen Schutz der Familie. Auch das Recht auf erschwinglichen Wohnraum, kostenlose Schuldbildung und ein Verbot der Zwangsarbeit sind in der Charta enthalten.[4] Doch sie ist das Papier nicht wert, auf dem sie steht. Die europäischen Regierungen verletzen ständig diese Charta, in Zeiten der Krise noch mehr als zuvor, ohne dass es irgendwelche Konsequenzen hätte. Und keiner regt sich darüber auf.

Wie bei jedem Putsch werden die Menschenrechte, das Fundament europäischer Werte, bedeutungslos. Vollkommen verschlafen haben die bundesdeutschen Medien (was die politische Elite in Berlin und Brüssel sicher beglückte) die wissenschaftliche Studie *Schutz der Menschenrechte in Zeiten wirtschaftlicher Krise*. Nils Muižnieks, der Menschenrechtskommissar des Europarats, veröffentlichte sie Anfang Dezember 2013. Die Bilanz ist erschreckend eindeutig: »Die Regierungen, die in Europa die Sparmaßnahmen durchsetzen, vergessen dabei ihre Verpflichtung, die Menschenrechte zu wahren, insbesondere die sozialen und wirtschaftlichen Rechte der Verwundbarsten, die Notwendigkeit, den Zugang zur Justiz zu gewährleisten und das Recht auf Gleichbehandlung«, klagt Nils Muižnieks.[5] »Immer mehr Kinder verlassen die Schule, um Arbeit zu finden und ihre Familie zu unterstützen. Sie riskieren dabei lebenslange Folgen für ihren Bildungserfolg. Dies verschärft die Situation im Hinblick auf prekäre Beschäftigungsverhältnisse und führt zu Kinderarbeit oder sogar ihrer Ausbeutung.«[6]

Dafür ist es den Putschisten in den südeuropäischen Ländern bereits gelungen, sogar die demokratischen Institutionen auszuhebeln. Und was verschwiegen wird – der Putsch kostete schon Tausenden Menschen unter anderem wegen rigider Kürzungen im Gesundheitssystem das Leben.

Auf den ersten Blick mag es abwegig scheinen, hier von der zeitgenössischen Form eines Coup d'Etat, einem gut geplanten, stillen Putsch zu sprechen. Doch was ist denn das, was da in Griechenland, Zypern, Portugal, Italien oder Spanien seit 2010 geschieht und bald auch in Deutschland? Es ist nichts anderes als die Zerschlagung des demokratischen Sozialstaats – und die eklatante Verletzung der Europäischen Grundrechtecharta. Griechenland, Spanien oder Portugal waren dabei erst der Anfang, quasi ein Experiment, wie ein Putsch ohne viel Widerstand durchgeführt werden kann. Diejenigen, die ihn in vielerlei Weise gefördert, wenn nicht sogar initiiert haben, die auf jeden Fall aber die Profiteure sind, finden sich unter anderem an den sogenannten Runden Tischen, von denen es viele gibt. Beispielsweise den *European Round Table of Industrialists* oder den *European Financial Services Round Table*. Und wahrscheinlich hat noch nie jemand vom *Entrepreneurs' Roundtable* mit Sitz in Zürich und Berlin gehört oder gelesen. Das ist ein ebenso exklusiver wie verschwiegener Männerbund (Frauen sind nicht zugelassen), und für eine Mitgliedschaft müssen die Unternehmer oder Banker einen jährlichen Gesamtumsatz von mindestens 500 Millionen Euro vorweisen. Kurioserweise muss man sich dort duzen und darf bei den Treffen keine Krawatte tragen. Der Kodex: absolute Verschwiegenheit darüber, wer dazugehört und was sich bei den Treffen abspielt. Dieser *Entrepreneurs' Roundtable* sei »mächtiger als viele Politiker«, berichtet ein Insider, der sich von mir eine Verschwiegenheitsvereinbarung unterschreiben ließ, bevor er aus dem Nähkästchen plauderte. »Es darf niemand erfahren, wer ich bin, und es darf keine Hinweise auf mich geben.« Ansonsten sei eine Strafzahlung von 50.000 Euro fällig.

Nicht dass er Angst habe, aber seine erfolgreiche Karriere wäre dann wohl am Ende. Er weiß, wovon er spricht, unterhält er doch enge persönliche Kontakte zu den Mitgliedern in Deutschland wie in der Schweiz. »Mitglieder sind die Spitzen der Wirtschaft, Banken und Medien, davon etwa die Hälfte Vorstandsvorsitzende, Konzernleitungsmitglieder und Verwaltungsräte börsennotierter nationaler wie internationaler Konzerne. Sie sind unantastbar, haben einen Freibrief«, weiß der Insider zu berichten. In der deutschen Presse findet man über den *Entrepreneurs' Roundtable* kein einziges Wort. Doch dazu später mehr, auch über andere Round Tables, die so unschuldig klingen, obwohl sie maßgeblich die europäische und deutsche Politik beeinflussen oder sogar bestimmen – und alles andere als die überwiegende Mehrheit der Bevölkerung repräsentieren.

Was mit dem Putsch sowie mit den intransparenten Eliteklubs unmittelbar zusammenhängt, ist die bislang ungelöste sogenannte Finanz- beziehungsweise Eurokrise. Eigentlich sollte es überflüssig sein, überhaupt noch über Rettungsschirme oder Schuldenbremsen zu schreiben. Seit Jahren werden wir mit entsprechenden Nachrichten überschüttet – und sind trotz aller klugen Bücher, informativen Fernsehsendungen und banalen Talkshows so ahnungslos wie zuvor. Die Erkenntnisse, die uns Experten mit wichtiger Miene präsentierten, bieten ein Minimum an gesellschaftlichen und politischen Analysen und Hintergründen. Anscheinend glaubt die regierende Elite, dass die Bürger moralisch und geistig taub sind und sich von Mythen, Lügen und Illusionen einfangen lassen. Warum werden wir über die Profiteure der Eurokrise nicht wahrheitsgemäß informiert, sondern mit hohlen Satzbausteinen ruhiggestellt? Warum wird nicht darüber gesprochen, dass die Regierenden der am Finanztropf hängenden europäischen Staaten und die deutschen beziehungsweise europäischen politischen und wirtschaftlichen Eliten Komplizen sind? Könnte es vielleicht sein, dass Schulden inzwischen fast so werthaltig sind wie Gold, weil die Gläubiger – Banken, Hedgefonds und multinationale Konzerne – dadurch Macht über die südlichen Krisenländer und deren Ressourcen ausüben können? In welche unterirdischen Kanäle strömten eigentlich die Milliardengelder der EU, wer profitierte und wer nicht, und warum wurde das von den ansonsten geizigen Geldgebern akzeptiert? Fragen über Fragen, auf die uns bislang keine schlüssigen Antworten gegeben wurden. Ich will es im Folgenden versuchen.

Auch lohnt es sich, einmal über die schillernde Vergangenheit des Präsidenten der Europäischen Zentralbank (EZB), Mario Draghi, oder des Präsidenten der Europäischen Kommission, José Manuel Barroso, nachzudenken, und insbesondere darüber, welche Interessen sie eigentlich vertreten. Als konservativer portugiesischer Regierungschef in den Jahren 2002 bis 2004 war José Manuel Barroso in jeder Beziehung politisch mitverantwortlich für das flächendeckende System der Korruption, das eine wesentliche Ursache der heutigen Schuldenkrise Portugals ist, wie die Organisation *Associação Cívica Transparência e Integridade,* die portugiesische Dependance der Antikorruptionsorganisation *Transparency International* feststellt.

Dass Barroso und seine Ehefrau im August 2004 auf Kosten des reichsten griechischen Reeders und Bankers, Spiros Latsis, auf dessen Luxusjacht *Alexander* in der noch blauen Ägäis schipperten, scheint vergessen. Der Freund habe ihn rein privat eingeladen, ließ Barroso erklären, als der Vorgang bekannt wurde. Sein Freund verfügte über ein Vermögen von 6 Milliarden US-Dollar.[7]

Im November 2009 wurde Barroso zum Präsidenten der Europäischen Kommission ernannt. Die Bank des Milliardärs Spiros Latsis erhielt im Sommer 2012 insgesamt 4,2 Milliarden Finanzhilfen vom europäischen Steuerzahler. »Jetzt konzentriert sich die Bank auf das Private-Banking-Geschäft mit Filialen in Gibraltar, Dubai, Liechtenstein und auf den Caymaninseln.«.[8] Man nennt diese Länder Steuerparadiese.

Und schließlich: Fragen wir uns in Deutschland eigentlich überhaupt noch, was wir an sozialer und kultureller Kreativität von Menschen erwarten können, die seit Jahren existentielle Einschränkungen in ihrem Leben hinnehmen müssen? Menschen, deren vielfältige Talente bei der Aussicht auf lebenslange Erwerbslosigkeit oder prekäre Arbeitsverhältnisse ungenutzt bleiben und die den Glauben an die Demokratie verloren haben? Werden sie sich wie Lämmer zur Schlachtbank führen lassen? Sie werden es nicht. Die massenhaften Demonstrationen gegen die Troika, ob in Athen, Madrid, Rom, Lissabon und selbst in Frankfurt am Main oder Berlin sprechen eine andere Sprache.

Trotzdem herrscht zumindest in Deutschland eine lähmende Gleichgültigkeit gegenüber dem systematischen Abbau des demokratischen Sozialstaats, der Prekarisierung der gesamten Gesellschaft. »Jeder Einzelne von uns weiß, fühlt, begreift sich als potentiell arbeitslos, potentiell prekär beschäftigt, potentiell auf Teilzeit-, Termin- oder Gelegenheitsjobs angewiesen.« Das schrieb bereits im Jahr 2000 der französische Sozialphilosoph André Gorz. »Aber was jeder und jede Einzelne weiß, wird noch lange nicht zum allgemeinen Wissen über unsere gemeinsame Lage. Vielmehr setzt der herrschende öffentliche Diskurs alles ein, um uns unsere gemeinsame Lage zu verschleiern, zu verhindern, dass wir die Prekarisierung unserer Erwerbsverläufe als ein gesellschaftlich verursachtes Risiko erkennen, das uns alle als Angehörige dieser Gesellschaft betrifft.«[9] Man sollte doch endlich einmal begreifen, sagt Professor Oliver Marchart, dass »Prekarisierung nicht eine kleine Gruppe von Abgehängten oder Ausgeschlossenen betrifft, sondern nahezu alle. Das heißt: Prekarisierung ist ein Phänomen von gesamtgesellschaftlicher Tragweite.«[10] Ähnlich sieht es Bernadette Ségol, die Generalsekretärin des Europäischen Gewerkschaftsbunds ETUC in Brüssel: »Das europäische Sozialmodell, das wir erreicht hatten, wird zerstört. Früher oder später wird diese Entwicklung auch die Länder erreichen, die heute noch keine Probleme haben, wie etwa Deutschland. Durch die billigen Löhne, die jetzt im Süden durchgesetzt werden, entsteht für die Länder, die noch nicht betroffen sind, ein großer Druck auf Löhne und soziale Bedingungen.«[11]

Es wird also in Deutschland Zeit zu begreifen, dass die Durchsetzung einer zentral gelenkten, neoliberalen Ordnungspolitik, das Ziel des stillen Putsches, das Schicksal aller in Europa lebenden Menschen verbindet, auch wenn in Deutschland die anhaltenden massiven Proteste in den verschiedenen europäischen Städten gegen die erlebten sozialen Konsequenzen des Putsches allenfalls am Rande wahrgenommen werden. Ist das ein Ausdruck emotionaler und politischer Blindheit? Die meisten deutschen Bürger scheinen doch tatsächlich zu glauben, dass das, was da außerhalb der schwarz-rot-goldenen Grenzen geschieht, mit ihnen nichts zu tun habe. Ein fataler Irrtum.

DER STILLE PUTSCH

Laut Duden ist der Putsch ein politischer Umsturz. Zumindest in Europa müssen Putsche nicht mehr von Militärs ausgeführt werden, den klassischen Marionetten bedrohter konservativ-reaktionärer Eliten wie zum Beispiel in den Sechzigerjahren in Griechenland. Heute geschieht der Umsturz geräuschlos und schleichend, ohne dass dröhnende Panzer vor den Parlamenten und Fernsehstationen auffahren, ohne eine Soldateska, die Oppositionelle in finstere Kerker wirft und foltert.

Ist das nicht alles nur eine krude Verschwörungstheorie, leben wir nicht in einem Europa mit demokratisch legitimierten Regierungen?

Zur Erinnerung: Der aus dem antiken Griechenland stammende Begriff der Demokratie bedeutet nichts anderes als die Herrschaft des Volkes. Das heißt, dass die Staatsgewalt von den Bürgern ausgehen sollte – so definierte es einst zumindest der griechische Staatsmann Perikles im 5. Jahrhundert v. Chr. Bereits damals klagte sein Kritiker, der Philosoph Plutarch, dass Perikles sich durch »die Verteilung öffentlicher Gelder Vorteile verschafft habe: ›So bestach er gar bald den Pöbel durch Schauspielgelder, Gerichtsgelder und andere Belohnungen und Schenkungen‹.«[12]

Diese Aussage ist insofern erwähnenswert, weil sich in diesem Punkt bis zum heutigen Tag (nicht nur in Griechenland) wenig geändert hat – abgesehen davon, dass heute nicht der Pöbel bestochen wird, sondern eine systemische Kultur der Korruption, die Spitzen der Wirtschaft und Politik in vielen europäischen Ländern prägt. Das wäre dann der zeitgemäße Pöbel.

Inzwischen scheint selbst das edle Prinzip Demokratie überflüssig zu sein. Das zeigt die Diskussion um den Abbau der Schuldenberge in Höhe von mehreren 100 Milliarden Euro sowohl in Deutschland wie in anderen europäischen Staaten. Wer tatsächlich für diese Schulden verantwortlich ist, wer sie als Erpressungsinstrument funktionalisiert und wer davon profitiert, eben die nationale sowie die europäische Machtelite, das dürfen wir europäischen Bürger nicht erfahren. »Eine Handvoll internationaler Banken, Ratingagenturen, Investmentfonds – eine globale Konzentration des Finanzkapitals ohne historischen Vergleich – möchte in Europa und der Welt die Macht an sich reißen. Sie bereitet sich auf eine Beseitigung der Staaten und unserer Demokratie vor, indem sie die Waffe der Schulden nutzt, um die Völker Europas zu versklaven und anstelle der unvollständigen Demokratie, in der wir leben, eine Diktatur des Geldes und der Banken zu errichten.« Das schrieben im Oktober 2011 der weltbekannte griechische Sänger Mikis Theodorakis (*1925), der einst gegen die Militärjunta opponierte und ins Ausland flüchten musste, und Manolis Glezos (*1922), der schon gegen die Nazis in den Vierzigerjahren Widerstand leistete, als sie Griechenland besetzten, und der dann ebenfalls die Militärjunta Ende der Sechzigerjahre bekämpfte. Übertreiben die beiden alten Ikonen des Widerstands?

Von Louis Brandeis, dem berühmtesten und kritischsten Richter in der Geschichte des US-amerikanischen Supreme

Court, stammt die Aussage: »Wir müssen wählen. Wir können eine Demokratie haben, oder wir können eine Konzentration von Reichtümern in den Händen einiger weniger haben, aber wir können nicht beides haben.«[13] Er war von 1916 bis 1939 Richter am höchsten US-Gericht und bezog seine Aussage auf die USA. Die Konzentration der Reichtümer in den Händen einiger weniger ist im 21. Jahrhundert durch die Globalisierung nicht geringer geworden, im Gegenteil.

Heute besitzen 63.000 Menschen (davon 14.000 in Europa) jeweils mehr als 100 Millionen Dollar und verfügen zusammen über ein Vermögen von 39.900 Milliarden Dollar.[14] Weil diese Besitzverhältnisse stabilisiert und geschützt werden müssen, ist »Europa heute mehr denn je ein Elitenprojekt«, das zwangsläufig zur »galoppierenden Entdemokratisierung des europäischen Staatensystems«[15] führen muss. Das sagt Professor Wolfgang Streeck, der geschäftsführende Direktor am Max-Planck-Institut für Gesellschaftsforschung in Köln. Er steht mit seiner Analyse nicht alleine und ist sogar eher zurückhaltend im Vergleich zu dem, was Wolfgang Hetzer schreibt: »Die Politik hat in zahlreichen Staaten ihre Unabhängigkeit gegen die eigensüchtigen Pseudowahrheiten der Bankenoligarchie eingetauscht. Die bereits in einigen Ländern eingesetzten ›Expertenregierungen‹ sind Vorformen eines Ausnahmezustandes, aus dem mittlerweile selbst demokratische Wahlen nicht mehr ohne weiteres herausführen«.[16] Der Jurist Wolfgang Hetzer war ein hoher Beamter im Bundeskanzleramt und später Berater des damaligen Generaldirektors des Europäischen Amtes für Betrugsbekämpfung (OLAF), Franz-Hermann Brüner. Der Begriff Experten- oder Technokratenregierung wurde in den letzten Jahren gerne benutzt, um vorzugaukeln, sie seien unabhängig und daher die Lösung für jene Länder, in denen die Parlamentarier nicht parieren. Doch mit dem Begriff der Experten- oder Technokratenregierung wird lediglich »verschleiert, dass es sich in Wirklichkeit um eine Regierung der Banker handelt.«[17]

Offen sprechen sich inzwischen einflussreiche politische Thinktanks, Denkfabriken, für weniger Demokratie aus. Nathan Gardels ist zweifellos der wichtigste Berater des *Berggruen Institute on Governance*.[18] Er sieht »in den neuen technokratischen Regierungen einen Gegenentwurf zur Demokratie, von dem ›wir alle‹ profitieren könnten«.[19]

Das *Berggruen Institute* hat es sich zur lobenswerten Aufgabe gemacht, »neue Ideen für gute Regierungsführung« zu entwickeln. Bei einer Veranstaltung dieser Denkfabrik in Paris am 28. Mai 2013 waren unter anderem anwesend: der deutsche und französische Finanzminister, die deutsche Bundesministerin für Arbeit und Soziales, der Präsident der Europäischen Investitionsbank sowie der Präsident des Europäischen Parlaments.[20] Und mitten unter ihnen, häufig lächelnd, Nicolas Berggruen, der Finanzier dieser Denkfabrik. Sie liefert ihm die Erkenntnisse, die seinen Vorstellungen und politischen Wünschen entsprechen und die, wenn es nach ihm ginge, in praktische Politik umgesetzt werden sollten. Der Milliardär Berggruen ist in jeder Beziehung ein Investor. »Die Gründung von Thinktanks, unterstützt und finanziert durch die Unternehmen, die Eroberung gewisser Bereiche der Medien und schließlich die Bekehrung vieler Intellektueller zu neoliberalen Anschauungen – all dies trug zu einem Meinungsklima bei, in dem der Neoliberalismus als einziger Garant der Freiheit galt. Vollends abgesichert wurde dieser Prozess durch die Eroberung der politischen Parteien und am Ende der staatlichen Macht.«[21]

Andere wiederum fordern kühn die Aufhebung der nationalen Souveränität, sollten die nationalen europäischen Parlamente und Regierungen sich den Anweisungen demokratisch nicht legitimierter Institutionen widersetzen. Zum Beispiel ginge für den Fall, dass sich ein nationales Parlament nicht an die von der Europäischen Union geforderten Haushaltsregeln halten würde, die »nationale Souveränität automatisch in dem Ausmaß auf die europäische Ebene über, dass dadurch die Einhaltung der Ziele zu gewährleisten« ist. Das forderte Bundesbankpräsident Jens Weidmann am 14. Juni 2012. »Denkbar wäre zum Beispiel das Recht, Steuererhöhungen oder proportionale Ausgabenkürzungen vornehmen – und nicht bloß verlangen – zu können ... auch wenn sich hierfür keine Mehrheiten in dem jeweiligen nationalen Parlament finden sollten.«[22] Übersetzt bedeutet das nichts anderes, als dass die demokratisch gewählten Parlamente in diesen Ländern nichts mehr zu sagen haben. Der Bundesbankpräsident ist kein rechtspopulistischer Fanatiker, sondern war zuvor Leiter der Abteilung IV (Wirtschafts- und Finanzpolitik) im Bundeskanzleramt unter Angela Merkel.

Zu den politischen Maßnahmen der Haushaltskonsolidierung gehört die konsequente Durchsetzung der Politik eines autoritären Neoliberalismus. Wobei nicht die Ideologie selbst verantwortlich ist, sondern die Politiker, die sich einzig und allein an dieser von machtvollen Interessengruppen diktierten Ideologie orientieren. Haushaltskonsolidierung ist letztlich nur ein Vorwand, um die »Wettbewerbsfähigkeit« aller europäischen Länder auf dem globalen Markt zu ermöglichen. Voraussetzung dafür ist unter anderem die Privatisierung öffentlicher Einrichtungen in Verbindung mit Lohnsenkungen, Abbau von Arbeitnehmerrechten, Schwächung der Gewerkschaften, Rentenkürzungen und »flexibler« Beschäftigung nach Art der Tagelöhner – die Blaupause der vom damaligen SPD-Bundeskanzler Gerhard Schröder durchgesetzten Agenda 2010.

In Deutschland hat diese Politik zu Millionen prekärer Arbeitsverhältnisse (Minijobs, Zeitarbeit, Werkverträge) mit Niedriglöhnen geführt und Arbeitslose gedemütigt, entwürdigt und in die Rolle von Wanderarbeitern gedrängt. Gleichzeitig wird die auch in Deutschland gestiegene öffentliche Verschuldung »aller Voraussicht nach in den kommenden Jahren die Entwicklung des öffentlichen Diensts und dessen Arbeitsbeziehungen prägen. Öffentliche Verschuldung und gewollte Austerity-Politik, so steht zu erwarten, werden gravierende Folgen für die Arbeitsbedingungen und Leistungsfähigkeit des öffentlichen Dienstes haben.«[23] Und all das soll nun als Erfolgsmodell in Europa umgesetzt werden?

Was sich hinter diesem Erfolgsmodell versteckt, sprach am 23. September 2013 die mit großer Zustimmung wiedergewählte Bundeskanzlerin Angela Merkel offen aus, und zwar auf der CDU-Pressekonferenz in Berlin. Angela Merkel redete über »Europa als Wertegemeinschaft«: »Es geht um Wettbewerbsfähigkeit, um das Vertrauen der Investoren in Europa.« Dabei scheint es gleichgültig, welche gesellschaftlichen und sozialen Errungenschaften bislang in den verschiedenen europäischen Ländern erkämpft wurden und welche kulturellen Schätze diese Länder auszeichnen.

Das Hauptquartier der *International Trade Union Confederation* (ITUC) ist in einer kühlen, seelenlosen Hochhäuserschlucht zu finden, dem Boulevard du Roi Albert II. in Brüssel. Das ist weit entfernt vom Zentrum, wo die Europäische Kommission und das Europäische Parlament von einer gewaltigen Lobbyindustrie eingekesselt werden. Die ITUC repräsentiert weltweit rund 175 Millionen Arbeitnehmer in über 300 mit ihr verbundenen nationalen Gewerkschaftsorganisationen, unter anderem dem Deutschen Gewerkschaftsbund (DGB).

Im vierten Stock der ITUC arbeitet das Forschungsinstitut *ETUI* des Europäischen Gewerkschaftsbunds, mitfinanziert von der Europäischen Union. Direktor der Abteilung für Bildung ist der 61-jährige Portugiese Ulisses Garrido, Gewerkschafter seit 1980. Er sollte beurteilen können, ob man tatsächlich von einem Putsch sprechen kann oder ob das nicht eine Verschwörungstheorie ist.

»Das ist keine Verschwörungstheorie! Für mich ist es ein Putsch. Warum sage ich das so eindeutig? Weil es die Synthese dessen ist, was wir hier in Europa erleben, eine Attacke auf den Sozialstaat. Was erreicht werden soll, ist eine komplette Veränderung der Gesellschaft, ohne dass die Bevölkerung darüber mitentscheiden kann. Es ist eine ideologische Revolution, eine stiller Putsch – zweifellos.«

Wolfgang Hetzer schreibt in der *Kriminalistik*, einer Fachzeitschrift für kriminalistische Wissenschaft und Praxis »Man könnte sogar fragen, ob sich im Bereich der modernen Finanzmarktgesetzgebung eine arbeitsteilige Kultur des kalten Staatsstreichs und des permanenten Hochverrats etabliert hat, in der nicht zu erkennen ist, ob eine Regierung und die Finanzindustrie im Bedarfsfall als Anstifter, Beihelfer oder Mittäter agieren.«[24]

Francisco Louçã ist Professor am wirtschaftswissenschaftlichen Institut der Technischen Universität Lissabon und war unter anderem Gastprofessor in Deutschland, der Schweiz und den USA. »Der stille Putsch ist ein Modell für die allgemeine Privatisierung öffentlicher Einrichtungen, für die Zerstörung des Wohlfahrtsstaates und für die Einführung eines neuen sozialen Regimes, der Prekarisierung qualifizierter Arbeit. Also ein Putsch gegen den demokratischen Sozialstaat.«

London, 22. November 2012. Im Vorlesungssaal BN01 der renommierten Birkbeck-Universität diskutieren hochkarätige Wissenschaftler aus Portugal, Italien, Griechenland und Spanien über »Südeuropäische Krise und Widerstand«. Einer der Referenten ist der Grieche Costas Douzinas, Professor für Rechtswissenschaften in London. Er sagt unter anderem: »Griechenland ist die Zukunft von Europa.« Ihm zufolge benutzen die EU und der Internationale Währungsfonds (IWF) Griechenland als »Versuchskaninchen, um zu testen, wie der Sozialabbau in ganz Europa in Zeiten der Krise umgesetzt werden kann«. Auf der gleichen Konferenz spricht Bonaventura de Sousa Santos, Professor für Soziologie und Direktor des Zentrums für soziale Studien an der portugiesischen Coimbra-Universität. Er sieht eine von langer Hand geplante Strategie, den Wohlfahrtsstaat zu demontieren, den die Konservativen in Europa noch nie haben wollten. Jetzt würde dieser Plan nicht nur in Griechenland, Portugal oder Spanien umgesetzt, sondern in ganz Europa.

Thorsten Schulten ist Referent für Arbeits- und Tarifpolitik in Europa beim Wirtschafts- und Sozialwissenschaftlichen Institut der gewerkschaftsnahen Hans-Böckler-Stiftung. Er sagt, dass sich »in absehbarer Zeit die mit der Troika gemachten Erfahrungen auf die EU insgesamt übertragen könnten. Obwohl der EU-Vertrag Kompetenz der EU im Bereich der Lohnpolitik explizit ausschließt, ist letztere heute ein fester Bestandteil der europäischen Wirtschaftspolitik geworden«.[25] Ähnlich sieht es die deutsche Industriegewerkschaft IG Metall und bezieht sich dabei auf die Situation in Spanien. Der IG-Metall-Vorstand betrachtet Südeuropa als Testlabor für arbeitnehmerrechtsfreie Zonen. »Die spanische Regierung nutzt – auch auf Druck von EU-Kommission, IWF und EZB – die Krise, um Arbeitnehmerrechte abzubauen und die Macht der Gewerkschaften zu brechen. In den Angriffen auf Arbeitnehmerrechte in Ländern wie Spanien sehen viele einen Testlauf. Einen Testlauf für ein Europa, in dem Beschäftigte keine Rechte haben, sondern als Lohnsklaven von Unternehmen angefordert und abbestellt werden können.«[26]

Theodora Oikonomides, 45 Jahre alt, wurde in Kanada geboren. Dorthin waren ihre Eltern geflohen, als sie während der Zeit der Militärjunta in Griechenland politisch verfolgt wurden und ihnen Gefängnis drohte. Nach dem Ende der Junta-Diktatur im Jahr 1974 kehrten sie nach Griechenland zurück. Sie waren überzeugt, dass etwas wie diese Machtübernahme durch rechte Putschisten nie wieder vorkommen würde. Theodora Oikonomides studierte Pädagogik und ging nach ihrer Ausbildung als Lehrerin zehn Jahre nach Afrika, um dort für humanitäre Einrichtungen zu arbeiten. Als sie vor einigen Jahren nach Athen zurückkam, forschte sie als Publizistin über die Verbindung der griechischen Polizei zu den griechischen Rechtsextremisten. Ist es nur eine Theorie, dass Griechenland ein Modell für alle anderen europäischen Staaten ist, will ich von ihr wissen. »Leider ist das keine Theorie. Vielleicht wird dieses Modell nicht in dem Umfang wie bei uns in Griechenland in anderen europäischen Ländern umgesetzt, doch als ökonomisches Modell wird es überall implementiert werden. Es ist ein Modell für weniger Demokratie, denn dieser aggressive Neoliberalismus ist mit dem Standard der europäischen Demokratie nicht kompatibel. Das hat nirgendwo in der Welt funktioniert. Ich habe in Afrika gearbeitet und die Arbeit des IWF erlebt. Sie konnten ihr Programm nur durchsetzen, weil in den entsprechenden Ländern Diktaturen herrschten und sie die Leute erschossen, die gegen diese neoliberale Politik protestierten.«

Michas Zacharias arbeitete als strategischer und internationaler Sicherheitsanalyst für das Athener *Defence Analysis Institute* (DAI), das dem griechischen Verteidigungsministerium angeschlossen ist. Heute ist er Direktor des *Security & Defence Analysis Institute* (i-sda) in Athen, das im Stadtteil mit dem symbolträchtigen Namen Neo-Psychico liegt. In der Nähe befindet sich das griechische Verteidigungsministerium (Pentagon genannt), das größte und weitläufigste Ministerium des Landes. Zacharias sagt: »Viele Analysten gehen davon aus, dass es um die geopolitische und geoökonomische Kontrolle Griechenlands geht. Griechenland hat den Luxus, das Glück und Unglück zugleich, sich an einem sehr kritischen geografischen Punkt in der Welt zu befinden. Da sind die Interessen der Chinesen, die Griechenland als Einfallstor für Europa benutzen wollen, oder der Konflikt um Erdöl zwischen Russland und den USA. Das heißt, es gibt ein System der Konkurrenz. Die großen Länder wie Deutschland, Russland und USA möchten hier ihre Wirtschaftsinteressen global sichern.«

Athanasios E. Drougos, Dozent für Verteidigung und Bekämpfung asymmetrischer Bedrohungen in verschiedenen griechischen Militärakademien, ist es wichtig, im Gespräch darauf hinzuweisen, dass er sich häufig bei seinen Freunden in München aufhalte. »Mein Land ist während der letzten vier Jahre ein Testgelände dafür geworden, wie und ob die Methoden der Sparpakete umgesetzt werden können.« Er spricht von einem anhaltenden Wirtschaftskrieg gegen Griechenland: »Die griechischen Politiker sind leider nur Handlanger verschiedener Interessen des Nordens.«

Der 41-jährige Andreas Banoutsos war Direktor der Vereinigung griechischer Industrieller in Athen und Ex-Regierungsberater. Ich erzähle ihm vom Titel des geplanten Buches, *Der stille Putsch*, und fragt ihn, ob er ihn übertrieben findet. »Nein«, sagt er, »ich stimme Ihnen zu. Wir haben hier ein System des Nepotismus. Die reichen Leute wurden seit der Krise reicher, sie profitieren von der Situation. Ich neige wirklich nicht zu konspirativen Erklärungen. Aber all das, was geschah, ist in Wirklichkeit keine reale Krise, sondern eine Krise, die durch eine bestimmte Elite provoziert wurde, um durch die Armut der anderen Menschen mächtiger und noch reicher zu werden.« In der seriösen griechischen Presse, erzählt er dann weiter, werde häufig über die Theorie geschrieben, dass die politische Führung in Deutschland besonders eng mit der Elite des westlichen Bankensystems verbunden sei. Es sei in ihrem Interesse, dass die südlichen europäischen Länder verarmen, damit dort für besonders niedrige Löhne produziert werden könne, ohne auf China oder andere asiatische Staaten angewiesen zu sein.

Was er von dieser Theorie halte, frage ich ihn. »Ja, das ist das Motiv, das dahintersteckt. Das ist das, was hinter diesem strategischen Plan des westlichen Bankenkapitals steht. Ich glaube, dass das deutsche Kapital eine Art Vision von Südeuropa hat: Statt dass die deutschen Konzerne nach China oder in andere Länder des Fernen Ostens übersiedeln, werden die Bedingungen geschaffen, dass sie hier billig produzieren oder Unternehmen kaufen können.«

Wen repräsentiert die Troika? Die Putschisten

Troika – das ist ein harmlos technokratisch klingendes Wort. Tatsächlich ist dieses Gremium, das aus Vertretern der EU-Kommission, des Internationalen Währungsfonds (IWF) und der Europäischen Zentralbank (EZB) besteht, ein politökonomisches Machtkartell, das von mächtigen Finanzinstitutionen und den Netzwerken der Machtelite beziehungsweise deren politischen Vollstreckern nicht nur ideologisch befruchtet wird. Will man erfahren, welche Interessen die Troika umsetzt, genügt ein Blick nach Portugal. Hinter vorgehaltener Hand erzählte mir eine ehemalige Repräsentantin der Europäischen Kommission in Lissabon, dass das Programm der Troika eigentlich nur das ist, was die konservative portugiesische Regierung selbst lange gefordert hatte, politisch jedoch nicht durchsetzen konnte: radikaler Sozialabbau und die Einschränkung von Arbeitnehmerrechten. Der Gewerkschafter Ulisses Garrido meint dazu: »Ist das, was uns dargeboten wird, wirklich ein Programm der Troika? Nein, es ist ein Programm der rechten Parteien und der Unternehmer in Portugal. Als die Troika zum ersten Mal nach Lissabon kam, hatte sie bereits einen sehr konkreten Plan mit klaren Entscheidungen und klaren Maßnahmen. Wie ist es möglich, dass die EZB, die EU und der IWF innerhalb von zwei Wochen einen so konkreten Plan ausarbeiten konnten? Die Schlüsselperson, die damals für die Verhandlungen mit der Troika aus Brüssel verantwortlich war, ist Eduardo Catroga.«

Der Ex-Finanzminister und Manager war im Jahr 2011 die rechte Hand von Pedro Passos Coelho, dem bei den Wahlen im Juni 2011 siegreichen Vorsitzenden der konservativen *Partido Social Democrata* (PSD). Die bislang regierenden Sozialisten der *Partido Socialista* (PS) hatten in großem Umfang Stimmen verloren. Pedro Passos Coelhos PSD übernahm daraufhin, zusammen mit der rechtskonservativen *Centro Democrático e Social – Partido Popular* (CDS/PP), die Regierungsverantwortung. Eduardo Catroga war nun zuständig für die Verhandlungen mit der Troika. »Er übergab der Troika alle Vorschläge, die die konservativen und rechten Parteien in der Vergangenheit in Portugal nicht durchsetzen konnten«, so Ulisses Garrido. Gegenüber den Bürgern habe die Regierung versprochen, die radikalen Auflagen abzulehnen. »Doch Sie werden feststellen, dass die Vorschläge der konservativen Parteien aus der Vergangenheit nun fast ausnahmslos in den Bestimmungen der Troika enthalten sind. Das war ihr Sieg.« Und Garrido wäre nicht überrascht, hätte Eduardo

Catroga selbst mehrfach bei den Troikabeauftragten in Lissabon und Brüssel angerufen und gesagt: »Ich habe das vergessen und das vergessen, das muss noch hinein.«

Seit Anfang 2013 ist Eduardo Catroga Vorstandschef des mächtigen Energiekonzerns EDP. Das einst staatliche Unternehmen wurde zur Sanierung des Staatshaushalts (eine der zentralen Bedingungen der Troika zur Auszahlung von Finanzhilfen) im Jahr 2011 privatisiert und an ein chinesisches Unternehmen verkauft. Catrogas Jahresgehalt dort beträgt nach portugiesischen Medienberichten 639.000 Euro.[27] Beteiligt ist er zudem an weiteren Unternehmen mit Tochterfirmen in Brüssel und Madrid.

Das führt zu der großen Frage, wem die wichtigsten Männer der Troika tatsächlich dienen. Da ist zum Beispiel der 50-jährige stellvertretende portugiesische Premierminister Paulo Portas. Er ist seit Spätsommer 2013 Koordinator für die Troikaverhandlungen und gehört der rechtskonservativen CDS-PP an. Paulo Portas ist der Prototyp des machthungrigen, von wenig Skrupeln belasteten Politikers. Der regelmäßige Kirchgänger hat es weit gebracht. Er arbeitete in den Neunzigerjahren als Journalist für konservative Medien, hatte eine eigene Fernsehshow und wurde dann Ende der Neunziger Vorsitzender der rechtskonservativen CDS-PP. Als Verteidigungsminister sorgte er dafür, dass Maria Morgado, die engagierte Direktorin der Abteilung gegen Wirtschaftskriminalität bei der portugiesischen Polizei, entlassen wurde. Sie hatte nach eigenen Angaben einen Fall von Korruption untersucht, in den Paulo Portas verstrickt war.[28] Es folgten im Jahr 2005 Korruptionsvorwürfe im Zusammenhang mit dem Kauf deutscher U-Boote. Als er sein Amt als Verteidigungsminister aufgab, kopierte er rund 61.000 vertrauliche Dokumente. Dies ließ den Verdacht aufkeimen, dass er mit diesem geheimen und teilweise kompromittierenden Material ein Machtinstrument in den Händen habe, doch entsprechende Untersuchungen im Jahr 2009 erbrachten keine Beweise gegen ihn. Dafür stieg er von da an immer weiter auf bis zum jetzt zweitmächtigsten Mann in der portugiesischen Regierung. Sein sauer verdientes Geld legt er übrigens sehr konservativ an. Portugiesische Medien berichteten Anfang September 2013, dass er 80 Millionen Euro bei der Deutschen Bank in Portugal deponiert habe.[29] Anfang Juli 2013 erklärte er, aus der Regierung und von seinem Posten als Außenminister zurückzutreten. Seine Entscheidung sei »unwiderruflich«. Vier Tage später war er stellvertretender Premierminister. Außerdem konnte er nach seinem »unwiderruflichen« Rücktritt durchsetzen, dass ein enger Freund von ihm das Ministerium für Wirtschaft, Landwirtschaft, Arbeit und Soziales erhielt. Paulo Portas, das ist für mich die personifizierte politische Korruption in Portugal.

Ein Blick hinter die Kulissen: die bisherige Erfolgsbilanz der Putschisten

Lissabon, 16. September 2013. In der Nacht wurden an zentralen Plätzen Puppen an die Verkehrsampeln gehängt. Damit sollte der Troikaausschuss begrüßt werden, der nach Lissabon gekommen war, um neue Sparmaßnahmen einzufordern und die bisherigen Fortschritte zu überprüfen. Um den Hals trugen die Puppen ein großes Schild mit einem einzigen Wort: *Troiked*. Dieser neue Begriff beschreibt den Prozess, der jene Mitgliedsstaaten der Europäischen Union, die an der Schwelle der Zahlungsunfähigkeit stehen, zwingt, die öffentlichen Ausgaben durch Umstrukturierung und Reformierung zu kürzen. Im Gegenzug sichern sie Kredite, um die Liquidität im Staatshaushalt zu sichern. Das heißt übersetzt, es muss so viel eingespart werden, bis entweder ein Wunder geschieht oder das Land ausgeblutet ist. Diejenigen, die die Puppen aufgehängt hatten, erklärten zu ihren Motiven: »Die Troika zerstört Schulen, Krankenhäuser und Kultur; sie erhöht die Zahl der Arbeitslosen; sie steigert die Verzweiflung und zwingt die Menschen zur Auswanderung, um zu überleben.«

Carla Prino ist 28 Jahre alt, Juristin, und weiß inzwischen ziemlich genau, was *Troiked* für ihre Generation bedeutet. Eine Generation, deren Lebensgefühl von der prominenten Musikband Deolinda in einem Lied beschrieben wird: »Was für eine bescheuerte Welt. Wo man, um Sklave zu sein, studiert haben muss.«

Carla Prino hat im Gegensatz zu Hunderttausenden junger Portugiesen Glück gehabt und nach langem Suchen einen Arbeitsplatz ergattert. Wo, will sie nicht sagen aus Angst, gefeuert zu werden. Denn die bestehenden Arbeitsschutzrechte wurden in Portugal inzwischen ausgehöhlt. Prinos Vertrag ist auf ein Jahr begrenzt ohne die Möglichkeit, danach weiterbeschäftigt zu werden. Sie wird dann arbeitslos sein ohne Arbeitslosenhilfe, ohne Krankenversicherung. »Die meisten meiner Freunde haben einen Arbeitsvertrag für sechs Monate oder höchstens ein Jahr. Und meine Wohnung gehört der Bank. Wenn ich die Raten nicht mehr zahlen kann, fliege ich raus. So geht es allen hier.« Viele müssen daher eine scheinselbstständige Arbeit aufnehmen, dürften die Freiheit des Unternehmertums erleben. Dafür müssen sie Sozialversicherungsbeiträge für Selbstständige zahlen, und die wurden, auf Druck der Troika, auf 30,7 Prozent erhöht. Wer, was realistisch ist, gerade mal 500 Euro im Monat verdient, zahlt alleine 153,50 Euro in die Sozialversicherung ein.

Im September 2013 beschloss die Regierung, 13.000 Lehrer zu entlassen und die Klassenstärke auf mindestens 40 Schüler zu erhöhen. Schon jetzt haben viele Schüler in ländlichen Regionen überhaupt keine Lehrer mehr. Für Marco Neves Marques aus Lissabon, einen engagierten jungen Mann, der in der portugiesischen Nichtregierungsorganisation *Associação de Combate à Precariedade – Precários Inflexíveis* (ACPI) gegen die Prekarisierung der Gesellschaft kämpft, steht das Ergebnis von *Troiked* ebenfalls fest. »Die Maßnahmen führten zu einer historischen Erhöhung der Arbeitslosigkeit (circa eine Million Personen), und über die Hälfte von ihnen erhält keinerlei soziale Unterstützung aufgrund der dramatischen Kürzungen durch die Troika.« Die Folgen, erzählt er, sind der rasante Anstieg der Armut. »Außerdem kam es zu blinden Einsparungen in allen öffentlichen sozialen Bereichen. Gehälter wurden gekürzt, und gleichzeitig gab es, wie der Finanzminister erklärte, ›eine kräftige Steigerung der Steuern‹ auf ein historisches Hoch. So wurden Tausende von Unternehmen in den Bankrott getrieben.«

In einem Aufruf haben über 100 portugiesische und europäische Gewerkschafter und Intellektuelle beschrieben, wie Portugal nach der Durchsetzung der Troikabedingungen aussehen wird. »Am Ende der Troikaintervention wird Portugal eine größere Öffentliche Verschuldung haben und wird noch ärmer sein. In der Zwischenzeit hinterlässt die durchgesetzte Politik eine Spur der Zerstörung und des sozialen Rückschritts: Öffentliche Dienstleistungen werden abgebaut, der öffentliche produktive Sektor wird auf null reduziert, massive Arbeitslosigkeit, geringe Löhne und die Insolvenz von Familien.«[30]

Wie weit die Forderungen des internationalen Finanzkapitals, repräsentiert durch die Troika, gehen, belegt ein Dokument des IWF, das der Regierung in Lissabon überreicht wurde. Auf 80 Seiten ist dort festgehalten, welche Einsparungen in Portugal gefordert werden. Im Bildungssektor sollten

50.000 Lehrerstellen gestrichen werden, 30.000 Lehrer und weitere Mitarbeiter der Schulen sollten, so der IWF, im sogenannten *regime de mobilidade especial* immer dort flexibel eingesetzt werden, wo sie gerade gebraucht werden, statt einen festen Arbeitsplatz zu haben. Der IWF fordert die Erweiterung des privaten Schulsystems und eine Anhebung der Studiengebühren. In allen staatlichen Bereichen will der IWF »zehn bis zwanzig von hundert« Beamten nach Hause schicken und die Bezüge der Verbleibenden um bis zu 7 Prozent kürzen. So sollen in Portugals öffentlichem Dienst 3,46 Milliarden Euro an Personalkosten eingespart werden. Weitere 450 Millionen könne die Verlängerung der Schulstunden auf 60 Minuten und die Erhöhung der Wochenarbeitszeit der Lehrer erbringen.

Im Gesundheitssystem solle sich der Staat »nicht weiter um exzessiven Konsum von Gesundheitsleistungen kümmern«, sondern nur »die primäre Versorgung sichern« – der IWF will mehr Kosten auf die Patienten übertragen und Gebühren für Untersuchungen erhöhen. Über eine wachsende Belastung von Wirtschaft und Sozialkassen durch mehr Arbeitslose und vorzeitig Pensionierte schreibt der IWF, die Sozialleistungen seien »zu teuer und ungerecht«; für junge Menschen sei die Arbeitslosenunterstützung »zu hoch und für zu lange Zeit zugesichert«.

Als das Dokument bekannt wurde, hagelte es derart heftige Kritik, dass die Regierung erst einmal in Deckung gehen musste. Aber das IWF-Programm entsprach den Wünschen portugiesischer Unternehmer, die die Gelegenheit nutzten, ihre Forderungen unter dem Deckmantel des IWF beziehungsweise der Troika endlich umsetzen zu können. Zwar erklärte ein Regierungssprecher, dass es sich lediglich um ein Arbeitspapier mit Vorschlägen handle und die Regierung sich ihre Handlungsfreiheit nicht nehmen lassen werde. Aber in dem Dokument stand auch, dass sich der IWF bei insgesamt zehn Ministern und fünf Staatssekretären für ihre Mitwirkung bedankt habe. Ein großer Teil der Maßnahmen wurde inzwischen umgesetzt.

Athen, 14. Juli 2013, eine kleine Bar nahe der Ermou-Straße. Einst war sie die Edeleinkaufsmeile schlechthin. Heute sind die Geschäfte entweder verbarrikadiert und mit bunten Graffiti bemalt, oder es werden billige Schuhe, Kleidung und Plastikwaren made in China angeboten. Andererseits ist die Straße noch immer von Leben erfüllt, verglichen mit manchen tristen Einkaufsstraßen zum Beispiel in Duisburg. Margarita ist eine 24-jährige Krankenschwester, die in einem 40 Quadratmeter großen Apartment lebt. Sie war eine lebenslustige junge Frau – »bis vor wenigen Tagen«, sagt sie. Von einem Tag auf dem anderen ist ihre Welt zusammengebrochen. Da hat sie erfahren, dass ihr, wie vielen anderen Krankenschwestern und Ärzten, gekündigt werden wird – eine der zahlreichen Auflagen der Troika, um die Zahl der öffentlich Bediensteten radikal zu reduzieren. In wenigen Minuten will sie zum nahe gelegenen Athener Syntagma-Platz vor das Parlament ziehen, um wie Zehntausende gegen die Entlassungsorgie im öffentlichen Dienst zu demonstrieren. Jetzt schon ist die Arbeitslosigkeit skandalös hoch. Betrug die Arbeitslosenquote im Jahr 2008 noch 7,3 Prozent, waren es im Jahr 2013 27,6 Prozent (bei den Frauen 31,6 Prozent), und die Jugendarbeitslosigkeit (der 15- bis 24-Jährigen) stieg von 19,6 Prozent im Jahr 2008 auf 64,9 Prozent im Jahr 2013.[31] Und das sagt noch überhaupt nichts über die »ganz normalen« Arbeitsverhältnisse aus: Lohndrückerei, Erpressung der Beschäftigten, Hungerlöhne – das kennt man in Deutschland ja auch.

»Wir kriegen das schon hin«, sagt Margarita dennoch irgendwie optimistisch. »Aber was wissen die von der Troika von unserem Alltag, unserer Verzweiflung, unserer Ausweglosigkeit, Hoffnungslosigkeit, von unserem maroden Gesundheitswesen, der dramatischen Situation der Schulen …, dem Elend, dem Hunger…« Dann schweigt sie und geht zur Demonstration vor das Parlament. All das, was ein glückliches Leben ausmacht – Hoffnungen und eine gesicherte Zukunft – wurden nicht nur ihr entrissen. Geblieben ist ihre feste Überzeugung, dass man trotzdem gegen dieses aufgezwungene System der systematischen Verarmung kämpfen muss. Und diese Überzeugung teilt sie mit Millionen Landsleuten, die gelernt haben, sich zu wehren.

Andere wie Helen Skopis, 35 Jahre, eine für ausländische Fernsehstationen und das griechische Radio arbeitende renommierte Journalistin, wollen nur noch flüchten. »Es ist eine unmenschliche Situation. Persönlich bin ich ja dafür, dass Griechenland im Euroraum bleibt. Aber ich möchte nicht in einem Euroland leben, wo ich 400 Euro verdiene. Seit zwei Monaten habe ich meine Strom- und Wasserrechnung nicht bezahlt. Es ist zu viel. Und alle Preise steigen. Aber ich will meine Ehre nicht verlieren, deshalb gehe ich weg. Wohin? Ich weiß es nicht.«

Portugal wie Griechenland sind bereits Mitglieder der Eurozone. Polen hingegen möchte unbedingt hinein. Und dazu bedarf es auch dort eines radikalen Sozialdumpings.

22. April 2013, Berlin, das noble Restaurant Borchardt am Berliner Gendarmenmarkt. Bundeskanzlerin Angela Merkel und der polnische Ministerpräsident Donald Tusk haben sich zu einem privaten Abendessen getroffen und werden am nächsten Tag über Europafragen diskutieren.

Fünf Monate später, 14. September 2013, ein grauer, kühler Tag mit tiefen, dunklen Wolken über Warschau. In der Mitte des *Rondo de Gaulle'a* steht eine riesige künstliche Palme. Von hier aus marschieren über 100.000 Gewerkschafter aus allen Teilen Polens unter ohrenbetäubendem Lärm Richtung polnisches Parlament, dem Sejm. Ihr Motto lautet: »Genug mit der Missachtung der Gesellschaft.« Der polnische Außenminister hatte Oppositionelle als »Hunde, denen man die Kehle durchschneiden soll«, bezeichnet. Auf den Transparenten der »Hunde« steht unter anderem: »Schluss mit der Erpressung durch die Banken«, »Beschlagnahmt das Vermögen, das sie uns gestohlen haben«, »Stürzt die Regierung«, »Wir verlangen Würde«. Durch schwere Ketten miteinander verbunden marschieren Arbeiter mit einem Plakat: »Wir wollen keine Sklaven sein«, steht darauf. Ihre Forderungen sind identisch mit denen der Arbeitnehmer in Griechenland, Portugal oder Spanien: achtstündiger Arbeitstag, gerechte Entlohnung, die Aufrechterhaltung der bisherigen Renten- und Pensionsleistungen, mehr Geld für die Finanzierung des Bildungswesens, keine weiteren massenhaften Schließungen von Schulen, Kindergärten, Kinderkrippen und sozialen Versorgungseinrichtungen.

Joanna Wasala, 58 Jahre, ist Vorsitzende des Verbands der polnischen Lehrer. Wie alle anderen Lehrer trägt sie einen Überzieher mit dem Europasignum und den polnischen Nationalfarben Weiß und Rot. »Wir sind nicht gegen Europa, aber nicht zu diesen Bedingungen«, erklärt sie. Die Lehrer protestieren, ebenso wie Arbeiter, Angestellte, Ärzte und städtische Bedienstete aus allen Teilen Polens, gegen den radikalen Sozialabbau durch die konservative Regierung Tusk. Allein zwischen Juni und September 2013 wurden zum Beispiel 7000 Lehrer auf die Straße gesetzt und unzählige Schulen geschlossen. Angestellt werden Lehrer nur noch als Halbtagskräfte mit einem Verdienst von 200 Euro. »Damit können wir nicht mehr leben«, sagt sie. »Bisher hat der Staat uns alle sieben Jahre einen Gesundheitsurlaub bezahlt, jetzt sind es alle zwanzig Jahre. Und wie sollen wir das aushalten, wenn wir bis 67 arbeiten müssen?« In ihrer Nähe steht eine 38-jährige Sozialarbeiterin, die wie die meisten Demonstranten in eine Vuvuzela bläst. »Wir zahlen Krankenversicherung und müssen trotzdem bei den Krankenhäusern und Ärzten zahlen, das können wir überhaupt nicht – bei einem Monatslohn von 300 Euro.« Sie bricht in Tränen aus. »Ich bin schwanger und muss zum Arzt, aber ich kann es mir nicht leisten.« Neu sind in Polen die sogenannten Müllarbeitsverträge. Sie enthalten keine Sozialleistungen, sind jederzeit kündbar, und Überstunden werden nicht extra bezahlt. »Ich fühle mich nicht wie Müll«, sagt ein Demonstrant, »das ist Ausbeutung, Sklaverei – da bleibt uns nur die Schwarzarbeit.«

Der Putsch und die Folgen

Bei diesem stillen Putsch haben seit 2009 schon Tausende Menschen ihr Leben verloren durch fehlende Krankenversorgung, Hunger oder Selbstmorde aus Verzweiflung – und ein Ende ist nicht absehbar. Wir haben das vielleicht nicht zur Kenntnis genommen oder verdrängt, aber das ist keine Behauptung hyperventilierender Wutbürger, sondern das kühle Fazit unabhängiger Wissenschaftler. Demnach haben in den Krisenländern Südeuropas Krankheit und Sterblichkeit nachweisbar erheblich zugenommen. Nach offiziellen Statistiken ist die Selbstmordrate allein in Griechenland seit dem Ausbruch der Krise drastisch angestiegen – 4000 waren es in den letzten drei Jahren. Bislang war die Selbstmordrate in Griechenland die niedrigste in Europa.[32] In Portugal wurden im Jahr 2012 wegen fehlender Krankenversorgung 1000 Tote gezählt, verursacht durch die radikalen Sparmaßnahmen der Regierung, erzwungen durch die Troika. Im Frühjahr 2012 meldeten die italienischen Medien eine »Selbstmordwelle«. Täglich komme es zu Verzweiflungstaten, ob von Unternehmern, die ihre Schulden erdrücken, oder Arbeitnehmern, die entlassen wurden – sie alle stehen vor den Trümmern ihres bisherigen Lebens. Die europäische Statistikbehörde Eurostat schätzt, dass sich in Italien im Durchschnitt ein Mensch pro Tag wegen der EU-Krise das Leben nimmt. Wir wissen das, die Medien berichten darüber. Aber welche Konsequenzen werden daraus gezogen? Keine!

»In den nächsten Monaten, vor allem infolge der Annahme neuer Maßnahmen des dritten Sparmemorandums, wird nach unserer Einschätzung die humanitäre Krise in Griechenland noch dramatischere Ausmaße annehmen. Tausende Patienten werden sterben und die Anzahl derjenigen, die Hilfe suchen, wird enorm zunehmen«, erklärte Giorgos Vichas in einem verzweifelten öffentlichen Aufruf.[33] Der Kardiologe arbeitet ehrenamtlich in einer sozialen Arztpraxis in Elliniko. Sie ist in einer alten amerikanischen Militärkaserne untergebracht und eine von über 40 sozialen Arztpraxen und sozialen Krankenhäusern in Griechenland. Die Praxis in Elliniko wurde im Dezember 2011 eröffnet, um eine medizinische Versorgung für diejenigen Patienten anzubieten, die ihren Arbeitsplatz und somit ihre Krankenversicherung verloren haben und mittellos sind. Auch Arbeitslosen wird inzwischen die Krankenversicherung gestrichen. Täglich bilden sich dort lange Schlangen von Menschen, die Hilfe suchen. Sie sind teilweise todkrank und wurden von den öffentlichen Krankenhäusern abgewiesen. Eltern, die wegen finanzieller Schwierigkeiten an Babymilch sparen müssen, bringen ihre unterernährten Babys. Es kommen viele schwangere junge Frauen, viele bereits im siebten Monat, ohne bislang einen Frauenarzt besucht oder eine Vorsorgeuntersuchung gemacht zu haben. Krebspatienten kommen mit monatealten Rezepten für Chemo- oder Strahlentherapie. Sie wurden bisher nicht behandelt, weil sie sich die Kosten nicht leisten konnten. Manche brauchen CT- oder MRT-Aufnahmen, die sie nicht bezahlen können. Immer häufiger sind es auch Patienten, die zwar noch versichert sind, aber durch die dramatische Senkung der Löhne oder Renten und durch gleichzeitige Erhöhung der Steuern nicht mehr in der Lage sind, für ihre Gesundheitsversorgung aufzukommen. Der Eigenanteil beträgt bei Medikamenten inzwischen 25 Prozent, bei Untersuchungen 15 Prozent. »Die unversicherten und mittellosen Patienten sind zum Tode verurteilt«, klagt deshalb der Arzt Giorgos Vichas. Im Zeitraum von Dezember 2011 bis August 2012 besuchten 1200 Patienten die soziale Arztpraxis. Im September und Oktober 2012 waren es bereits 1300, Tendenz weiter steigend.

Im Zentrum von Athen gibt es ein öffentliches Krankenhaus, in dem überwiegend HIV-Kranke behandelt werden. Die Direktorin, eine resolute 50-jährige Fachärztin, sagt: »Wir haben viel mehr Patienten hier als zuvor, jeden Tag mehr als 400. Am Abend bei Notfällen sind es 100 mehr als früher. Vor der Krise konnten sie einen Arzt aufsuchen, jetzt kommen sie aus Finanznot hierher. Das andere Problem ist, dass sie kränker sind. Außerdem haben wir Schwierigkeiten, mit unserem stark gekürzten Budget überhaupt Medikamente zu kaufen. Für unsere Aids-Patienten, und wir haben hier sehr viele, sind die Medikamente sehr teuer, daher bleibt weniger Geld für die anderen Patienten. Und das Budget wird weiter massiv gekürzt werden.«

Bis zu 40 Prozent der griechischen Bevölkerung sind inzwischen von der staatlichen Gesundheitsversorgung abgeschnitten – bedingt durch die radikalen Sparmaßnahmen. Denn die staatlichen Gesundheitsausgaben wurden seit 2008 um 40 Prozent gesenkt, »während die Kindersterblichkeit um 40 Prozent stieg, die Zahl neuer HIV-Infektionen sich verdoppelte und Malaria zum ersten Mal seit den frühen Siebzigerjahren wieder zu einem ernsten Problem wurde«, wie der Soziologe David Stuckler aus Oxford und der Epidemiologe Sanjay Basu von der Stanford-Universität am 12. Mai 2013 in der *New York Times* berichteten.[34]

Offizielle Statistiken belegen, dass die Zahl der Totgeburten allein in Griechenland seit 2008 um 20 Prozent gestiegen ist, ähnlich wie in Portugal. Wie sagte doch der griechische Gesundheitsminister in aller Offenheit: »Wir haben nicht mit dem Skalpell gekürzt, sondern mit dem Schlachtmesser.«[35] Dem Schlachtmesser zum Opfer fallen auch hungernde Kleinkinder. Elena Bazakopoulou ist Wirtschaftswissenschaftlerin und hilft ehrenamtlich in einer der sozialen Arztpraxen. »Die meisten Neugeborenen, die hier auftauchen, haben mittlerweile Untergewicht.« Glaubt man Schätzungen der griechischen Gesellschaft für Intensivbehandlung vom November 2012, muss allein wegen fehlender Betten in den Intensivstationen der Krankenhäuser mit 1000 Toten gerechnet werden.[36]

Eine weitere Folge des stillen Putsches ist auch hier der rasante Abbau von fundamentalen Arbeitnehmerrechten. Da wird das Streikrecht schon mal außer Kraft gesetzt: In Griechenland verfügte Premierminister Antonis Samaras im Jahr 2012 in vier Fällen kurzerhand eine »Dienst- und Arbeitsverpflichtung,« um die Streiks von öffentlich Bediensteten zu verbieten. Diese Maßnahme wurde seit dem Ende der Militärdiktatur 1974 nur dreimal durchgesetzt. Hinzu kommt, dass die in Europa bislang gültigen Tarifverträge, die bislang die Beschäftigten schützten ausgehebelt werden. »In kürzester Zeit werden historisch gewachsene Flächentarifvertragsstrukturen zerstört. Als treibende Kraft hinter dieser Entwicklung hat sich die sogenannte Troika aus EU-Kommission, Europäischer Zentralbank und Internationalem Währungsfonds (IWF) erwiesen.«[37]

Eigentlich organisiert die Troika Kredite, um notleidende Volkswirtschaften zu retten. Doch das schafft in Europa erstmals die Situation, dass demokratisch nicht legitimierte Institutionen diktieren können, welche Art der Volkswirtschaft die zu unterstützenden Nationen im Gegenzug übernehmen müssen. Erpressung ist zu einer Form europäischer Staatsräson geworden. Wie das funktioniert, belegt die E-Mail eines Vertreters der Troikarepräsentanz in Athen, der Generaldirektion für wirtschaftliche und finanzielle Angelegenheiten (ECFINT), die am 29. August 2013 an den griechischen Premierminister geschickt wurde. Es geht darin um ein Gesetz der Regierung zur Kürzung der Gehälter von Staatsangestellten, das die Troika überprüft hatte. Die Troikarepräsentanten schlossen ihre Anmerkungen mit dem Hinweis: »In der Zusammenfassung möchten wir daran erinnern, dass dies eine Verpflichtung von Ende Juli ist, die sich bereits verzögert hat. Das ist ein Meilenstein, um die nächste Tranche im Oktober zu erhalten, so dass es jetzt vom Parlament bis Ende September übernommen werden muss. Vielen Dank für die ausgezeichnete Zusammenarbeit.« Der Repräsentant von ECFINT, der die E-Mail verschickte, war übrigens zuvor beim Internationalen Währungsfonds (IWF) beschäftigt.

DIE AKTEURE

Einblicke in die geheime Elite aus Wirtschaft und Politik

Will man erfahren, welche Interessen die Putschisten vertreten, lohnt ein Blick dorthin, wo Manager ausgebildet wurden und werden, und darauf, welche Ideologie ihnen vermittelt wird. Was verbindet zum Beispiel das bieder langweilige Bad Harzburg mit der feudalen Tristesse von Baden-Baden? Beide Städte sind heilklimatische Kurorte und zieren sich mit einem Spielkasino und einem Golfklub. Außerdem wurden in beiden Städten in den letzten Jahrzehnten Deutschlands (Top-)Manager ideologisch getrimmt. Zum einen in der Harzburger Akademie für Führungskräfte der Wirtschaft und zum anderen bei den Baden-Badener Unternehmer Gesprächen (BBUG). Hier findet die Auslese für die Führungskräfte der deutschen Wirtschaft statt. Während zu den BBUG nur eine ausgewählte Klientel Zugang hat, ist die Harzburger Akademie für alle Führungskräfte der Wirtschaft offen. Die in Bad Harzburg wollen ganz nach oben an die Spitze, die in Baden-Baden sind dort bereits angekommen. Daher ist in Baden-Baden die »Veranstaltung geheim, das Beziehungsgeflecht legendär«, schreibt das *Manager Magazin*.[38]

Für die ideologische wie handwerkliche Prägung deutscher Unternehmer war die Akademie für Führungskräfte in Bad Harzburg führend, insbesondere in den Sechziger- und Siebzigerjahren, also sozusagen für die Vätergeneration. Mehr als 600.000 vorwiegend deutsche Führungskräfte wurden hier aus- und weitergebildet: In Bad Harzburg wurde Ende der Fünfzigerjahre der kooperative Führungsstil gelehrt und vermittelt. Ziel war die Etablierung einer Partnerschaftsideologie, um die Interessengegensätze zwischen Kapital und Arbeit aufzuheben, das Harzburger Modell. Sein Erfinder war Reinhard Höhn, der in der Stadt im Süden Niedersachsens ab 1956 seine Akademie für Führungskräfte betrieb. Das Harzburger Modell wurde als das »einzige bislang bekannte umfassende und in sich geschlossene Führungskonzept für deutsche Unternehmer« bewundert. Dieses Modell beruhte, so die Wissenschaftlerin Barbara Heitzmann in einer Studie über *Die Genese der »Eigenverantwortung« in modernen Managementkonzepten*, auf den Prinzipien der modernen Heeresführung. »Ziel war es, die Führung des Heeres dadurch zu verbessern und zu optimieren, dass bestimmte Offiziere explizit damit beauftragt waren, die Heeresführung durch die Erfassung multipler Erfahrungen, die Erforschung von Tatsachen und eine objektiv kritische Analyse zu unterstützen.«

Reinhard Höhn hatte eine Vergangenheit, über die kaum jemand sprechen wollte. Denn er war bereits im Jahr 1936 Mitglied der nationalsozialistischen Akademie für deutsches Recht und Vorsitzender des Ausschusses für Polizeirecht. Drei Jahre später wurde er Abteilungsleiter im Reichssicherheitshauptamt. »Von 1941 bis 1943 betreute er die Publikation *Reich – Volksordnung – Lebensraum. Zeitschrift für völkische Verfassung und Verwaltung.* (…) Der bis zum Opportunismus wandlungsfähige Höhn lehnte den liberalen Verfassungsstaat und die Demokratie ab und suchte nach rechtsphilosophischen Begründungen für die ›Volksgemeinschaft als Artgemeinschaft des Volkes‹ und den ›Führerstaat‹.« Noch gegen Ende des Krieges trat er für ein hartes Strafrecht gegenüber Nichtdeutschen ein und vertrat im Jahr 1944 die Auffassung, dass der Eid auf Adolf Hitler auch über dessen Tod Gültigkeit besäße, so Barbara Heitzmann. Er war, schreibt sie, »einer der (im negativen Sinne) profiliertesten unter den NS-Rechts- und Staatswissenschaftlern und betrieb eine selbst für nationalsozialistische Verhältnisse besonders radikale Auflösung rechtsstaatlicher Prinzipien«.[39] Reinhard Höhn war nicht nur einer der führenden Rechtstheoretiker des Nationalsozialismus, sondern maßgeblich für die Gestaltung des auf völkischen Prinzipien basierenden nationalsozialistischen Polizeirechts verantwortlich und trug in einem erheblichen Maße dazu bei, dass im Polizeirecht rechtsstaatliche Prinzipien durch eine freie Interpretation der Gesetze im Sinne des Nationalsozialismus nach und nach abgeschafft wurden. Soweit die Vergangenheit eines der Männer, die mit dem Harzburger Modell eine ganze Managergeneration geprägt haben.

Bei der Feier zum 50-jährigen Jubiläum der Managerschule in Bad Harzburg würdigte Arbeitgeberpräsident Dieter Hundt die Lebensleistung des Begründers des Harzburger Führungskonzepts.[40] Und der damalige Siemens-Chef von Pierer war voll des Lobes, als Reinhard Höhn 1999 seinen 95. Geburtstag feierte. Heinrich von Pierer ist ja nicht irgendwer. Deshalb war sein Lob für Reinhard Höhn besonders eindrucksvoll. »Es ist Ihnen vergönnt, wesentliche Ziele, für die Sie sich seit Jahrzehnten eingesetzt haben, heute verwirklicht zu sehen. Auch in unserem Hause sind die Grundlagen Ihrer Arbeiten in den letzten Dekaden Zug um Zug verwirklicht worden.«[41] Zehn Jahre nach dieser Lobeshymne konnte man über von Pierers Zeit als Vorstandschef von Siemens diese erhellende Meldung lesen: »Der langjährige Siemens-Vorstandschef Heinrich von Pierer zahlt überraschend nun doch Schadenersatz für den Schmiergeldskandal, der den Industriekonzern nach eigenen Angaben bislang mehr als zwei Milliarden Euro gekostet hat.«[42] Von Pierer zahlt fünf Millionen Euro an Siemens, um eine Klage des Konzerns gegen ihn zu vermeiden. Das Unternehmen hat ihm und ehemaligen Kollegen vorgeworfen, dass sie ihre Amtspflichten vernachlässigt hätten und dass die fehlenden beziehungsweise unzureichenden internen Kontrollen die Schmiergeldzahlungen in vielen Ländern ermöglicht hätten, mit denen sich Siemens lukrative Aufträge für Kraftwerksbauten und andere Projekte unter anderem in Griechenland oder Portugal besorgte.

Erst 13 Jahre nach Höhns Tod, im Jahr 2013, beschäftigte sich zum ersten Mal der Soziologe Stefan Kühl von der Universität Bielefeld ausführlich mit der Rolle der Soziologie im Nationalsozialismus. In diesem Zusammenhang stellte er die entscheidende Frage, wer von den vielen Soziologen, die in Bad Harzburg Vorträge hielten, jemals den »führenden Staatsrechtler des NS-Regimes und Abteilungsleiter im Reichssicherheitshauptamt und nach dem Krieg Leiter der Bad Harzburger Akademie für Führungskräfte der Wirtschaft« nach seiner Vergangenheit gefragt hätte.[43] Kein einziger! Es ist ebenso wenig bekannt, dass jemals einer der Tausenden Unternehmer, die von Bad Harzburg aus in führende Positionen der Wirtschaft aufgerückt sind, dessen Rolle während des Nationalsozialismus erfragt oder gar hinterfragt hätte. Das ist bezeichnend und führt, was das Problem ethischer Verhaltensnormen in der Wirtschaft angeht, zu den Baden-Badener Unternehmer Gesprächen (BBUG), wo die unternehmerischen Generationen der Söhne und Enkel auf ihre Karrieren vorbereitet werden. Wenn man nach dem Virus der Ideologie des Neoliberalismus und der entdemokratisierten Wachstumsgesellschaft suchen würde, hier würde man ihn finden.

Die Intimität eines Netzwerks: die Baden-Badener Unternehmer Gespräche

In dem im 19. Jahrhundert erbauten Palais Biron haben seit der Gründung im Jahr 1955 mehr als 3000 Unternehmer an den »Gesprächen« teilgenommen. Man kann sich nicht einfach bewerben, um dabei zu sein, sondern wird empfohlen, interviewt, zwei Jahre beobachtet. Über 4000 Manager sind in diesem Zirkel inzwischen miteinander vernetzt. Im Vorstand der BBUG sitzen unter anderem Martin Blessing, Vorstandschef der Commerzbank, und Werner Schnappauf von der Bank of America Merrill Lynch Berlin. Übrigens saß Ex-Siemenschef Heinrich von Pierer hier ebenfalls einmal im Vorstand. Zu den Mitgliedern zählen rund 120 von Deutschlands bedeutendsten Unternehmern aus der Industrie und Finanzwirtschaft, fast alle deutschen DAX-30-Konzerne sind mit dabei. Sie »repräsentieren das Rückgrat des Wertschöpfungsnetzwerks der deutschen Volkswirtschaft«, wie es auf der Webseite der BBUG zu lesen ist.[44]

Drei Wochen gemeinsam in intimster Atmosphäre, das verbindet, da werden Freundschaften gestiftet und Netze geknüpft, die für die Zukunft der Teilnehmer von überragender Bedeutung sind. Sie verstehen sich selbst als »Netzwerk der Vordenker«, als »ordnungspolitisches Gewissen der deutschen Wirtschaft«.[45] Im Palais werden die zukünftigen Spitzenkräfte der deutschen Wirtschaft umfassend auf ihre herausgehobene und übergreifende Verantwortung im Unternehmen vorbereitet, das ist die offizielle Lesart. »Längst haben sich die Unternehmergespräche zu einer Kaderschmiede für die Jungstars der Wirtschaft gemausert«, schreibt Klaus Werte. »Eine Einladung zu dem Seminar gilt als Ritterschlag – und als Empfehlung für höchste Ämter.«[46] Wer hier die Einladungen verschickt, der entscheidet, wer es zu etwas bringen kann im Big Business.

Häufig geht es bei den Diskussionen um sehr lobenswerte Themen, zum Beispiel um »Wirtschaft und Menschenbild« oder die »Spannung zwischen ökonomischer Macht und sozialer Verantwortung«. Vielleicht sind die Unternehmer ja guten Willens – im kleinen Kreis. Leider scheinen dieses Ethos und die unternehmerische Praxis nicht immer kompatibel zu sein. Da ist von sozialer Verantwortung wenig zu spüren, wenn es um die Frage geht, was wichtiger ist: der Aktienkurs und die maximale Gewinnschöpfung oder das Wohlergehen der Mitarbeiter oder Menschen im Allgemeinen. Die blühenden Geschäfte des »Rückgrats des Wertschöpfungsnetzwerks der deutschen Volkswirtschaft« mit Diktatoren und Despoten würde Bände der Scham füllen.

Die eingeladenen Referenten kommen auf jeden Fall gerne nach Baden-Baden. Bei den Gesprächen im Jahr 2013 waren zum Beispiel als prominente Gäste anwesend: Peter Ramsauer von der CSU, die konservativen SPD-Politiker Hubertus Heil, Olaf Scholz und Nils Schmid, der CDU-Europaabgeordnete Elmar Brok und Vertreter aus Gesellschaft, Kultur und Wissenschaft. Karl Ludwig Kley, der Vorstandsvorsitzende der BBUG, stellt auf jeden Fall fest: »Denn was wir uns, gerade bei den BBUG, immer wieder bewusst machen sollten: Wirtschaft(en) und Gewinnstreben, Wandel und Innovation sind niemals Selbstzweck. Unternehmerisches Handeln rechtfertigt sich am Ende immer nur durch den Wertschöpfungsbeitrag für den Verbraucher und für die Gesellschaft – durch einen positiven Beitrag zum ›Wie‹ des Lebens. Dieser Zusammenhang gilt aber auch umgekehrt: Ohne Gewinnstreben und Wandel werden wir langfristig nicht so gut leben können wie heute.«[47]

Der exklusive Rahmen im Palais Biron beflügelt vielleicht den kritischen Geist. Wenn da nicht der Realitätsschock wäre. Den beschreibt Katharina Weinberger, Ökonomin mit langjährigen Konzernerfahrungen: »Ende des letzten Jahrtausends wurde der Profit endgültig zum Maß aller Dinge. Die Konzernbosse, die bei der Jagd nach der Rendite vorrangig auf die Kostenkeule setzten, enttarnten die MitarbeiterInnen als vorrangige Kostenquellen und damit oberste Profitfeinde. Sie sahen ihre Belegschaft nicht mehr als ›Humankapital‹, das pfleglich zu behandeln sei, weil es als Schlüssel zu Umsätzen einen Wert darstelle, sondern als Ballast, den es abzuwerfen oder wenigstens zu ›flexibilisieren‹ galt. Jetzt wollen die (Un)Verantwortlichen noch einen Schritt weiter gehen. Künftig sollen so gut wie alle Arbeitskräfte, auch im mittleren Management, ›just-in-time‹ sein, wie ein Zapfhahn zum Auf- und Zudrehen. Die Belegschaft soll von einem fixen zu einem völlig variablen Kostenfaktor werden. Alle Risiken werden auf die ArbeitnehmerInnen verlagert.«[48]

Bilderberg: Macht oder Ohnmacht der Eliten

Will man den langen, erfolgreichen Marsch der neoliberalen Ideen durch die Institutionen verfolgen, könnte man hier einsteigen, in einem der bekanntesten Vorworte von Athen, in Vouliagmeni/Glyfada. Hier leben die Reichen in prächtigen Villen, eingerahmt von weitläufigen, parkähnlichen Gärten, mit Blick auf das azurblaue Mittelmeer. Es ist ein Ort, an dem auch serbische Topkriminelle ihr Geld in Immobilien angelegt haben wie Milorad Ulemek, der die Ermordung des serbischen Premierministers Zoran Djindjic im Jahr 2003 angeordnet hatte. Die Luxusgeschäfte rund um den Esperidon-Platz sind am späten Nachmittag nur spärlich besucht. Die junge Verkäuferin eines Feinkostgeschäfts erzählt, dass selbst hier fast alle teuren Läden massive Umsatzrückgänge verbuchen müssen. Sie selbst verdient jetzt 40 Prozent weniger als noch vor zwei Jahren. »Und ich weiß nicht, ob ich nicht bald gekündigt werde.«

Von dieser resignativen Atmosphäre ist im wenige Kilometer entfernten Luxushotel Astir Palace nichts zu spüren. Es befindet sich auf einer privaten Halbinsel und gilt als das Juwel an der Riviera Athens. Von der kleinen Anhöhe aus sind die Jachten zu bewundern, die im nahe gelegenen Hafen ankern. Das luxuriöse Refugium, in kühlem weißem Design, ist gesichert wie eine moderne Festung. Auf dem Parkplatz stehen schwarze Mercedes S 350, Range Rover Sport, Porsche – die Attribute der Vermögenden. Ein normales Zimmer kostet hier pro Tag so viel, wie die Verkäuferin im Luxusgeschäft im Monat verdient. Man speist im Restaurant Galazia Hytra, ausgezeichnet mit zwei Michelin-Sternen. Das Hotel ist ausgebucht.

Ein griechischer Topunternehmer, der in Monaco lebt, sitzt in einem dicken weißen Polstersessel auf der Terrasse mit Blick auf den weißen Sandstrand und das silbern glänzende Meer. »Man weiß doch, dass einige 100 Milliarden Euro griechisches Geld im Ausland lagern. Welche vernünftigen Gründe gibt es, das Geld zurückzuholen? Erklären Sie es mir? Wer ist so verrückt und bringt das Geld zurück? Das ist keine Frage des Patriotismus, sondern des kühlen Rechnens angesichts der Steuerbelastung hier. Man wäre doch wirklich verrückt.«

Bei den Spitzen der Weltpolitik und Weltwirtschaft ist die Luxusenklave in Vouliagmeni spätestens seit dem 14. Mai

2009 bekannt. Da residierten hier drei Tage, geschützt von Polizei und Militär, die sogenannten Bilderberger, knapp 120 an der Zahl, einer der am meisten gefürchteten Zirkel der Macht, benannt nach dem ersten Tagungsort, einem niederländischen Hotel. Die Topgarnitur der westlichen Banken- und Finanzwelt, Konzernchefs und Politiker gaben sich wie in jedem Jahr seit 1954 die Ehre. Das Einzige, was normalerweise nach außen dringt, ist die Liste der Teilnehmer. Transparenz und Medien sind des Teufels, auch wenn es inzwischen eine eigene Webseite gibt.[49] Hier erfährt man wenigstens, dass das Leitungskomitee aus 20 Personen besteht. Ihm gehören aus Deutschland der Ex-Chef der Deutschen Bank, Josef Ackermann, und Thomas Enders vom Raumfahrt- und Rüstungskonzern EADS an. Letzterer ist zudem Vorsitzender der exklusiven Atlantik-Brücke in Berlin, deren Arbeitsweise ebenfalls durch Verschwiegenheit und mangelnde Transparenz gekennzeichnet ist. Chef der Bilderberger ist der Ex-Fallschirmspringer und passionierte Jäger Henri de Castries, hauptberuflich Vorstandsvorsitzender des französischen Versicherungskonzerns Axa. Sein Jahreseinkommen im Jahr 2012 betrug 3,3 Millionen Euro.[50]

In sonniger Spätfrühlingsstimmung, im Mai 2009, ging es bei den Bilderbergern unter anderem um das Thema »Herausforderungen für die Volkswirtschaft und Demokratie«. Anwesend waren unter anderem: Josef Ackermann (damals noch Chef der Deutschen Bank), Luc Coene (Vizegouverneur der belgischen Nationalbank), Mario Draghi (damals noch nicht Chef der EZB), Jaap de Hoop Scheffer (NATO-Generalsekretär), Eckart von Klaeden (Staatsminister im Bundeskanzleramt unter Angela Merkel) und der CDU-Politiker Roland Koch, der zu dieser Zeit hessischer Ministerpräsident war und sich mit schwarzen Kassen gut auskannte. Selbst Neelie Kroes war gekommen, die derzeitige EU-Kommissarin für Informationsgesellschaft und Medien. Sie wird häufiger eingeladen – nicht ohne Grund. Im Jahr 2004 wurde sie EU-Wettbewerbskommissarin. Gegen ihre Nominierung gab es wegen ihrer engen Verbindungen zu Großunternehmen und ihrer angeblichen Verstrickung in dubiose Waffengeschäfte als holländische Wirtschaftsministerin heftige Proteste. Sie war in fast allen Sektoren der Wirtschaft aktiv, bekleidete 81 Vorstands-, Kommissariats- und Beraterposten. Interessenkonflikte seien deshalb vorprogrammiert, argumentierten die Kritiker leider vergeblich. Selbst die SPD setzte sich für sie ein, was damals arg verwunderlich war.

Pikant war die Teilnahme von Peter Löscher, damals Vorstandsvorsitzender der Siemens AG und seinem Vorgänger Klaus Kleinfeld, weil zur gleichen Zeit bekannt wurde, dass Siemens in den Neunzigerjahren mit mindestens 2 Milliarden Euro die regierenden politischen Parteien in Griechenland geschmiert hatte.

Gast war auch Christine Lagarde, die damalige französische Ministerin für Wirtschaft, Industrie und Beschäftigung und heutige geschäftsführende Direktorin des IWF. Für viel Belustigung sorgte ein Brief, den sie ihrem damaligen Chef, dem französischen Staatspräsident Nicolas Sarkozy geschrieben hatte: »Benutze mich so lange, wie es dir passt und wie es deinem Handeln entspricht. Wenn du mich brauchst, benötige ich deine Führung und Unterstützung: ohne Führung wäre ich ineffizient, ohne Unterstützung wäre ich nicht sehr glaubwürdig. Mit meiner immensen Bewunderung. Christine L.«[51] Hat die ansonsten taffe IWF-Chefin auch beim Bilderberg-Treffen bei gewissen Anwesenden der Finanzoligarchie Führung und Unterstützung gesucht und sogar gefunden?

Zum Beispiel bei Führungsfiguren der Chase Manhattan Bank, von Morgan Stanley International oder Goldman Sachs

International, die ebenso vertreten waren wie Repräsentanten der griechischen Nationalbank, der Banca d'Italia, der niederländischen ING-Gruppe, der französischen Société Générale. Ob Airbus, Royal Dutch Shell, BP – sie alle schickten ihre Vorstandsvorsitzenden und Vorstandsmitglieder nach Griechenland. Mit dabei außerdem Spitzenvertreter der NATO, der Welthandelsorganisation, des Welternährungsprogramms und der Weltbank. Bemerkenswert waren bei diesem Treffen im Astir Palace diejenigen Männer und Frauen, die heute in der Troika für das Schicksal der europäischen Bürger verantwortlich zeichnen, und das gerade in Griechenland: IWF, EZB, Europäische Kommission und internationale Banker. Welchen Rat gaben sie wohl dem anwesenden Yannis Papathanasiou, dem griechischen Minister für Wirtschaft und Finanzen? Weiter so, gut gemacht?

Beim Treffen der Bilderberger in Hertfordshire bei London im Juni 2013 war José Manuel Barroso dabei, inzwischen Präsident der Europäischen Kommission. Auf die parlamentarische Anfrage eines Europaabgeordneten, was er dort gesagt und wen er getroffen habe, antwortete die EU-Kommission: »Der Präsident besuchte das Treffen mit eigenen Mitteln, und es gibt keine Berichte über die Diskussionen während des Treffens.«[52] An seiner Seite bei der Konferenz war der bereits vorgestellte Paulo Portas, der Chef der konservativen Volkspartei CDS/PP und zu der Zeit Außenminister Portugals, der heute Koordinator für die Umsetzung der Troikabestimmungen in der portugiesischen Regierung ist.

Michael Meacher, ehemaliger Minister für Umwelt und Transport der britischen Labour-Regierung von 1997 bis 2003, erklärte zu diesem Treffen der Bilderberger in der Nähe Londons: »Es ist eine Schattenorganisation, zu der der Rest von uns keinen Zugang hat. Die Leute hier sind die Führer der mächtigsten Banken, von multinationalen Unternehmen, dazu EU-Kommissare und eine begrenzte Anzahl von Politikern aus Europa und Amerika. Wenn du eine Gruppe finden willst, die die westlichen Herrschaftsstrukturen repräsentiert, du würdest sie hier treffen.«

Die Polizeibehörden in Herfordshire erklärten übrigens den erstaunten Bürgern, die sich über den enormen Sicherheitsaufwand wunderten, dass die Konferenz den Haushalt ihrer Gemeinde nicht belasten würde, und zwar dank der Spenden der Organisatoren. Diese »Spenden« wurden von der Bilderberg-Stiftung zugesichert, die wiederum »Spenden« von British Petroleum und Goldman Sachs kassiert. Vielleicht sind alle Bedenken, was die Bilderberger angeht, nur der grenzenlosen Fantasie von Verschwörungstheoretikern entsprungen. Vielleicht setzen die Bilderberger ja ganz gezielt auf die Paranoia, die im Zusammenhang mit undurchsichtigen Eliteklubs zu beobachten ist. Denn mit der Paranoia wird erreicht, dass das wahre Ziel der Bilderberger, die weltweite Implementierung der neoliberalen Ideologie, verdeckt wird und die Kritiker der Bilderberger als unglaubwürdig bloßgestellt werden. Der Publizist Georg Diez bringt es auf den Punkt: »Paranoia erzeugt selbst Angst und Unsicherheit, Paranoia erschafft sich eine eigene Welt, Paranoia ersetzt das Denken und wird so zum Agenten der Macht.«

Der Eliteklub Bilderberg selbst versteht sich ja nur als ein flexibles informelles Forum, in dem unterschiedliche Standpunkte frei und offen diskutiert und das gegenseitige Verständnis intensiviert werden sollen. Die einzige Aktivität sei die jährliche Konferenz, bei der man einmal offen miteinander reden wolle, ohne dass davon gleich die Öffentlichkeit etwas erfährt – ähnlich wie das Journalisten in Hintergrundgesprächen mit Politikern auch zelebrieren. Manche Teilnehmer, unter anderem Angela Merkel im Jahr 2005, Ex-Außenminister Joschka Fischer 2008 und Hamburgs erster Bürgermeister

Olaf Scholz 2010, waren unter Umständen nur stolz, dass sie sich der Finanzoligarchie präsentieren durften. Die Eitelkeit der Macht darf nicht unterschätzt werden. Auf der anderen Seite wurde und wird bis heute kein einziger Repräsentant der zivilen Bürgergesellschaft, einer linken alternativen Partei oder Organisation eingeladen. Die Teilnehmer sind, mit extrem wenigen Ausnahmen, Mitglieder der Elite des neoliberalen Ordnungssystems.

Oder stimmt vielleicht doch, was der Ex-NATO-Generalsekretär Willy Claes, auch ein ehemaliger Bilderberger, in einem Radiointerview im Jahr 2011 ausplauderte. Demnach sollen die Teilnehmer der Bilderberg-Treffen die Entscheidungen, die während der jährlichen Konferenz formuliert werden, in ihrem Wirkungsbereich umsetzen. Ob ihnen das in der Vergangenheit gelungen ist? Eher nein. Zu widersprüchlich sind dafür die jeweiligen nationalen politischen und wirtschaftlichen Interessen, die die Teilnehmer repräsentieren – trotz aller ideologischen Übereinstimmung. Trotzdem: »Dass gewählte Abgeordnete, Minister und Spitzenbeamte internationaler öffentlicher Einrichtungen unter Ausschluss der Öffentlichkeit regelmäßig zweieinhalb Tage bei den Bilderberg-Konferenzen mit Vertretern der atlantischen Finanzoligarchie und Industriekapitänen vertraulich zusammensitzen, ist jedenfalls eine Zumutung.«[53] Aber an Zumutungen haben sich die Bürger sowieso gewöhnt. Auch daran, dass es gerade einmal 147 internationale Konzerne, Banken und Hedgefonds sind, die über rund 40 Prozent der Weltwirtschaft bestimmen.[54] Unter ihnen sind viele, wie Goldman Sachs, Merrill Lynch, die Bank UBS und die Deutsche Bank, die sowohl bei den Bilderbergern wie bei anderen Eliteklubs zu finden sind.

Nicht nur in den Korridoren der Macht: die Runden Tische

Die Putschisten gegen den demokratischen Sozialstaat legen – das sieht man schon bei den Bilderberg-Treffen – verständlicherweise auf eines ausdrücklich Wert: auf Abschottung und Diskretion. Sie organisieren sich in Eliteklubs, wollen sich nicht stören lassen, fühlen sich als die Auserwählten, deren Handeln das Schicksal von Millionen Arbeitnehmern existentiell bestimmt. In den verschwiegenen Etablissements werden Interessen abgestimmt, Initiativen koordiniert, Allianzen geschmiedet. Ihre Bündnisse haben die Möglichkeit, bindende Entscheidungen für alle Mitglieder durchzusetzen. Auf ihre informellen Strukturen können diese zurückgreifen, um ihre strategischen Ziele durchzusetzen: die Sicherung und Vermehrung ihres Vermögens.

Mitglieder von Eliteklubs, für die der Mensch nichts anderes ist als ein Homo oeconomicus, sind, wie zum Beispiel die Bilderberger, Vorstandschefs bedeutender Konzerne, einflussreiche Verwaltungs- und Aufsichtsräte, konservative Medienrepräsentanten, vereint mit Akteuren, die im Hintergrund wirken: Wirtschaftsanwälte, Berater und Investmentbanker. Ein wichtiges Kriterium für die Aufnahme in solche exklusiven Klubs ist ein exzellentes Netzwerk und der Wille, die geknüpften Verbindungen zu nutzen – sozusagen eine Loge P2 für das 21. Jahrhundert. Viele ihrer eigennützigen Forderungen wurden ja bereits umgesetzt, während der Lebensstandard von Millionen Bürgern in Europa in den letzten Jahren gesunken ist und ganze Volkswirtschaften zum Stillstand gekommen sind.

Ein Beispiel für den Einfluss elitärer und nicht transparenter Netzwerke auf die europäische Politik ist der EU-Kommissionspräsident José Manuel Barroso. Nach der Finanzkrise 2008 bestellte er acht sogenannte EU-Weise als Finanzmarktaufsicht. Vier dieser Auserwählten waren mit genau den US-Banken verbunden, die die Krise verursachten, und die anderen vier waren bekannt als wichtige Repräsentanten des Neoliberalismus.

Das verdeutlicht die Machtverhältnisse in Europa. Und das führt zu einem besonderen Eliteklub, dessen Mitglieder in der Schweiz wie in Deutschland die neoliberalen Herolde und direkt oder indirekt Stützen der Putschisten sind.

Wer versteckt sich hinter dem Entrepreneurs' Roundtable?

Ende Oktober 2012 traf sich in Dubai der Premierminister der Vereinigten Arabischen Emirate, Scheich Mohammed Bin Rashi Al Maktoum, mit Mitgliedern einer Deutsch-Schweizer Gesellschaft, die an einer Round-Table-Diskussion im Internationalen Finanzzentrum Dubai teilnahmen. Bewirtet wurden sie von der Privatbank Sarasin-Alpen, die zur Schweizer Safra-Sarasin-Gruppe gehört. Laut der Zeitung *The Gulf Today* diskutierte der Scheich mit den deutschen und Schweizer Unternehmern über internationale Finanzprobleme und die Revitalisierung der globalen Wirtschaft.[55] Die Diskussion war Teil der Veranstaltung des *Entrepreneurs' Roundtable* aus der Schweiz. Wichtiger war jedoch, was nach der Diskussion folgte. Nicht etwa dass sich die Unternehmer über die Hunderttausende Arbeiter informierten, die die grandiosen Wolkenkratzer bauen – Menschenrechtsorganisationen sprechen angesichts der Arbeitsbedingungen von moderner Sklavenhaltung.[56] Nein, es gab eine Speedboottour, einen Ausflug auf Harley-Davidson-Maschinen und am

Abend ein festliches Dinner mit Unterhaltungsprogramm. Der zweite Tag war dem Besuch des Gastgebers, der lokalen Niederlassung der Sarasin-Alpen-Bank gewidmet. Ein Vorstandsmitglied gehört dem *Entrepreneurs' Roundtable* an. Am dritten Tag schließlich, nach einem Lunch im Poloklub, fuhren alle zu einem Wüstentrip mit Land Cruisers und zum Sandboarden auf den Wüstendünen. Es existiert offiziell ein einziges Foto, auf dem einige der Teilnehmer zu sehen sind. Eine absolute Ausnahme, denn die Mitgliederliste des *Entrepreneurs' Roundtable* ist geheim und Fotos von den Treffen sind unerwünscht. Aber gegen den Fotografen der Tageszeitung *The Gulf Today* konnten selbst sie nichts unternehmen.

Dieser Eliteklub hat seinen Sitz unter anderem am diskreten Finanzplatz Zürich, einem der Orte, wo Steuervergehen als Kavaliersdelikte gelten, wo in den Tresoren das Kapital der Despoten und Kleptokraten aller Herren Länder sicher lagert und wo es von speziellen Anwälten verwaltet wird. Das ist natürlich genau der richtige Ort für solch eine illustre Society.

Zürich, Genf, Zug – das sind die Gebiete, in denen auch die Gelder jener internationalen Konzerne gehütet und frei von hoher Steuerbelastung verwaltet werden, die für Korruption, Kinder- und Sklavenarbeit, Tagelöhnerausbeutung und unmenschliche Arbeitsbedingungen verantwortlich sind. Die netten Schweizer Banken und Anwaltskanzleien haben natürlich ein reines Gewissen – wenn sie überhaupt eines haben. Und darum werden Hunderte Menschen, die in Zürich auf dem Paradeplatz gegen das Finanzsystem demonstrieren, tunlichst nicht zur Kenntnis genommen. Am 3. November 2011 betraten einige Kapitalismusgegner ohne Hosen die UBS-Bank, um so zu zeigen, dass die Banken den Menschen das letzte Hemd und Geld rauben. Die, denen der Protest galt, haben darüber geschmunzelt. Dabei waren es die UBS-Manager, die Milliarden Euro in den Sand setzten oder Schwarzgelder versteckten. Wie sagte doch der damalige UBS-Chef Sergio Ermotti am 16. Oktober 2011 in einem Interview mit der Schweizer Zeitung *SonntagsBlick*: »Die Schweiz ist reich geworden durch Schwarzgeld. Wenn wir überall einen Schwarzen Peter verteilen würden, wo unversteuertes Geld drin ist, wäre die ganze Bahnhofstrasse voll von Schwarzen Petern.« Diese Aussage bedeutet nun aber nicht, dass hier ein ungewöhnlich kritischer Banker eine Zeitenwende einläutet. Denn seine Kernaussage lautet: »Ja, die Banken haben Fehler gemacht. Dass es Europa heute schlecht geht, ist aber nicht die Schuld der Banken. Die Länder haben einfach über ihre Verhältnisse gelebt und sich einen Wohlfahrtsstaat geleistet, der nicht mehr bezahlbar ist.«[57] Und was gilt es für ihn und seinesgleichen endlich durchzusetzen? Den Abbau des Wohlfahrtstaates.

Aber in diesem System gehen nicht nur Banker ihren ethisch fragwürdigen Geschäften nach, auch Anwälte spielen eine große Rolle. Von Zürich aus kontrollieren zahlreiche Großkanzleien einen Teil des ständig wachsenden Schweizer Finanzmarktes. Der wiederum befindet sich vor allem in Genf, das mit seinen exklusiven Privatbanken und dem Sitz der Welthandelsorganisation den Anwälten sicheren Umsatz garantiert. Und auch Zug als einer der größten Handelsplätze für Erdöl, Aluminium und andere Rohstoffe sorgt nicht nur regelmäßig für negative Schlagzeilen, sondern auch für den kontinuierlichen Fluss von Anwaltshonoraren.

Nicht weit von der Züricher Bahnhofstraße entfernt liegt das Büro einer der bekanntesten Züricher Anwaltskanzleien. Hier schlägt das Herz des *Entrepreneurs' Roundtable*. Wirtschaftsanwalt Thomas Ladner ist sein Gründer, ein unternehmerisches Multitalent des Finanzkapitals. Er leitet unter anderem die Vermögensverwaltung der Vontobel-Gruppe, einer Privatbank, die illustre Privatkunden betreut. Mitte 2013 verwaltete die Bank ein Kundenvermögen von rund 160 Milliarden Schweizer Franken. Gleichzeitig sitzt Ladner im Verwaltungsrat zahlreicher Unternehmen und ist Berater einer Anwaltskanzlei im Kanton Zug. In der Finanzszene der Schweiz gilt er als begnadeter Netzwerker und Strippenzieher und smarter Helfer der Superreichen.

Über die Mitgliederliste des *Entrepreneurs' Roundtable* verfügen nur zwei Personen: Thomas Ladner und sein guter Freund Pascal Forster. Wer aufgenommen wird, entscheiden diese beiden Netzwerker allein. Sie sind es auch, die die Einladungen verschicken. Nach Angaben eines Insiders, der bereit war, mir gegenüber über das Innenleben auszupacken, sollen die Mitglieder sogar eine Geheimhaltungserklärung unterschreiben müssen. Deshalb ist es schwierig, die gesamte Breite des politischen und wirtschaftlichen Einflusses wiederzugeben. Aber das, was der Insider berichtet und durch entsprechende Recherchen nachzuprüfen ist, zeigt, dass sich hier in der Tat so etwas wie ein geheimer Zirkel der Macht gebildet hat, in dem absolute Vertraulichkeit herrscht. Niemand lässt sich zweimal bitten, wenn er eingeladen wird. Ein Telefonanruf von Ladner oder Forster genügt, und ein neuer CEO ist dabei. Passt einer dann nicht in die Gruppe, etwa weil er sich borniert gebärdet, wird er einfach nicht mehr eingeladen. Ein solches Vorgehen wäre in einem formell organisierten Netzwerk wie einem Verein nicht möglich.

»Mitglieder des *Entrepreneurs' Roundtable* treffen sich auf privater Ebene und sind alle per Du. Mitglieder der Kategorie I müssen pro Jahr mindestens 500 Millionen Jahresumsatz machen beziehungsweise Vorstandsvorsitzende sein«, erzählt der Insider. »Wer nicht so viel bringt, wird nicht mehr eingeladen«, fügt er hinzu. Aber die Bruderschaft bedeutet auch

Solidarität in schwierigen Zeiten. Der Insider nennt ein Beispiel: »Ein Banker hatte erhebliche Probleme, und er befürchtete, dass sein Name publik wird. Der Chefredakteur eines bedeutenden bundesdeutschen Medienhauses, Mitglied des Eliteklubs, wurde dann davon überzeugt, dass darüber nichts veröffentlicht wird. Und so geschah es auch.«

Die Treffen finden sieben- bis achtmal im Jahr an unterschiedlich exklusiven Orten statt. Anfang 2013 zählte der *Entrepreneurs' Roundtable* in der Schweiz mindestens 100 und in Deutschland mindestens 90 Mitglieder – ausschließlich die Elite insbesondere der Finanzindustrie, aber auch Vorstandsvorsitzende von Pharmaunternehmen und Lebensmittelkonzernen sowie Medienrepräsentanten. Einmal im Jahr, meistens im Spätherbst, findet eine sogenannte Überraschungsreise statt. Den genauen Ort kennen nur Thomas Ladner und Pascal Forster. »Sowohl in der Schweiz als auch in Deutschland stehen die Leute Schlange (…) Das Geheimnis ist simpel: in einer informellen, entspannten Atmosphäre eine angenehme Zeit verbringen.«[58]

Im ersten Jahr des Bestehens, 2002, ging es ins Tessin, nach Ascona ins Hotel Castello del Sole. Gastgeber war der Unternehmer Gratian Anda, dessen Familie das Hotel besitzt. Die Teilnehmer durften barfuß über glühende Kohlen laufen und das Abenteuer eines Fallschirmsprungs erleben. Im September 2003, dem zweiten Jahr, reisten sie nach England und residierten auf einem herrschaftlichen Landsitz, der einem bekannten Industriellen gehört. Dort übten sie sich im Tontaubenschießen und debattierten am Abend vor dem Kaminfeuer mit dem Chefredakteur der *Financial Times* über ihr Selbstverständnis in der globalen Wirtschaft. Das nächste Event der Klubmitglieder führte in die Wälder Schwedens. Neben dem Lachsfischen spielte die Führungselite Paintball – dabei schießt man in dunklen Tarnanzügen mit Druckluftgewehren Farbkugeln aufeinander. Als Stargast war Boris Becker geladen, der damit gleich feierlich in den Kreis aufgenommen wurde. Es geht jedenfalls immer so lustig zu, dass die meisten sich den Termin fürs gemeinsame Wochenende schon ein Jahr im Voraus freihalten.

Mitte Januar 2013 war wieder einmal ein Treffen des Klubs geplant. Eigentlich sollte es beim Vorstandsvorsitzenden des weltweit größten Zahnprothesenherstellers zu Hause stattfinden. Da er laut Medien äußert zurückhaltend ist, war nicht bekannt, dass er Mitglied im Klub ist. Beat Spalinger hasst den öffentlichen Auftritt. Seine Person sei für die Funktion bei Straumann ohnehin irrelevant, er »Ziehe es vor, nicht im Rampenlicht zu stehen«, wird er in den Medien zitiert. »Spalinger sucht sein soziales Netzwerk nicht im Beruf, wichtig ist dem gebürtigen Stadtzürcher seine Familie.«[59] Weil seine Karriere ein unerwartetes Ende nahm, mussten sich die Mitglieder des *Entrepreneurs' Roundtable* einen anderen Ort suchen und fanden ihn im nicht weniger exklusiven Club zum Rennweg in Zürich. So viel zum Treiben der feinen Highsociety.

Die Bankenmacht im Eliteklub

Ein Musterfall für die Vernetzung zwischen den Bankern im *Entrepreneurs' Roundtable* ist Boris Collardi. Er ist Vorstandsvorsitzender der Privatbank Julius Bär Gruppe AG. Im Jahr 2012 lag sein Jahresgehalt bei 6,7 Millionen Franken. Hauptverantwortlicher für die großzügige und sofortige Belohnung des jungen Collardi ist Bär-Verwaltungsratspräsident Daniel Sauter. Der Ex-Glencore-Finanzchef ist seit Frühling 2012 im Amt, nachdem er Raymond Bär als letzten Familienvertreter abgelöst hatte. Sauter selbst kassierte für seine neue Funktion über eine Million Franken, besitzt zudem über 40.000 Bär-Aktien im derzeitigen Wert von knapp 1,5 Millionen Franken.[60] Die Privatbank hat Filialen unter anderem in Frankfurt, Düsseldorf, Hamburg, München und Würzburg. Bekannt wurde sie unter anderem dadurch, dass ein ehemaliger Mitarbeiter die Daten von rund 2700 aus Deutschland stammenden Bär-Kunden an deutsche Steuerbehörden verkaufte. Ungerührt davon ist Boris Collardi weiter auf Einkaufstour bei anderen Banken. Dazu gehörte die Vermögensverwaltung der US-Bank Merrill Lynch. Zustande kam der Deal dadurch, dass er Brian Moynihan, den Vorstandsvorsitzenden der Bank of America beim Weltwirtschaftsforum in Davos kennengelernt hatte. Der war auf der Suche nach einem Käufer für die Wealth-Management-Sparte seiner Tochter Merrill Lynch, und Collardi griff auf diesen Kontakt zurück.[61]

Martin Scholl ist der Chef der Zürcher Kantonalbank, die prominente deutsche Klienten aus der Politik zu ihren Kunden zählen soll, so der Insider. Bei seinen Mitarbeitern wird er auch das »U-Boot« genannt. Er feuerte zwei Mitarbeiter, unter anderem wohl deshalb, weil diese es wagten, Kritik an der Geschäftspolitik der Bank zu äußern. Dort wurden diese Entlassungen als ein verheerendes Zeichen für die herrschende Kultur der Einschüchterung gesehen. Angestellte der Bank sprechen offen von Stasi-Methoden, von Bespitzelung und Angst.[62]

Prominent vertreten im *Entrepreneurs' Roundtable* ist die brasilianisch-schweizerische Finanzgruppe Safra mit der bereits erwähnten Bank Safra Sarasin aus Basel. Joachim Strähle, Ex-Chef der Privatbank, gehörte ebenso zum ehrenwerten Klub wie Eric Sarasin, der stellvertretende Chef des Bankhauses. Die Schweizer Privatbank Sarasin in der Baseler Elisabethenstraße ist eine der ältesten Schweizer Banken. Was hier für die internationale und superreiche Klientel allein zählt, ist die Diskretion. Im Jahr 2012 erwirtschaftete das Bankhaus 170 Millionen Euro Gewinn, verwaltete 130 Milliarden Euro Kundenvermögen und beschäftigt 2100 Mitarbeiter. Je weniger Transparenz und News, desto besser – so das Verständnis von Bankgeschäften in Basel. Eric Sarasin ist stellvertretender Chef der Bank. Über ihn wird gesagt, er wisse mit Charme und Überzeugung die Kunden zu begeistern. Er sitzt zudem im Vorstand einer Schweizer-Amerikanischen Handelsvereinigung, ist Präsident der Handelskammer Deutschland-Schweiz, Mitglied der Rotarier und engagiert sich in einer Stiftung, die sich dem Thema der sozialen Verantwortung von Unternehmen verschrieben hat. Dumm für das tolle Image war, dass im Juli 2013 ein deutscher Kapitalanleger das Bankinstitut auf Schadenersatz verklagte. Der Ulmer Drogeriekönig Müller hatte angeblich 50 Millionen Euro investiert und befürchtete, einen Großteil davon zu verlieren – bei Geschäften mit Steuertricks.[63] Sein Stuttgarter Anwalt erstattete deshalb bei der Züricher Staatsanwaltschaft Strafanzeige wegen Anlagebetrugs und arglistiger Täuschung gegen drei Sarasin-Manager. Die deutschen Finanzbehörden seien beim Handel mit Aktien gezielt ausgetrickst worden: Beim sogenannten Dividendenstripping habe die Bank Steuererstattungen in Milliardenhöhe erschwindelt. Den Anlegern sei das Investment als absolut sicher verkauft worden. »Mein Klient wurde über die Risiken der Anlage nicht informiert«, behauptete Müllers Rechtsanwalt.[64] Die Anleger hätten nicht gewusst, dass dieses Geschäft darauf beruht habe, das Bonner Bundeszentralamt für Steuern systematisch zu täuschen und sich am Fiskus zu bereichern.

Bereits im Dezember 2012 wurde die traditionsreiche Privatbank durchsucht. Die Generalstaatsanwaltschaft Frankfurt ging dem Verdacht der schweren Steuerhinterziehung nach. »Die Privatbank soll in mehrere Aktiendeals rund um die HypoVereinsbank (HVB), den Berliner Immobilienunternehmer R. und einen Anwalt verwickelt sein, bei dem in der Bundesrepublik angeblich Steuern in Höhe von knapp 124 Millionen Euro hinterzogen wurden.«[65] Die HypoVereinsbank, die inzwischen der italienischen Unicredit gehört, habe bei nie bezahlten Aktiendeals Kapitalertragssteuern vom Fiskus zurückverlangt und auch bekommen. »Sarasin soll dabei behilflich gewesen sein.«[66] Sarasin sah hingegen in dieser Sache nach eigener Auskunft keine »Anzeichen für ein Fehlverhalten«, habe aber »interne Untersuchungen« eingeleitet. Dem hält der Enthüllungsjournalist Klaus Ott entgegen: »Das Schweizer Geldhaus Sarasin hat offenbar gezielt den deutschen Staat betrogen.«[67] Es geht dabei um mehr als eine Milliarde Euro. Im Dezember 2012 sollte SPD-Kanzlerkandidat Peer Steinbrück übrigens einen Vortrag anlässlich einer Verkaufsveranstaltung in der Bank halten, wie immer mit 15.000 Euro fürstlich vergütet. Das Honorar wollte er spenden. Aufgrund der Ermittlungen sagte er jedoch seinen Vortrag ab.

Zum elitären Männerklub gehört auch Marcel Rohner, Chef der Schweizer Bank UBS von 2007 bis 2009, der im Verwaltungsrat von Ulrich Giezendanners Transport AG, der Helvetischen Bank, der Genfer Investmentgesellschaft CBI und der Schwyzer Active Alpha sitzt. Während seiner Zeit als Chef der UBS lief nicht alles nach Recht und Gesetz. So ergaben Ermittlungen, dass Mitarbeiter verschiedener Finanzhäuser den Libor[68] im Zeitraum von 2006 bis 2009 manipuliert hatten. Zudem fand in London eine Untersuchung statt, um diesen Skandal um den getürkten Libor aufzuarbeiten. Abgeordnete wollten von Marcel Rohner wissen, weshalb ein Bericht des *Wall Street Journal* im Frühjahr 2008 nicht seine Aufmerksamkeit erregt hatte, in dem Autoren den Vorwurf erhoben, dass mehrere Banken – darunter auch die UBS – den Libor künstlich tief zu halten versuchten. Rohner antwortete ihnen, dass ihn das dünne Kapitalpolster seiner Bank beschäftigt habe und dadurch andere mögliche Schwierigkeiten in Vergessenheit geraten seien. »Wir kämpften ums Überleben. Ich war nicht alarmiert.« Die UBS zahlte wegen des Libor-Skandals Strafen in Höhe von 1,16 Milliarden Euro (1,4 Milliarden Franken) an Behörden in den USA, Großbritannien und der Schweiz. Die Strafzahlungen führten dazu, dass die UBS im vierten Quartal 2012 einen Reinverlust von bis zu 2,5 Milliarden Franken verbuchte. Zudem zahlte das Geldinstitut 780 Millionen Dollar Strafe wegen Beihilfe zum Steuerbetrug. Wegen drohender Insolvenz musste die Traditionsbank im Jahr 2008 vom Schweizer Steuerzahler gerettet werden. Trotzdem erhielten die für das Missmanagement verantwortlichen UBS-Manager noch Abgangsentschädigungen in Millionenhöhe. Das Nachsehen hatten Tausende aus Kostenersparnis entlassene Bankangestellte. Auch im Jahr 2011 kam es wegen spekulativem Gewinnstreben wieder zu illiardenverlusten, was den Abbau von weiteren Arbeitsplätzen zur Folge hatte.

Ein anderes geradezu prototypisches Klubmitglied ist Axel Weber, einstiger Lehrmeister von Jens Weidmann, dem jetzigen Bundesbankpräsidenten, und von Jörg Asmussen, der als Vertreter der EZB zur Troika gehörte und derweil Staatssekretär im Ministerium für Arbeit und Soziales ist. Axel Weber ist jetzt Chef der UBS und war einst Präsident der Deutschen Bundesbank – der Prototyp eines neoliberalen Bankers mit großer Macht und politischem Einfluss. Nach dem Willen von Bundeskanzlerin Angela Merkel sollte er sogar Präsident der Europäischen Zentralbank werden. Er besitzt genaueste Informationen über die Finanzmärkte und saß in seiner Eigenschaft als Bundesbankpräsident oft im Kabinett der Bundesregierung. Überliefert von ihm ist die Formulierung: »Ich und die Bundeskanzlerin.«[69]

Der Bundesbankchef war es, der die Bundesregierung am 27. September 2008 kontaktierte, als Deutschlands Topbanker feststellten, dass die Hypo Real Estate (HRE) ohne Steuergelder nicht zu retten sei. Er kritisierte im Frühjahr 2010 die Hilfen der EZB für Griechenland und andere notleidende Staaten, was ihm Bundeskanzlerin Angela Merkel verübelte. Aus dem einstigen Freund wurde ein unbequemer Gegner. 2011 schmiss er ein Jahr vor Vertragsablauf sein Amt als Bundesbankpräsident hin. Als ihn die Schweizer Großbank UBS im Mai 2012 zu ihrem neuen Verwaltungsratschef ernannte, erhielt er zur Begrüßung 2 Millionen Franken (1,7 Millionen Euro) überwiesen und 200.000 Aktien im Wert von über 2 Millionen Franken.

Weitere prominente Mitglieder des *Entrepreneurs' Roundtable* sind: Ulrich Körner, der bei der UBS als Chief Operating Officer arbeitet, und Urs Rohner, der Präsident der Credit Suisse ist und gleichzeitig im Vorstandsausschuss der Föderation der Schweizer Unternehmer *Ecconomiesuisse*. Diese wiederum ist Mitglied der Lobbyorganisation *Business Europe*. Wenn so zentrale Führungsfiguren des Schweizer Bankwesens Mitglieder des *Entrepreneurs' Roundtable* sind, darf ein Mann nicht fehlen: Ernst Welteke, jetzt häufiger in der Schweiz anzutreffen. Er steht dafür, wie Macht die Persönlichkeit verändert. Der Sozialdemokrat ist gelernter Landmaschinentechniker, studierte nach dem Abitur auf dem zweiten Bildungsweg Volkswirtschaft und schloss als Diplom-Volkswirt ab. In Hessen war er Wirtschaftsminister und später Finanzminister, 1995 Präsident der Landeszentralbank Hessen und wurde am 1. September 1999 – durch den Einsatz des damaligen SPD-Finanzministers Hans Eichel – Präsident der Deutschen Bundesbank. Damit war er auch Mitglied im Rat der Europäischen Zentralbank. Nach seinem Rücktritt wurde er in den Medien als Paradebeispiel für den Niedergang der Moral vorgeführt, und die *Süddeutsche Zeitung* meinte, dass Welteke »immer noch nicht begriffen habe, dass der Umgang mit viel Geld auch ethisch und intellektuell verpflichtet«.[70]

Was war passiert? Welteke hatte vor Gericht die Aufstockung seiner Pension von bisher 8000 Euro auf 24.000 Euro pro Monat gefordert. Zur Begründung führte er an, bei der Berechnung seien vorherige Tätigkeiten unter anderem als Landtagsabgeordneter und Minister nicht ausreichend berücksichtigt worden. Das Gericht sprach Welteke einen Anspruch von rund 12.500 Euro monatlich zu. »Mein Ruhegehalt ist nur halb so hoch wie das meiner Vorgänger«,[71] klagte er über die seiner Meinung nach mickrige Pension. Was er nicht sagte, war, dass die Vorgänger nicht unehrenhaft aus dem Amt geschieden sind. Welteke musste im April 2004 von seinem Amt zurücktreten, weil er sich und seiner Familie von der Dresdner Bank einen Urlaub im Hotel Adlon hatte bezahlen lassen, um in Berlin Silvester zu feiern. 7661 Euro hatte die Dresdner Bank ihm dafür spendiert. »Ein Bundesbankpräsident, der sich schmieren lässt? Oder wie sollte man das sonst nennen?«[72] Das war kein Einzelfall. Bereits im Jahr zuvor war er einer Einladung des BMW-Konzerns zum Formel-1-Rennen nach Monaco gefolgt, wobei BMW lediglich die Flugkosten für ihn und seine Gattin übernommen hatte. Zum Konzern gehört auch die BMW-Bank, über die Welteke als Bundesbankpräsident die Aufsicht zu führen hatte.

Wo nicht nur ein Ex-Bundesbankpräsident aktiv ist: Kleptokratie Angola

Es dauerte nicht lange, da hatte Ernst Welteke bereits im privaten Bankensektor Fuß gefasst. Im Juni 2005 wurde er Vorstandsmitglied der Bank Center-Invest in Rostow am Don. Viel delikater ist seine Position als Vorsitzender des Vorstands der angolanischen Banco Quantum Capital, die inzwischen in Banco Kwanza Invest SA umbenannt wurde[73] und ihren Sitz in der angolanischen Hauptstadt Luanda hat. Die *FAZ* schildert seine Motive folgendermaßen: Es gehe auch darum, sich die Rohstoffmärkte zu sichern. China unternehme erhebliche Anstrengungen und die westlichen Industrieländer könnten zu spät kommen, wenn sie ihre Zurückhaltung nicht aufgäben.[74] Gegründet wurde die Investmentbank von José Filomeno de Sousa dos Santos, einem Sohn des Staatspräsidenten José Eduardo dos Santos. Er scheint ein wahrer Stabilitätsanker für den Nepotismus in Angola zu sein. Zugleich führt seine Person auch wieder ins Innenleben des *Entrepreneurs' Roundtable* und zu dessen ethischen Wertmaßstäben. Denn Gründer Thomas Ladner pflegt beste Beziehungen zur angolanischen Polit- und Finanzelite. Er steht in Verbindung mit Jean-Claude Bastos de Morais, einem Schweizer Unternehmer und Investor mit besten Beziehungen nach Angola. Ladner führte auch Angolas Präsidentensohn José Filomeno de Sousa dos Santos ins Schweizer Gesellschaftsleben ein, den Mitbesitzer der Bank Kwanza Invest. Der andere Besitzer ist Bastos de Morais aus der Schweizer Quantum-Global-Gruppe, wo dann wieder Welteke im Beirat zu finden ist. Und Bastos de Morais ist Vorstandsvorsitzender der Bank Kwanza Invest. Vorstandsvorsitzender der Quantum Global ist Thomas Ladner. Da haben die Schweizer Teilnehmer des *Entrepreneurs' Roundtable* (Welteke und Ladner) ein wahrscheinlich extrem profitables Geschäft mit internationalen Beziehungen aufgebaut, offenbar ohne groß zu fragen, wie korrupt die politische Elite in Angola ist und ob dort die Menschen hungern und leiden.

Das Problem sollte daher ein wenig ausführlicher betrachtet werden. Obwohl Angola Milliarden Euro durch Öl und Diamanten einnimmt, gehört das Land heute zu den ärmsten der Welt. Die Hälfte der Einwohner lebt in Armut, zwei Drittel haben keinen Zugang zu sauberem Wasser. Täglich sterben 200 Menschen an den Folgen von Hunger. Die Kindersterblichkeit liegt bei 20 Prozent und die Lebenserwartung beträgt im Schnitt gerade mal 46 Jahre. Und dann die Korruption. Sie hat eine lange Tradition in dem autoritär regierten Land. Angola befindet sich auf Platz 157 von 176 Ländern des Korruptionsindex 2012 von *Transparency International*. Und das, obwohl im Jahr 2009 der Präsident von Angola eine Null-Toleranz-Politik gegenüber Korruption verkündete. Ein Jahr später wurde sogar ein neues Antikorruptionsgesetz und ein Antigeldwäschegesetz verabschiedet. Doch die Strategie von José Eduardo dos Santos war ziemlich durchsichtig. Er duldete einfach keine Konkurrenz, und solche Gesetze sind durchaus hilfreich, um politische Konkurrenz auszuschalten. Denn seit dem Jahr 2000 hatte er dafür gesorgt, dass fast alle Konzessionen für die Schürfrechte von Diamanten an seine Familie und privilegierte Mitglieder seines inneren Zirkels, also ehemalige Regierungsmitglieder und Generäle, vergeben wurden. Ähnliches wiederholte sich im Jahr 2006 noch einmal bei den Lizenzen für die Ölförderung. Da fließen unaufhörlich Millionen in die privaten Taschen der Eliten, während zwei Drittel der Bevölkerung weniger als 2 US-Dollar pro Tag verdienen. Die Ölexporte beliefen sich 2013 auf 69,7 Milliarden US-Dollar, die Einnahmen aus der Förderung von Diamanten auf 1,1 Milliarden US-Dollar.[75]

Während der letzten Wahlen im August 2012 klagte der angolanische Journalist und Antikorruptionsexperte Rafael Marques de Morais während einer Anhörung des Europäischen Parlaments, dass weder die Europäer noch die USA Wahlbeobachter nach Angola geschickt hätten. In der Folge habe es in großem Umfang Wahlfälschungen gegeben. Doch dass gute Wirtschaftsbeziehungen wichtiger sind als der Kampf gegen Korruption und Verletzung der Menschenrechte, beweist Deutschland wieder einmal an vorderster Front. Angola ist der drittgrößte Handelspartner für Deutschland im südlichen Afrika. Kreditgeber sind die Commerzbank, die Deutsche Bank, die Deutsche Entwicklungsgesellschaft und verschiedene Landesbanken. Im Juli 2011 hielt sich Bundeskanzlerin Angela Merkel in Angola auf. Der Staatskonzern Sonangol unterzeichnete daraufhin mit Siemens Energy einen Vertrag über die Lieferung einer 11,5-MW-Turbine für eine Ölraffinerie.

Angola ist außerdem Teil der deutschen Sicherheitsstrategie und wird deshalb mit Rüstungsgütern aus Deutschland beliefert. »Repräsentanten der deutschen Rüstungsindustrie haben die Bundeskanzlerin während ihres Besuchs in Luanda begleitet. Die deutsche Regierung rechtfertigt ihre Rüstungslieferungen mit dem Argument, Angola zu stärken, damit das Land ein Stabilitätsanker in der Region wird.«[76] Die deutsche Bundeskanzlerin lobte sogar den kleptokratischen Präsidenten. »Die Wahlen von 2008, bei denen dos Santos knapp 82 Prozent holte, nennt sie ›frei und demokratisch‹. Dabei heißt es selbst im Länderbericht der CDU-nahen Konrad-Adenauer-Stiftung zu Angola, man könne den Urnengang von 2008 ›insgesamt als nur teilweise frei, keinesfalls aber als fair bezeichnen‹.«[77]

Zenú, wie der Sohn des Präsidenten genannt wird, wurde im Jahr 2013 von seinem Vater zum Verwalter eines mit

5 Milliarden US-Dollar gefüllten Vermögensfonds bestellt. Bei dem Geld handelt es sich um einen Teil der Einnahmen aus dem Ölexport. Zusätzlich kommen pro Jahr 3,5 Milliarden US-Dollar aus dem Verkauf von täglich 100.000 Barrel Öl hinzu. Laut Rafael Marques de Morais von der angolanischen Antikorruptionsorganisation Maka spricht alles dafür, dass sich über diesen Fonds die Präsidentenfamilie bereichert.[78] Da passt es irgendwie in das Bild eines vom Westen gehätschelten Systems, dass Isabel dos Santos, die Tochter des Präsidenten, mit einem Vermögen von über eine Milliarde US-Dollar die weltweit reichste Afrikanerin ist. Das Geld investierte sie wiederum besonders gerne in Portugal. Als die portugiesische Generalstaatsanwältin Joana Vidal Ermittlungen wegen Korruption und Geldwäsche gegen verschiedene Mitglieder der politischen und geschäftlichen Elite von Angola führte, entschuldigte sich der portugiesische Außenminister für diese Ermittlungen. Der Herrscher in Luanda, ein ehemaliger Marxist, war trotzdem so verärgert, dass er die bisherige Partnerschaft mit Portugal im Oktober 2013 aufkündigte, wie die Deutsche Welle am 17. Oktober 2013 meldete. Von seinem Posten im Vorstand der Banco Kwanza Invest ist der privilegierte Sohn des Präsidenten inzwischen zurückgetreten, seine Aktienanteile habe er verkauft. Über die Höhe des Deals ist nichts bekannt.

Die Einflüsterer des Entrepreneurs' Roundtable

Am Beispiel des bereits erwähnten 44-jährigen Pascal Forster lässt sich wiederum aufzeigen, welche Interessen der Klub tatsächlich verfolgt. Er ist Geschäftsführer der Kienbaum Schweiz AG, einer internationalen Unternehmensberatung, und soll unter anderem maßgeblich die weitere Globalisierung der Kienbaum-Gruppe vorantreiben. Wenn deren Berater in Unternehmen und Institutionen tätig werden, gehören zu ihren klassischen Methoden Ausgabenkürzungen, wobei es sich in der Beratersprache eingebürgert hat, von »prüfen« statt von »kürzen« zu sprechen: In Bezug auf Kommunen empfehlen sie beispielsweise, die 24-Stunden-Einsatzbereitschaft der Feuerwehr, die Kinder- und Jugendförderung oder die Wirtschaftlichkeit der Bibliothek zu prüfen. Vielfach schlägt Kienbaum aber auch ohne eine solche »Prüfung« sozialen Kahlschlag vor:

»Die Vereinsförderung soll um 50 Prozent reduziert, die rechtliche Betreuung eingeschränkt, die Budgets von Seniorenberatung, Behindertenbetreuung und Integrationsmaßnahmen gedeckelt, die Rentenberatung eingestellt, die Zuschüsse für Hilfen in persönlichen Notlagen reduziert und die kostenlosen Fahrpläne für den Nahverkehr eingestellt werden. Im Musterkoffer sind auch Vorschläge enthalten, wie die Einnahmen gesteigert werden können: Erhöhung der Hundesteuer, Anpassung der Kita-Gebühren, Verkauf des Stadtforstes, Verkauf eines Bürgertreffs. Das heißt also: Der Haushalt wäre ›saniert‹, die Infrastruktur weiter verschlissen, das kommunale Leben verarmt, die Bürger geschröpft, die Demokratie weiter ausgehöhlt. Ihre Art der ›Sanierung‹ ist in Wirklichkeit ein zeitlich unbegrenzter Verarmungsprozess nach dem Motto: Haushalt saniert – Kommune tot.«[79]

Ebenfalls *Round-Table*-Mitglieder sind Zeno Staub, der Chef der Vontobel-Bank, Investoren und einige UBS-Verwaltungsräte sowie der Hedgefondsmanager Rainer-Marc Frey, der einmal als Finanzkünstler bezeichnet wurde. Sein Vermögen wird auf 700 Millionen Franken geschätzt. Auch Alfred Gantner ist dabei. Der bekennende Mormone ist Verwaltungsratspräsident eines Zuger Private-Equity-Unternehmens und war zuvor bei Goldman Sachs beschäftigt. Der Vizepräsident eines Zuger Finanzdienstleisters, Urs Wietlisbach, ist Mitglied, genauso wie Thomas Matter, der Chef der Neuen Helvetischen Bank. »Ausgestattet mit einem Vermögen von schätzungsweise 100 bis 200 Millionen Franken, hat er sich mit seiner im Jahr 2005 ins Leben gerufenen Matter Group bei verschiedenen Firmen eingekauft. Etwa beim Fernsehsender 3+, einer Biotechfirma oder einer Zahnklinikkette. Privat hält er zudem ein Paket an der angesehenen *Neue Zürcher Zeitung*«.[80]

Die unheimliche Medienmacht des Entrepreneurs' Roundtable

Nicht nur Banker und Unternehmensberater gehören zum *Entrepreneurs' Roundtable*, sondern auffällig viele Verantwortliche der Schweizer Medienbranche. Und das ist ein Problem. Sie tragen nicht nur zur Meinungsbildung bei, sie haben teilweise sogar die Meinungsführerschaft. Da ist Martin Kall, der ehemalige Leiter des Schweizer Verlags Ringier Europa, inzwischen Aufsichtsratsvorsitzender der Funke-Mediengruppe, eines der mächtigsten Medienkonglomerate Deutschlands. Seine rein wirtschaftliche Betrachtungsweise bedeutet für den kritischen Journalismus in Deutschland nichts Gutes. Die Funke-Gruppe machte Schlagzeilen mit Redaktionsschließungen wie der der *Westfälischen Rundschau*. Und der Deutsche Journalisten-Verband klagte, dass sie berüchtigt sei »für harte Einsparungen zulasten des Qualitätsjournalismus«.[81]

Marc Walder, der Vorstandsvorsitzende der Ringier-Gruppe, ist gleichfalls Mitglied des *Entrepreneurs' Roundtable*, ebenso wie Ralph Büchi, der Schweizer »Medienmanager des Jahres 2008«. Er ist Chef von Axel Springer Schweiz und Präsident von Axel Springer International. Martin Spieler wiederum ist Chefredakteur der *SonntagsZeitung*. Er betreut unter anderem die Rubrik »Geldberater«. Roger Köppel, Eigentümer der stramm konservativen *Die Weltwoche,* gehört ebenfalls zum Zirkel der Medienmächtigen. Bevor er die Wochenzeitschrift übernahm, war sie ein kritisches liberales Medium. Bekannt ist Roger Köppel in Deutschland, weil er hier bei der Springer-Tageszeitung *Die Welt* gearbeitet hat und in Talkshows gerne als konservativer Scharfmacher und Provokateur eingesetzt wird. Und schließlich gehört zum noblen Klub Pietro Supino. Heute ist er unter anderem Vizepräsident der Verwaltungsräte der Espace Media AG und der Tamedia Publications romandes S.A., Mitglied der Verwaltungsräte der Le Temps SA und der Schweizerischen Depeschenagentur AG sowie Vizepräsident des Präsidiums des Verbands Schweizer Medien. Er gehört dem Verwaltungsrat des Medienkonzerns Tamedia seit 1991 an. Sie alle verbindet abgesehen vom Round Table eine neoliberale Geisteshaltung, die systemkritische Analysen und entsprechende Stimmen in der Medienlandschaft nach Möglichkeit beschränkt.

Die Geschichte von Pietro Supino ist insofern bemerkenswert, weil sie aufzeigt, wie die Medien in der Schweiz von sehr spezifischen Kapitalinteressen beeinflusst werden. Das ist zwar auch in Deutschland ein Problem, aber der Einfluss der Kapitaleigner ist weniger offensichtlich als in der Schweiz, sieht man einmal vom Springer-Medienimperium ab. Pietro Supino sammelte von 1989 bis 1998 Berufserfahrungen als Jurist und in der Unternehmensberatung, bevor er mit Partnern eine Privatbank in Zürich gründete. Zur Vorbereitung auf seine Tätigkeit als Verleger besuchte er die Columbia School of Journalism in New York, deren Vorstand er angehört. Unter dem Titel »Auf der Spur des heißen Geldes« recherchierten die Journalisten der *Financial Times Deutschland*, dass im Jahr 1998 eine Tochtergesellschaft der Zürcher Anwaltskanzlei Bär & Karrer für einen der Steuerhinterziehung verdächtigten deutschen Unternehmer einen Trust einrichtet habe, um dessen Steuerprobleme zu »optimieren«. Damit, so der damalige Verdacht, solle ein Steuerbetrug in Millionenhöhe gedeckt worden sein. Als Vertreter der Anwaltskanzlei trat der damalige Bär-&-Karrer-Anwalt und heutige Tamedia-Verleger Pietro Supino auf. Der ließ erklären, dass er zwar seinerzeit in der Kanzlei tätig war, aber alles sei korrekt abgewickelt worden. »Aus diesen Gründen wäre es nicht sachgerecht, mir in diesem Zusammenhang eine bedeutsame Rolle zuzuschreiben.«[82]

Die Infiltration von McKinsey

Nicht fehlen darf im *Entrepreneurs' Roundtable* die Beraterszene. Sie ist mit Claudio Feser von McKinsey prominent vertreten. Der global vernetze Beraterkonzern ist im Zusammenhang mit Massenentlassungen bei DAX-Unternehmen, Vorschlägen zum Sozialabbau und Sonderförderung für die Eliten bekannt. Seinen Einfluss demonstrierte das Unternehmen im August 2004. Da feierte McKinsey sein 40. Firmenjubiläum in Berlin. Für die Jubiläumsfeier mietete McKinsey mindestens 16 öffentliche Gebäude im Zentrum Berlins an, darunter das Rote Rathaus, den Palast der Republik, mehrere Museen und Opern sowie Teile der Humboldt-Universität. Nur die 5000 geladenen Gäste hatten dort Zutritt. »Luxus-Dinner in öffentlichen Gebäuden für die Reichen, die von der Polizei gegen den Rest der Bevölkerung abgeschirmt werden: Diese Party sagt viel über das Gesellschaftsbild von McKinsey aus«, so Lukas Engelmann vom Netzwerk Attac, Berlin. Mit einer öffentlichen Armenspeisung protestierten Bürgerinitiativen, ein Bündnis von Hartz-IV-Gegnern, linken Gruppen und Attac Berlin gegen die Politik der Unternehmensberatung.«Wir wollen dem privaten Reichtum die öffentliche Armut entgegenstellen, denn McKinsey steht wie kaum ein anderes Unternehmen für neoliberale Politik und die Spaltung der Gesellschaft in Arm und Reich«, sagte Lukas Engelmann. »Nachdem McKinsey-Chef Peter Kraljic durch seine Mitarbeit in der Hartz-Kommission daran mitgewirkt habe, Arbeitslose in die Armut zu treiben, und während McKinsey bei den Berliner Kliniken derzeit die Kürzung von Urlaubs- und Weihnachtsgeld sowie 1800 Entlassungen durchsetze, lade das Unternehmen nun die Gewinner der Kahlschlagpolitik zu einer exklusiven Party ein.« Das war im Jahr 2004, verändert hat sich bis heute an dieser Politik von McKinsey mit den dramatischen Folgen für das soziale Leben nichts.

Professor Jean Ziegler hatte schon im Jahr 2000 eine klare Meinung zu dem Konzern, der nicht nur in Deutschland, sondern weltweit eine zentrale Rolle in der Wirtschaft und Politik spielt: »Das McKinsey-Denken ist Profitmaximierung um jeden sozialen Preis (...). Dieses Denken und diese Praxis gefährden die Demokratie, wie wir sie in Deutschland, der Schweiz und anderswo in Europa, noch kennen.«[83] Die Warnung scheint prophetisch. McKinsey ist inzwischen omnipräsent. »Mindestens 25.000 ehemalige McKinsey-Berater besetzen in 120 Ländern meist hochrangige Posten. Weltweit sind es rund 7000 ehemalige McKinsey-Berater, die es in höchste Führungspositionen schafften; 200 leiten Firmen, die mehr als eine Milliarde US-Dollar im Jahr umsetzen; die Top-Five kommen zusammen auf mehr als 400 Milliarden US-Dollar; sie führen Boeing (USA), BHP Billiton (Australien), Vodafone (Großbritannien), Eni (Italien) und Deutsche Post. In neun der 30 Dax-Vorstände Deutschlands sitzen ehemalige Mc-Kinsey-Berater.«[84]

Derweil breitet sich die Kultur der McKinsey-Leute, die auch Meckies genannt werden, weiter aus. »Nein, um Himmels willen, der Papst war kein Meckie, wohl aber sein oberster Geldbeschaffer, ein Mann namens Ettore Gotti Tedeschi, der Chef der Vatikanbank.«[85] Gotti Tedeschi, ehemaliger Chef der Banco Santander, wurde 2009 zum Chef der Vatikanbank (Istituto per le Opere di Religione, IOR) ernannt, um die bislang undurchsichtigen Geschäfte zu beenden – die IOR soll auch Gelder der Mafia verwaltet haben. Wenige Monate nach seiner Ernennung wurde ihm selbst Geldwäsche vorgeworfen, weil gegen die italienischen Antigeldwäschestandards verstoßen worden sei. Im Mai 2012 wurde er von seinem Posten entlassen.

Was ist letztlich die Folge des Einflusses neoliberaler Berater von McKinsey? »Derlei Know-how befähigt für den kraftvollen Zug an den Schalthebeln der Macht. Für den Einfluss auf ein einzelnes Unternehmen, eine Branche, das Wohlergehen einer ganzen Volkswirtschaft – oder das von der Finanzkrise gebeutelte Weltgeschehen.« Das schreiben keine Verschwörungstheoretiker, sondern die höchst seriösen Journalisten Dietmar Student und Michael Freitag in einer aufwendigen Studie, die im *Manager Magazin* abgedruckt wurde.[86]

Deutschlands Eliten ganz unter sich

In denkwürdiger Erinnerung blieb die Reise der Schweizer Mitglieder des *Entrepreneurs' Roundtable* nach Berlin im September 2005. Hier wurde auch der deutsche Ableger des Klubs gegründet. Bei der Reise dabei waren die Banker Michael Bär und Claudio Feser, der Leiter von McKinsey Schweiz, sowie Roger Köppel. In der Bundeshauptstadt trafen sie Ex-Bundeskanzler Helmut Kohl, Axel-Springer-Medienzar Mathias Döpfner und Berlins Bürgermeister Klaus Wowereit. Am zweiten Tags machten sie einen Rundflug in einer alten DC-3, dem traditionsreichen Rosinenbomber. Danach amüsierten sich die Männer im Michelin Driving Centre nahe Berlin, um Formel-1-Pilot zu spielen – alles gratis und von BMW organisiert wie überhaupt die gesamte Reise. »Es macht einfach Spaß, mit lässigen Typen etwas zu unternehmen, ohne dass irgendwelche Geschäfte auf der Agenda stehen«, wird in einem Schweizer Finanzblog ein langjähriges Round-Table-Mitglied zitiert. Seitdem finden auch in Deutschland entsprechende Events statt. Dazu gehören beispielsweise ein Autorennen am Hockenheimring, Luftfahrtevents und abschließend die obligatorischen Gourmetabende oder gemeinsame Basketballspiel. Danach geht man ins Hotel Adlon oder in den Berliner China-Club.

Wer ist in Deutschland dabei? »Topentscheider, die alle möglichen Banken und Industriezweige abdecken«, erklärt mein Informant, der in den Schriftverkehr mit den betreffenden Personen Einblick hatte. Unter anderem gehören zum *Entrepreneurs' Roundtable Deutschland* Repräsentanten von Lufthansa, Mercedes, Morgan Stanley, der Chef von McKinsey, Vorstandsmitglieder der Deutschen Bank sowie der Konzerne Metro und Tengelmann. Der Vorstandsvorsitzende von Thyssen Krupp ist ebenso dabei wie Vorstandsmitglieder

der Pharmaindustrie von BASF über Böhringer-Ingelheim bis Merck. Wie beim Schweizer Bruder dürfen die Medien nicht fehlen, schließlich sind Propaganda und die Steuerung der öffentlichen Meinung von hoher Bedeutung. Zu den Netzwerkern gehören unter anderem die jung-dynamischen Vorstandsvorsitzenden von SAT 1-Pro Sieben und Kai Diekmann vom Springer-Imperium.

Baron Christopher von Oppenheim soll ebenfalls in diesen illustren Kreis aufgenommen worden sein. Der Teilhaber einer traditionsreichen Privatbank landete irgendwann zusammen mit vier weiteren Bankern und Investoren auf einer wenig komfortablen Anklagebank in Köln. Hier konnte ihm die Bruderschaft des Round Table nicht mehr helfen. Die Vorsitzende Richterin Sabine Grobecker von der 16. Großen Strafkammer in Köln verhandelt gegen den Baron und seine Mitangeklagten in einem der größten Finanz- und Wirtschaftsprozesse der vergangenen Jahre. Der Vorwurf lautet auf Verdacht der schweren Untreue.

Die Staatsanwaltschaft beschuldigte die Angeklagten aus der noblen Bank, diese um rund 144 Millionen Euro geschädigt zu haben. Zudem sind dubiose Geschäfte im Zusammenhang mit dem früheren Karstadt-Quelle-Konzern Arcandor Gegenstand der Anklage: Die Bankchefs sollen im Jahr 2008 ein unvertretbares Risiko eingegangen sein, indem sie dem damals schon angeschlagenen Arcandor-Konzern einen ungesicherten Kredit in Höhe von 50 Millionen Euro gewährten und sich an einer Kapitalerhöhung des Handelskonzerns im Umfang von rund 60 Millionen Euro beteiligten. Einer der Mitangeklagten, der eng mit ihnen zusammengearbeitet hatte, steht außerdem wegen Anstiftung und Beihilfe zur Untreue vor dem Gericht. Die Bankchefs, die einen äußerst luxuriösen Lebensstil pflegten, fühlen sich hingegen in ihrer Reputation verletzt und zu Unrecht beschuldigt. »Christopher von Oppenheim sagt: ›Kann man einem Bankier Schlimmeres vorwerfen? Ja, man kann: dass er dabei aus Eigennutz gehandelt habe.‹ Auch dieser Vorwurf steht im Raum.«[87] Das Gericht muss nun klären, ob dabei strafrechtliche Grenzen überschritten worden sind.

Ein weiterer wichtiger Banker gibt dem deutschen *Entrepreneurs' Roundtable* ebenfalls die Ehre: Martin Blessing, der Vorstandsvorsitzende der Commerzbank. Sein Großvater stand von 1958 bis 1969 an der Spitze der Bundesbank, sein Vater dem Vorstand der Deutschen Bank vor. Verheiratet ist er mit einer erfolgreichen Investmentbankerin, die er an der Hochschule St. Gallen kennenlernte. Sie arbeitet als Partnerin in führender Position bei Goldman Sachs in Frankfurt. Martin Blessing wurde im Oktober 2008 Vorstandschef der havarierenden Hypo Real Estate (HRE).

Untergegangen ist dabei eine Meldung, die auf der Internetplattform *NachDenkSeiten de.* nachzulesen ist. »Das Verhältnis zwischen Bundesregierung und Vertretern des Geldgewerbes ist enger als eng. Manche Staatssekretäre sehen die Top-Banker häufiger als ihre Ehefrauen. Den mit Abstand intensivsten Regierungskontakt – weit vor Jürgen Fitschen und Martin Blessing – pflegte ein Investmentbanker von Goldman Sachs, von dem es nicht einmal ein Foto gibt.«[88] Die unsichtbare US-Regierung, wie Goldman Sachs beschrieben wird, will sich nicht in die Karten schauen lassen.

David Kamenetzky, ein Gründungsmitglied des deutschen *Entrepreneurs' Roundtable*, war bei Goldman Sachs jahrelang für die Leitung des Bereichs Unternehmenskommunikation für Deutschland, die Schweiz und Österreich verantwortlich. Inzwischen ist er Vorstandsvorsitzender des US-Süßwarenkonzerns Mars, wo ein ehemaliger Staatssekretär im Ministerium für Verbraucherschutz, Ernährung und Landwirtschaft für die internationale Öffentlichkeitsarbeit zuständig ist:

Matthias Berninger. Er saß für Bündnis 90/Die Grünen im Bundestag.

Ein weiteres bedeutendes Gründungsmitglied ist Franco Francioni, ein Mann, der das neoliberale System verinnerlicht hat und mit den Mitteln des internationalen Finanzkapitals gegen alle möglichen Feinde zu verteidigen weiß. Reto Francioni war bis 2005 Verwaltungsratspräsident der Schweizer Börse SIX und ist seit Oktober 2005 Vorstandsvorsitzender der Deutschen Börse AG. Die wiederum ist ein gutes Beispiel für die internationale Vernetzung des Finanzmarkts. Inzwischen dürfte fast die Hälfte des Kapitals der Deutschen Börse in den Händen britischer Investoren sein, auch wenn die genaue Verteilung weder die Deutsche Börse selbst noch die Finanzaufsicht BaFin kennt. Nach einer internen Studie befinden sich gerade einmal 7 Prozent der Aktien in der Hand deutscher Investoren. Britische Anleger hielten 48 Prozent, US-Investoren 29 Prozent. Die restlichen 16 Prozent verteilten sich auf Anleger aus anderen Ländern. Größte Anteilseigner sind die amerikanische Capital Group (10 Prozent) und der britische Hedgefonds TCI (The Children's Investment Fund), der nach eigenen Angaben 10,5 Prozent des Kapitals der Deutschen Börse hält. Der Hedgefonds Atticus Capital kommt laut BaFin auf knapp über 5 Prozent.[89]

Franco Francioni war der Wunschkandidat des Hedgefondsmanagers Christopher Hohn, der als treibende Kraft hinter dem Sturz von Francionis Vorgänger Werner Seifert stand. Und wer taucht hier auf einmal auf? Auf der einen Seite hatte damals der ehemalige CDU-Abgeordnete Friedrich Merz den Anteilseigner TCI bei juristischen Auseinandersetzungen mit dem Management der Deutschen Börse vertreten. Auf der anderen Seite beriet er für die gleiche internationale Rechtsanwaltskanzlei Mayer Brown LLP die Deutsche Börse AG im Geschäftsjahr 2011 bis zum ersten Quartal 2012 im Rahmen des geplanten Zusammenschlusses mit der Börse NYSE Euronext. Das Aufsichtsratsmitglied der Deutschen Börse AG ist Friedrich Merz, einer der Partner von Mayer Brown LLP. Einen Interessenkonflikt könne es nicht geben, denn, argumentierte die angesehene Anwaltskanzlei: »Herr Merz hat weder an der Diskussion über die Mandatierung von Mayer Brown LLP noch an der Beschlussfassung des Aufsichtsrats hierüber teilgenommen.«[90] Auch Friedrich Merz ist Mitglied beim *Entrepreneurs' Roundtable* in Deutschland.

Bekannt wurde Friedrich Merz, neben seiner politischen Tätigkeit als großer Vordenker in der CDU-Bundestagsfraktion, unter anderem durch sein Buch *Mehr Kapitalismus wagen*, in dem er so griffige Forderungen stellt wie diese: »Kindergärten brauchen wie Schulen und Universitäten eine eigene Kapitalbasis. Da müssen Eltern und Ehemalige eben entsprechend einzahlen, wenn sie die Qualität sichern und erhalten wollen.«[91] Außerdem ist Friedrich Merz noch Präsident der Atlantik-Brücke. Deren rund 500 Mitglieder kommen aus der Wirtschaft, der Politik, der Wissenschaft und den Medien. Die Mitgliedschaft erfolgt auf Einladung. Da kann nicht jeder beitreten, wenn es darum geht, eine Brücke zwischen Deutschland und den Vereinigten Staaten zu schlagen.[92]

Mitglied des *Entrepreneurs' Roundtable* ist auch Joachim Hunold, der Ex-Chef von Air Berlin. Teilnehmer bewundern, dass es ihm gelang, gigantische Events zu organisieren, an denen fast alle Round-Table-Männer teilgenommen haben, daran kann sich der Insider erinnern. Inzwischen ist Joachim Hunold als Vorstandsvorsitzender von Air Berlin zurückgetreten. Als er noch der bewunderte Big Boss war und viele nach seiner Pfeife tanzten, drohte er eine ehemalige Tochterfirma von Air Berlin kurzerhand zu schließen, falls deren Piloten es wagen sollten, sich mit einem Streik gegen eine geforderte Verschlechterung ihrer Arbeitsbedingungen zu wehren. Im Juni 2007 wurden sowohl Geschäftsräume von Air Berlin als auch seine Privaträume durchsucht und Akten beschlagnahmt. Von der Staatsanwaltschaft Stuttgart wurde ihm Insiderhandel vorgeworfen, das Verfahren gegen ihn und vier weitere Personen allerdings eingestellt, weil der Verdacht sich laut ermittelnder Staatsanwaltschaft »nicht mit der zur Anklageerhebung erforderlichen Sicherheit bestätigt« habe. Nach seinem Abgang bei Air Berlin gründete er Anfang 2013, zusammen mit deutschen Spitzenmanagern, das Unternehmen Rantum Capital Beteiligung GmbH. Es soll über Fonds deutsche mittelständische Unternehmen mit frischem Kapital versorgen.

Mit dabei sind unter anderem Wolfgang Hartmann, der Vorstandsvorsitzende des Frankfurter Instituts für Risikomanagement und Regulierung, und der Medienunternehmer Karlheinz Kögel. Geschäftsführer ist der Investmentbanker Dirk Notheis, ehemals Deutschlandchef von Morgan Stanley. Notheis ist bundesweit bekannt geworden, weil er dem baden-württembergischen Ministerpräsidenten Stefan Mappus per Mail Anweisungen gab, wie der sich bei Verhandlungen um den Aufkauf von EnBW-Aktien durch das Land Baden-Württemberg verhalten solle. Außerdem gehört der Rantum Capital Beteiligung GmbH Michael Rogowski an, der ehemalige mächtige Präsident des Bundesverbandes der Deutschen Industrie (BDI). Rogowski ging nach seiner BDI-Karriere als Berater zur Carlyle-Gruppe, einer einflussreichen amerikanischen Kapitalbeteiligungsgesellschaft. Er sieht die Funktionsregeln des Arbeitsmarktes folgendermaßen: »Der Preis der Arbeitskraft unterliegt denselben Schwankungen wie der Fleischpreis beim ›Schweinezyklus‹«[93] Bei einem Überangebot gehen eben die Preise runter. 2012 verkündete er in einer

TV-Talkrunde, es sei »eine Illusion, dass künftig jeder von seiner Arbeit leben könne«.[94]

Der European Round Table of Industrialists: die europäische Elite und einige ihrer Geheimnisse

In Brüssel vertreten 766 europäische Parlamentarier die Interessen aller Europäer – offiziell. Tatsächlich werden überwiegend die Interessen des Big Business durchgesetzt. Eelke M. Heemskerk, Professor für politische Wissenschaft an der Universität Amsterdam, analysierte in einer Studie die Netzwerke der europäischen Wirtschaftselite. Danach sind es gerade einmal 16 Männer in Europa, die das europäische Netzwerk des Big Business beherrschen. Er nennt sie die großen Verknüpfer. »Diese kleine Elite von 16 Personen schafft die Hälfte aller Geschäftsverbindungen unter den wichtigen Unternehmern in Europa.« Sie sitzen in 67 verschiedenen Aufsichtsräten zusammen und verbinden diese Firmen in einem sozialen Gefüge von 216 Vorstandsverbindungen. Als Ergebnis seiner Analyse fragte Eelke M. Heemskerk: »Die Studie stellt fest, dass das europäische Unternehmernetzwerk der Spielplatz weniger Privilegierter ist. Sollte dies als Indiz für die Konzentration der Macht in den Händen einiger weniger und damit eine Bedrohung für die europäische Demokratie interpretiert werden?«[95]

Für eine Bedrohung der europäischen sozialen Demokratie halten viele Kapitalismuskritiker den European Round Table of Industrialists *(ERT)*. Der ERT kooperiert eng mit der Europäischen Kommission, also jener Institution, die Gesetze und Vorschriften beschließt, die alle europäischen Bürger betreffen. Dem ERT gehören die 50 wichtigsten Topmanager europäischer multinationaler Konzerne an. Sie beschäftigen rund 6,6 Millionen Arbeitnehmer und generieren, nach eigenen Angaben, einen gemeinsamen Umsatz von 1000 Milliarden Euro. Deutschland ist unter anderem mit den Vorstandsvorsitzenden von BASF, Bayer, ThyssenKrupp, Siemens, Deutsche Telekom, BMW und E.ON vertreten. Gleich stark repräsentiert sind Italien und Frankreich. In Frankreich gehören die Vorstandsvorsitzenden von Total, GDF Suez, Air Liquide und Alcatel-Lucent dazu, in Italien zum Beispiel Telecom Italien, Fiat und der umstrittene Öl- und Gaskonzern Eni.

Das französische Unternehmen GDF Suez ist deshalb erwähnenswert, weil die EU-Kommission beharrlich daran arbeitet, die Wasserversorgung in Europa zu privatisieren und der Konzern GDF Suez am meisten davon profitieren würde. Nur nach massivem Widerstand der europäischen Zivilgesellschaft wurde der Privatisierungsplan erst einmal aufgeschoben. Das ändert wenig am Einfluss des ERT auf politische Entscheidungsprozesse und die häufig erfolgreichen Versuche, die Politik in Europa zu bestimmen. Zum ersten Mal machte die NGO *Corporate Europe Observatory* auf diesen Round Table aufmerksam. Die Organisation versucht, den Einfluss von Konzernen in Brüssel aufzudecken und zurückzudrängen, die die Demokratie unterwandern und die soziale Sicherung sowie den Umweltschutz unterminieren. Denn, so *Corporate Europe Observatory*: »Fixiert auf die Befriedung der Finanzmärkte schlagen EU-PolitikerInnen neue Regeln für eine ›europäische Wirtschaftsregierung‹ sowie einen neuen Vertrag vor, um ihre ›Schockdoktrin‹ abzusichern. Die Maßnahmen stellen den Kern europäischer Demokratie infrage, denn sie legen grundlegende Entscheidungen in die Hände von TechnokratInnen. Es ist dieses Europa der großen

Banken und Konzerne, das jeden Versuch in Richtung eines sozialen Europas vereitelt.«

Und das funktioniert relativ einfach. Auf der ERT-Plenarsitzung in Antwerpen, das belegen interne Dokumente, wurde beschlossen, dass die Mitglieder des ERT sich aktiv bei den nationalen Entscheidungsträgern für die ERT-Vorschläge einsetzen müssen. Denn, so ist in einem internen Strategiepapier des ERT vom August 2011 zu lesen, das mir ein Informant zugespielt hatte: »ERT soll bestrebt sein, die Politik im frühesten möglichen Stadium zu beeinflussen, noch bevor die politischen Vorschläge offiziell werden.« ERT-Mitglieder werden daher außerdem ihre jeweiligen Mitarbeiter anweisen, sich »aktiv für die ERT-Vorschläge bei der Mitarbeiterebene hochrangiger Regierungsvertreter einzusetzen«. Vizevorsitzender des ERT ist der Ex-Vorstandsvorsitzende von Siemens Peter Löscher. Wenn der ERT ruft, dann kommen sie alle. Mindestens ein Wirtschafts-, Außen- oder Premierminister muss es schon sein. Dazu sagte Keith Richard, der Ex-Generalsekretär des ERT: »Es gab keine Vertretungen, alle erscheinen höchstpersönlich. Die Treffen laufen wie in jedem anderem Club ab. Wir investierten 48 Stunden, bevor wir wieder nach Hause gehen. Und wir hofften, dass jeder die Botschaft an die Kollegen im eigenen Land und an die eigenen Regierung weitergeben wird.«[96]

Der ERT definiert in einem im Januar 2012 publizierten Positionspapier, wie Europa zu gestalten sei, und zwar zum »Wohle der Wettbewerbsfähigkeit europäischer Konzerne«. Notwendig sei, sämtliche staatlichen Regulierungen und Auflagen für privatwirtschaftliche Unternehmen, die sich im politischen Entscheidungsprozess auf EU-Ebene befinden und die nach Meinung des ERT keinen nachgewiesenen positiven Effekt auf das wirtschaftliche Wachstum haben, sofort außer Kraft zu setzen. Weiterhin sollen alle bereits existierenden staatlichen Regulierungen hinsichtlich ihrer »wachstumshemmenden« Auswirkungen untersucht werden. Wobei am Ende jene Regelungen gestrichen werden müssten, die nicht im Sinne freien Wirtschaftswachstums stehen und deren Wegfall keine »grundlegenden Schutzmechanismen« berühre. Weiterhin fordert der ERT die Einsetzung eines »unabhängigen Überprüfungsmechanismus«, das heißt einer Kommission, welche gesetzliche Vorhaben, die für europäische Unternehmen verbindlich werden sollen, im Vorhinein bezüglich der Nützlichkeit hinsichtlich wirtschaftlichen Wachstums untersucht, die für die Unternehmen daraus resultierenden Kosten bewertet und die Vorhaben gegebenenfalls stoppt.[97] Die Kontakte zu den Spitzenpolitikern knüpft in der Regel das ERT-Sekretariat in Brüssel, bei dem wiederum das Brüsseler Siemens-Verbindungsbüro bei der Europäischen Union eine zentrale Rolle spielt. Dessen Leiter ist Peter Witt. Er war zuvor stellvertretender deutscher EU-Botschafter.

Sein Vorgänger als EU-Botschafter war wiederum Wilhelm Schönfelder, der, kaum dass er in den Ruhestand versetzt wurde, für Siemens Lobbyarbeit in Brüssel betrieb. Schönfelder, ein äußerst erfahrener Europa-Diplomat, vertrat vor allem die Bundesregierung im Ausschuss der Ständigen Vertreter. In diesem Gremium werden sämtliche Entscheidungen der EU-Staaten vorbereitet. Schönfelder leitete während der deutschen EU-Präsidentschaft die Verhandlungen zur Außen-, Europa-, Innen- und Justizpolitik sowie zur Finanzpolitik. Damit er während der deutschen Präsidentschaft noch die Zügel in Brüssel in der Hand halten konnte, verlängerte die Bundesregierung sogar seine Amtszeit über das normale Pensionsalter von 65 Jahren hinaus.

Generalsekretär des ERT ist Brian Ager, ehemaliger Generaldirektor der Europäischen Föderation der Pharmazeutischen Industrie. Seine Aufgabe: »Das Generalsekretariat soll außerdem die Verantwortlichen jedes Schlüsselkabinetts in der Europäischen Kommission und jeden Generaldirektor der Schlüsselpersonen in der Kommission und jeden wichtigen Abgeordneten des Parlaments und den permanenten Repräsentanten der wichtigsten EU-Mitgliedsstaaten treffen.«

Am 28. November 2012 schrieb Holger Niemann, der Leiter des Referats 411 im Bundeskanzleramt, eine E-Mail an den Kabinettschef von Kommissionspräsident José Manuel Barroso: »Die Bundeskanzlerin hatte Herrn Kommissionspräsident Barroso bei deren Telefonat am Sonntag zu einem Gespräch zu Fragen der Wettbewerbsfähigkeit der europäischen Industrie eingeladen, das sie hier im Bundeskanzleramt gemeinsam mit Herrn Barroso, Staatspräsident Hollande und Vertretern der europäischen Industrie (Delegation des *European Round Table of Industrialists*) führen möchte.« Dann wollte er noch wissen, ob der Präsident am 18. März 2013 Zeit habe, nach Berlin zu kommen. Am 20. Dezember 2012 kam die Zusage aus Brüssel. In einem Arbeitspapier des ERT wurde genau festgelegt, was zu besprechen sei. Unter anderem, dass neue EU-Regeln notwendig seien, damit die Wettbewerbsfähigkeit der EU-Industrie nicht beeinträchtigt wird. Ein weiterer wichtiger Punkt auf der Agenda war die Flexibilisierung des Arbeitsmarktes. An dem Dinner am 18. März 2013 nahmen von Seiten des ERT unter anderem der ERT-Vorsitzende Leif Johansson (Vorstand der Firma Ericsson), Siemens-Vorstand Peter Löscher sowie der Spanier Cesar Alierta, Ex-Finanzanalyst und derzeitiger Vorsitzender von Telefónica, dem drittgrößten Telekommunikationsunternehmen der Welt, teil. Mit am Gespräch beteiligt waren zudem Gerhard Cromme, der Vorsitzender des Aufsichtsrats von ThyssenKrupp, und René Obermann, Chef der Deutschen

Telekom. Präsident Barroso in seiner Dinnerrede: »Wir sind heute Abend hier, um mit Leif Johansson und anderen wichtigen Unternehmern darüber zu diskutieren, wie man Europas jungen Leuten Hoffnung geben kann.«

Was sich die Spitzenvertreter der europäischen Wirtschaft vom »Pakt für Wachstum und Arbeitsplätze«, den die Staats- und Regierungschefs der EU beschlossen haben, tatsächlich erhoffen, ist eine Welle der Deregulierung. In einem Brief an die EU-Gipfelteilnehmer forderten die Mitglieder des ERT einen »sofortigen Stopp all jener unternehmensbezogenen Regulierung, deren unmittelbarer Nutzen für Wachstum nicht erwiesen ist«. Das Dokument verpflichtet die 27 EU-Länder darauf, »Strukturreformen fortzuführen« und Staatsverwaltung und Justiz schlagkräftiger zu machen, »um heimisches Wachstumspotenzial zu erschließen«. Auch die EU-Kommission soll sich demnach verpflichten, ihre Regulierung mögichst zu beschränken und die »Regulierungslasten zu senken«. Die Botschaft des Schreibens, das der Tageszeitung *Die Welt* vorlag: »Wenn die EU wolle, dass die Industrie Arbeitsplätze schafften, dürfe sie im Gegenzug nicht zu streng beaufsichtigen«. Regulatorische Vereinfachungen und konsistente Anwendung bestehender Regeln des Binnenmarktes würden die Wettbewerbsfähigkeit der Industrie erheblich steigern, schreiben die ERT-Mitglieder.[98] Und genauso kam es auch. Die EU-Regierungschefs bestätigten, Hindernisse für investitionswillige Unternehmen – vom Mittelständler bis zum Großkonzern – abzubauen. Damit sollen in Europa neue Arbeitsplätze entstehen und besonders die Jugendlichen und jungen Erwachsenen in Südeuropa Chancen auf Lohn und Brot bekommen. Öffentliche Mittel – Kredite der Europäischen Investitionsbank vor allem – sollen dabei helfen, Wachstum besonders in neuen Technologien zu generieren.

Bekanntlich findet alle sechs Monate ein Gipfeltreffen der EU-Politiker statt und fast zeitgleich ebenfalls ein Treffen der ERT-Führung. Ein Blick in die Vorbereitungen zu den ERT-Plenartreffen wie das im Jahr 2011, ist dabei höchst aufschlussreich. Da ist in den »Allgemeinen Bemerkungen« zu lesen: »Finanzminister Dr. Schäuble hat bestätigt, die Dinner-Rede auf der nächsten ERT-Plenarsitzung im Mai 2012 in Berlin zu halten. Kanzlerin Merkel ist nicht verfügbar, wegen des G8/NATO-Treffens in Chicago.« Oder: »Der Vorsitzende und Vorstandsvorsitzende von Lafarge und GDF Suez fragten nach der Beteiligung von Siemens in einer neuen Initiative, um eine Bank zu gründen. GDF Suez plant in den nächsten Jahren ein 3 GW Offshore-Projekt mit GDF und E.ON im Konsortium. Siemens schlägt neue 6 MW Windturbinen vor.« Zum Tagungspunkt Eurokrise heißt es unter dem Punkt wichtigste Empfehlungen: »Bekräftigung der Prinzipien der Marktwirtschaft. Der Markt ist das beste regulierende System. Wir müssen nicht vollständig die heilende Wirkung der Marktzinsen beseitigen. Ohne den Druck der höheren Zinsen hätten die Regierungen in den Krisenländern keine Reformen initiiert.« In dem ERT-Strategiebericht *Visionen für eine wettbewerbsfähige Zukunft in 2025* heißt es unter anderem: »Wenn der gegenwärtige Trend sich fortsetzt, wird die EU im Jahr 2025 eine viel geringere Rolle in der Weltwirtschaft spielen, ihre Position als der weltweit größte Exporteur verlieren, ihre Führung in der Wissenschaft und Technologie verlieren, die älteste Bevölkerung in der Welt haben (…) ausgelöst durch das Fehlen wirtschaftlicher Liberalisierung und mangelnder Sozialreformen.«

Besonders stolz ist der ERT auf die politischen Kontakte. Ein Insider aus dem Exekutivbüro erklärte mir gegenüber sehr selbstbewusst: »Wen wir einen Termin bekommen wollen, dann bekommen wir ihn auch.« Ein Dokument listet die

Treffen von ERT-Repräsentanten mit hochrangigen Politikern für die Zeit vom Mai 2011 bis Ende November 2011 auf. Es ist ein »Who is Who« der politischen Entscheidungsträger, die über das Schicksal Europas bestimmen, unter anderem EU-Ratspräsident Herman Van Rompuy, Premierminister David Cameron, Marcin Korolec (Staatssekretär im polnischen Wirtschaftsministerium), Kanzlerin Angela Merkel. Das Treffen mit der Bundeskanzlerin fand am 12. September 2011 statt. Mit dabei waren von deutscher Seite unter anderem Peter Löscher. Dann geht es in der Liste weiter: »Am 19. September 2011 Jan Bielecki, ehemaliger Ministerpräsident von Polen, Präsident des Europäischen Parlaments Jerzy Buzek, EU-Kommissar Androulla Vassiliou, EU-Kommissar Michel Barnier, EU-Kommissar Janez Potocnik, EU-Kommissarin Neelie Kroes, François Fillon, französischer Premierminister.« Unter der Rubik künftige Treffen steht: »Präsident Nicolas Sarkozy und die dänische Premierministerin Helle Thoming-Schmidt.«

Termine, die noch festgelegt werden müssen: Präsident Demitris Christofias aus Zypern, Jürgen Thumann von *BusinessEurope*, Jan Hendrik Röller, Wirtschaftsberater von Angela Merkel, Martin Schulz, künftiger Präsident des Europäischen Parlaments, und die EU-Kommissare Olli Rehn und Günther Oettinger.

Der Fall des ehemaligen baden-württembergischen Ministerpräsidenten und jetzigen EU-Kommissars Günther Oettinger zeigt beispielhaft, welche Macht der ERT hat. Energieunternehmen sind im ERT besonders präsent. Ihr Interesse an Alternativen zur Atom- und Kohleenergie hält sich demnach in Grenzen. Um zu demonstrieren, wie teuer die Ökoenergie sei, entwarf daher EU-Kommissar Günther Oettinger einen Subventionsbericht zur Energiepolitik. Das Ergebnis ist eindeutig. Im Vergleich zur Kohle- und Atomenergie wird die Ökoenergie besonders hoch vom Staat subventioniert. Also weg damit. Nur die Rechnung stimmt nicht. Denn Günther Oettinger ließ kurzerhand die Milliardensubventionen für die klassische Energie aus dem Subventionsbericht streichen. Die Ökoenergie in Europa wurde mit jährlich 30 Milliarden Euro gefördert, die Atom- und Kohleenergie hingegen mit 100 Milliarden Euro.[99]

Die ERT-Struktur ist filigran. Zweimal im Jahr findet an unterschiedlichen Orten die Plenarsitzung statt, bei der die ERT-Entscheidungsträger gemeinsam die wichtigsten Probleme diskutieren. Ein- bis zweimal im Monat treffen sich in Brüssel unterschiedliche Arbeitsgruppen. Den Vorsitz dieser insgesamt sieben Gruppen übernimmt ein ERT-Mitglied, das zusätzlich von seinen Experten unterstützt wird. Deren Aufgabe ist es, Empfehlungen für die ERT-Plenarsitzungen auszuarbeiten. Viermal im Jahr tagt in Brüssel das Lenkungskomitee, das die Plenarsitzungen vorbereitet. Es zählt zu den wichtigsten Gremien des ERT. Ihm gehören insgesamt neun Mitglieder an. Das sind unter anderem Peter Löscher von Siemens, Benoit Potier von Air Liquide (Weltmarktführer bei Gasen für Industrie, Medizin und Umweltschutz), der Engländer David Brennan, Chef eines Pharmakonzerns, und der Italiener Paolo Scaroni. Der ist nicht nur Generaldirektor des italienischen Erdöl- und Erdgaskonzerns Eni (Ente nazionale idrocarburi) mit einem Jahresumsatz von 128,8 Milliarden Euro im Jahr 2012,[100] sondern auch Vorstandsmitglied der Mailänder Scala und stellvertretender Aufsichtsratsvorsitzender der London Stock Exchange Group sowie der Gasprom-Tochter South Stream. Also ein international bedeutsamer Konzernchef, den ein wenig genauer zu beleuchten sich lohnt.

Wie wird man Topmanager und Führungsmitglied des ERT – ein Fallbeispiel

Paolo Scaroni, nach ERT-Angaben einer der 50 wichtigsten europäischen Konzernchefs, steht für eine Geschäftskultur, die sich der Normalbürger schlecht vorstellen kann und die er normalerweise oder glücklicherweise nie kennenlernen wird. Scaroni ist einer der Unternehmer, die den stillen Putsch besonders beflügelt haben.

Beginnen wir mit seinen internationalen politischen Kontakten. Am 12. Januar 2011 war er anlässlich der deutsch-italienischen Regierungsgespräche im Bundeskanzleramt Mitglied der Delegation von Silvio Berlusconi. Wichtigster Tagungsordnungspunkt war die Frage der Stabilisierung des Euro. Und seinen ERT-Freund Peter Löscher von Siemens traf er am 20. Juni 2013 wieder, beim Sankt Petersburger Internationalen Wirtschaftsforum, zusammen mit Angela Merkel und Wladimir Putin. Ein Programmpunkt war die Eindämmung der globalen Korruption und mehr Markttransparenz. Gerade hier in Sankt Petersburg fand Scaroni viele Geschäftsfreunde. Hatte sich der Konzern Eni doch 2007 Anteile aus dem Vermögen des von Wladimir Putin zerschlagenen Ölkonzerns Yukos gesichert, zum Preis von 5,6 Milliarden Euro. »Diese werden die Italiener nach Angaben der beteiligten Unternehmen größtenteils an Gasprom weiterreichen. Dafür erhalten sie Zugang zur Gasförderung in Russland.«[101]

Das Jahresgehalt des Topunternehmers betrug im Jahr 2011 knapp 4,9 Millionen US-Dollar, wobei zwei Drittel davon Bonuszahlungen waren, also Erfolgsprämien.[102] Das bedeutet, dass der Umsatz und die Gewinne des Konzerns gesteigert werden müssen, damit die Bonuszahlungen fließen.

Scaronis Karriere begann in den USA, wo er bei McKinsey erste berufliche Erfahrungen sammelte. Von 1985 bis 1995 war er Vizepräsident des Bau- und Ingenieurdienstleisters Techint. Im Verlauf des Korruptionsskandals Tangentopoli geriet er zum ersten Mal ins Visier der Mailänder Staatsanwälte und wurde kurzfristig verhaftet. Er gestand, Schmiergeldzahlungen an die *Partito Socialista Italiano* (PSI) geleistet zu haben. Deshalb wurde er im Jahr 1996 zu einer Gefängnisstrafe von einem Jahr und vier Monaten verurteilt, die auf Bewährung ausgesetzt wurde. Dass er sich durch »sein Eingeständnis als Pragmatiker erwiesen und damit jahrelange Prozesse vermieden« habe, ist über ihn im Munzinger Archiv zu lesen.[103]

1996 bekam er in London den Vorstandsposten einer Glasfabrik und kehrte 2002 in seine Heimat zurück. Dort übernahm er dank der Unterstützung Berlusconis die Führung des staatlichen Stromkonzerns Enel und im Mai 2005 erhielt er schließlich den Chefposten bei Eni. Eni ist an Ölförderungs- und Pipelineprojekten in Gebieten beteiligt, die aufgrund mangelhafter Umweltschutzstandards und Menschenrechtsverletzungen in der Kritik stehen. Dazu zählen der Kongo, Nigeria, Angola oder auch Kasachstan. Doch Paolo Scaroni dachte gar nicht daran, sich aus diesen Regionen zurückzuziehen, so wie es ein anderer Ölkonzern, nämlich die österreichische OMW AG tat. »Das unterscheidet OMV AG positiv von anderen Ölkonzernen, womit eindeutig bewiesen wird, dass Soziales und Umweltbelange wichtig für das Unternehmen sind.«[104] Das Geschäft mit dem Öl, das schwarze Gold, war schon immer dreckig. In den Ölförderländern regieren meist Diktatoren und Despoten, denen man gewogen sein muss, um Lizenzen für die Ölförderung zu erhalten. Umweltzerstörung und Missachtung fundamentaler Menschenrechte gehen damit fast immer einher. Beteiligt daran sind Shell, Mobil-Exxon, Esso oder Eni gleichermaßen. Doch solange Benzin in den Autotank fließt, scheint das in Europa niemanden zu interessieren.

Aber wie wird man eigentlich Topmanager bei einem so mächtigen Konzern wie Eni? Paolo Scaroni betont, er habe mit den politischen Parteien nichts zu tun, was in Italien bei der Postenvergabe in Staatsbetrieben eher unüblich ist. Seine Berufung jedenfalls kam für viele überraschend, denn sein Vorgänger Vittorio Mincato war bei Eni außerordentlich erfolgreich. Doch er beging den großen Fehler zu versuchen, Eni so weit wie möglich unabhängig von politischen Einflüssen zu machen. »Böse Zungen behaupten, Mincato sei für seine Unabhängigkeit von der Politik bestraft worden.«[105]

Die Spur führt zu dem undurchsichtigen »Journalisten und Unternehmer« Luigi Bisignani, ehemals Mitglied der Loge P2 mit der Mitgliedsnummer 203, ein enger Vertrauter von Silvio Berlusconi. In einem Radiointerview mit dem italienischen Sender Radio 24 gab Bisignani über Paolo Scaroni und Eni Auskunft: »Es war in London, er rief mich an und erzählte mir: Bruno Ermolli (ein Unternehmer mit engen Beziehungen zu Berlusconi, d. Autor) sucht mich, denn vielleicht gibt es die Chance, Vorstandsvorsitzender von Enel und Eni zu werden.«[106]

Im Juni 2011 wurde Luigi Bisignani festgenommen. Damit geriet die »Politik ins Zittern«, schrieb die Tageszeitung *La Stampa* am 15. Juni 2011. Nach Aussagen der Fahnder sei Bisignani das Oberhaupt einer geheimen Vereinigung, deren Mitglieder dank ihrer Kontakte zu Politikern, Beamten und Unternehmern vertrauliche Informationen zusammentragen, um andere damit zu erpressen oder Druck auszuüben, aber vor allem, um sich persönliche Vorteile zu verschaffen. »Die Ermittlungsakten der Staatsanwaltschaft legen den Schluss nahe, dass politische Entscheidungen bisher nicht im römischen Chigi-Palast, sondern im Büro des verhafteten Geschäftsmanns Luigi Bisignani getroffen wurden.«[107]

Verurteilt wurde Luigi Bisignani schon einmal im Jahr 1994 wegen illegaler Parteienfinanzierung. Zwei Jahre und sechs Monate Gefängnis lautete die Entscheidung der Richter. Nachdem das Urteil im Jahr 1998 bestätigt wurde, warf ihn die italienische Journalistenunion aus ihrem Verband. Der italienische Politologe Giorgio Galli bringt ihn in einem Interview auch mit Schmiergeldaffären von Eni in Zusammenhang: »(…) um einen Auftrag des italienischen Konzern Eni in Saudi-Arabien zu sichern. Bisher jedoch war Bisignani vor Strafverfolgung geschützt.«[108]

Dann taucht sein Name im Jahr 2007 an prominenter Stelle wieder in den Ermittlungsakten des Staatsanwalts De Magistris auf – aber er scheint tatsächlich unangreifbar zu sein. Heute noch wird er von den italienischen und ausländischen Medien als »Vertrauter von Silvio Berlusconi« über die Zukunft seines Freundes befragt.[109]

Offiziell betreibt er eine Druckerei, in Wirklichkeit ist er eher ein einflussreicher Berater (so die Staatsanwälte), der zielgerichtet seine guten Kontakte zu hochrangigen Politikern, Regierungsmitgliedern, Staatsbeamten, Armeeoffizieren, Unternehmern und Medienvertretern einsetzt. Mit diesen Kontakten gelangt er an Informationen, mit denen sowohl politische wie wirtschaftliche Entscheidungen beeinflusst und ihre Träger unter Druck gesetzt werden können, parallel zu den staatlichen Institutionen und jenseits jeder institutionellen Kontrolle. »Die Justiz wird nun darüber entscheiden, ob die Aktivitäten, die Bisignani & Co vorgeworfen werden, strafrechtlich relevant sind. Um ›normalen‹ Lobbyismus, wie es ihn auch in anderen Ländern gibt, handelt es sich schon deswegen nicht, weil sich die Akteure, sollten sich die Vorwürfe bestätigen, erstens Informationen, die der Geheimhaltung unterliegen, auf krummen Wegen beschafften und als Druckmittel einsetzten und sie zweitens – anders als ›normale‹ Lobbyisten und übrigens auch die staatlichen Geheimdienste – im Verborgenen und außerhalb jeder öffentlichen Kontrolle agierten.«[110]

Die Recherchen über den Dunkelmann Luigi Bisignani führen erneut zu Paolo Scaroni. Die Tageszeitung *Corriere della Sera* berichtete von zahlreichen Kontakten zwischen den beiden, als Scaroni schon längst Chef von Eni war. Das gehe unter anderem aus abgehörten Telefongesprächen hervor. Demnach habe Paolo Scaroni im Oktober 2010 Bisignani angerufen, weil er über eine plötzliche Einbestellung nach Arcore besorgt war – dem Ort, wo die Prachtvilla von Berlusconi steht, in der einst die berühmten Bunga-Bunga-Partys stattfanden. »Premierminister Berlusconi möchte mich sehen«, sagte Scaroni, »ich weiß nicht, was er will … Ich werde hingehen.« Bisignani hörte ihm zu und beruhigte ihn: »Morgen werde ich versuchen, davon etwas mehr zu erfahren.« Bei der Besprechung soll es um die Geschäfte der Eni in Russland gegangen sein und um einen Brief an Gazprom, den Scaroni zur Kontrolle Berlusconi vorlegen sollte. Kurz vor seiner Ankunft in Arcore bekam Scaroni einen Anruf, der ihn vor der Atmosphäre warnte, die er vorfinden würde. Bisignani sagte ihm, dass der Premier »ziemlich runter sei, sehr polemisch, sehr polemisch«. Der Grund sei die Haltung von Giulio Tremonti, dem Finanz- und Wirtschaftsminister. Scaroni antwortete ihm: »Ich weiß, Draghi hat mir heute ungeheuerliche Sachen erzählt.« Sachen, von denen der Eni-Manager dem Premierminister aber nichts sagen wollte, »da ich befürchte, dass dieser jenem (also Giulio Tremonti, d. Autor) dann davon erzählt.« Stattdessen, schlug nun Bisignani vor, könne Scaroni doch die Gelegenheit nutzen, um Berlusconi einen »politischen Ratschlag« zu geben: »Was du ihm halt als Außenstehender sagen kannst, ist, ich glaube, das wird er auch gut finden, du musst ihm sagen: Äh, was hat für dich größte

Dringlichkeit? Wenn du eine Abmachung zur Justiz brauchst, dann rauf dich mit Fini zusammen und beende das Spiel, wenn nicht, dann geh halt an die Urnen.«[111]

Bei anderer Gelegenheit interessierte sich Bisignani für Vorgänge rund um ein Öl-Offshore-Vorkommen in Nigeria. Eni wollte dort Zugang bekommen, indem man einen Anteil der örtlichen Firma Malabu kaufte, die ein riesiges Ölfeld besitzt. Scaroni berichtete in einem ebenfalls abgehörten Gespräch Folgendes: »Vor ungefähr einem Jahr hat mir Bisignani erzählt, dass es eine kleine britische Handelsbank gibt, die von einem Katholiken aus Nigeria geleitet wird und von der er meint, dass sie das Mandat zum Verkauf eines Anteils an Malabu habe.«

Bei dem nigerianischen Katholiken handelte es sich um Dan Etete. Er war zwischen 1996 und 1998 nigerianischer Ölminister in der brutalen Militärdiktatur von Sani Abacha. Es ist nur eine Randnotiz: Auch Siemens hatte dem Diktator damals Bestechungsgelder gezahlt.

Als Ölminister wurde Dan Etete Besitzer des Unternehmens Malabu Oil & Gas Ltd. in Nigeria, in Frankreich später wegen Geldwäsche verurteilt. 2,5 Millionen US-Dollar kassierte er von ausländischen Investoren als Schmiergeld, das er teilweise in Frankreich anlegte. Eine eher lächerliche Summe im Vergleich zu den 15 Millionen Euro, die er durch betrügerische Geschäfte in den Jahren 1999 und 2000 verdient hatte. Davon kaufte er sich ein Schloss im Nordwesten Frankreichs, ein Appartement in Paris und eine Luxusvilla im vornehmen Neuilly.[112] Mit so einer Person Geschäfte zu machen, das schien den Ölmultis irgendwie nicht opportun. Aber das extrem ertragreiche Ölfeld lockte. Und Luigi Bignani war ein hilfreicher Vermittler. Die Rechte für das Ölfeld OPL 245 Malabu wurden im Jahr 2011 tatsächlich an die niederländisch-britische Shell und die italienische Eni vergeben.

958 Millionen Euro der beiden Ölmultis flossen offiziell in die Staatskasse von Nigeria, von dessen 70 Millionen Einwohnern über die Hälfte in Armut lebt.[113] Seit dem Sommer 2013 ermittelt die britische Polizei wegen Geldwäsche im Zusammenhang mit dem Shell-Eni-Deal, weil die 958 Millionen Euro nicht in der Staatskasse gelandet sind, sondern großteils dem Unternehmen des korrupten Ex-Ölministers Etete zugute kamen. Nigerianische Bürgerrechtsorganisationen und die Mitglieder der NGO Publish What you Pay (PWYP)[114] gehen davon aus, dass Shell und Eni die nigerianische Regierung lediglich als Zwischenstation benutzt haben, um zu vertuschen, dass sie in Wirklichkeit mit Dan Etete dealten. Insgesamt 800 Millionen Euro des Shell-Eni Geldes seien über die JP Morgan Chase Bank an das Unternehmen Malabu Oil and Gas geflossen.

Zu diesem Ergebnis kam auch Mohammed Bello Adoke, der nigerianische Generalstaatsanwalt. Die Regierung des Landes versucht nämlich seit geraumer Zeit, Transparenz in die dunklen Ölgeschäft zu bringen. Gegenüber einer parlamentarischen Untersuchungskommission erklärte Adoke im Juli 2012, dass die »Ölgesellschaften Shell und Eni damit einverstanden waren, Malabu zu bezahlen, mit der Regierung sowohl als Schuldner wie als Förderer«.[115] Shell und Eni erklärten hingegen, der volle Betrag sei an die nigerianische Regierung überwiesen worden.

Bei der Eni hatte Luigi Bisignani weitere Gesprächspartner wie zum Beispiel den Leiter der Abteilung institutionelle Beziehungen, Stefano Lucchini. Dieser arrangierte etwa ein Treffen Bisgnanis mit Flavio Valeri von der Deutschen Bank. Die beiden trafen sich nur einmal in Rom, um über die Besetzung von Posten zu sprechen: Die Leitung von Unicredit stand zur Debatte und die Möglichkeit eines Wechsels an der Spitze von Poste Italiane. Auf der Webseite der Deutschen

Bank erfährt man über Flavio Valeri: »Flavio Valeri wird zum 1. Oktober 2008 alle Aufgaben und Verantwortlichkeiten, vorbehaltlich der erforderlichen Genehmigungen, als Nachfolger (von Vicenzo de Bustis, Anm. d. A.) übernehmen. Er war zuletzt für Merrill Lynch tätig, wo er für Deutschland, Österreich und die Schweiz verantwortlich zeichnete. Wie sein Vorgänger wird Flavio Valeri an Jürgen Fitschen berichten, der als Mitglied des Group Executive Committee weltweit das Regional Management der Deutschen Bank verantwortet.«[116]

Immer wieder werden in den nächsten Jahren im Zusammenhang mit Eni beziehungsweise Paolo Scaroni Vorwürfe der Bestechung bekannt. In einer von Wikileaks veröffentlichten Depesche der US-Botschaft in Uganda vom 3. Dezember 2009 taucht sein Name auf. Und zwar im Zusammenhang mit einem Korruptionsskandal von Eni. Demnach hat das britisches Konkurrenzunternehmen Tullow am 24. November 2009 behauptet, dass Eni persönliche Zahlungen an den Präsidenten Museveni und Beamte des ugandischen Energieministeriums geleistet habe als Gegenleistung dafür, dass das Unternehmen Tullow keine Lizenz für die Förderung von Öl erhält. Gemäß der Eni-Webseite hatte sich Paolo Scaroni tatsächlich am 13. August mit Präsident Museveni getroffen, »um die ernsthafte Absicht zu bestätigen, dass Eni eine neue und lang anhaltende Partnerschaft mit Uganda anstrebt«. Gegenüber der US-Botschaft erklärte die Führung des britischen Ölkonzerns Tullow, dass der Regierung von Uganda Schmiergeld bezahlt wurde und dass dies der Grund für die Schwierigkeiten sei, die Lizenz zu bekommen.

Ein Einzelfall? Für Aufmerksamkeit sorgten im Februar 2013 Berichte über Ermittlungen der Staatsanwaltschaft Mailand gegen den Eni-Chef sowie weitere aktuelle und frühere Eni-Manager wegen des Verdachts der Korruption im Zusammenhang mit Schmiergeldzahlungen der Eni-Tochter Saipem an algerische Politiker. Saipem ist das größte Öldienstleistungsunternehmen in Europa und Eni daran mit 42 Prozent beteiligt. In den Geschäftsstatuten des weltweit agierenden Unternehmens gibt es einen Abschnitt zur Wirtschaftsethik. »Saipems unternehmerische Aktivitäten müssen in einer transparenten, ehrlichen und fairen Art und Weise durchgeführt werden, in gutem Glauben und in voller Übereinstimmung mit den Rechtsvorschriften zum Schutz der Konkurrenz.«[117] Nach Angaben der Mailänder Staatsanwaltschaft sollen insgesamt 197 Millionen Euro Schmiergeld geflossen sein, um sich einen Vertrag über 11 Milliarden US-Dollar zu sichern.[118] Aufgrund der Vorwürfe gegen Saipem wurden Paolo Scaronis Privatvilla in Mailand und sein Büro in Rom von der Finanzpolizei durchsucht, um Beweismaterial zu sichern. Bei einem der Treffen zur Absicherung des Milliarden-Dollar-Deals habe sich Scaroni in Paris mit dem Vermittler einer Hongkonger Firma getroffen, heißt es. Diese Firma agierte, nach Angaben der Staatsanwaltschaft, als Geldsammelzentrale, um die bezahlten Schmiergelder an algerische Regierungsvertreter weiterzuleiten. Scaroni erklärte, mit diesen Schmiergeldzahlungen habe er nichts zu tun. Der Vorstand von Saipem war immerhin bereit, die Ermittlungsbehörden zu unterstützen. Berater des Unternehmens hätten festgestellt, dass von Saipem keine Schmiergelder an algerische Regierungsvertreter bezahlt wurden.[119]

Im Juli 2013 wurde der Konzern Saipem erneut wegen internationaler Korruption von einem italienischen Gericht verurteilt: Es wurden Vermögenswerte in Höhe von 24,5 Millionen Euro beschlagnahmt, außerdem muss das Unternehmen 600.000 Euro Strafe zahlen. Eine Verurteilung erfolgte, weiß Saipem für Verträge in der Zeit von 1994 bis 2004 Schmiergeld an nigerianische Regierungsvertreter bezahlt haben soll. Laut einer Presseerklärung vom 11. Juli 2013 wird der Konzern gegen das Urteil Revision einlegen.[120]

All diese Vorgänge erinnern ein wenig an die Einschätzung eines alten Mafiabosses, den die beiden italienischen Enthüllungsjournalisten Patrick Fogli und Ferruccio Pinotti in ihrem Buch *Bleiernes Schweigen* zitieren. Er spricht davon, dass die Riinas, Provenzanos, Denaros und Badalamentis (ehemalige führende Cosa-Nostra-Bosse) Abschaum sind. »Und dass die, die sich an ihrem Geld bedienen, noch mehr zum Himmel stinken. Leute in schicken Anzügen, mit strahlendem Gebiss, gebügelten Hemden, gewienerten Autos, netten Chauffeuren und Au-pairs, die zu Hause auf den Nachwuchs aufpassen und ihm Englisch beibringen. Drecksäue, die zur Premiere in die Scala und zum Filmfest nach Venedig gehen, an Regatten und Industrieverbandsversammlungen teilnehmen und in den Vorständen sitzen.«[121] Diese Aussage führt folgerichtig wieder nach Brüssel.

Die Milliardenmacht der Banken in Brüssel

In Brüssel sitzt nicht nur der *European Round Table of Industrialists* (ERT), sondern auch das nicht weniger einflussreiche *BusinessEurope* hinter dem sich die Lobbyorganisation der europäischen Arbeitgeberverbände verbirgt. Aus Deutschland gehören ihm der Bundesverband der Deutschen Industrie (BDI) und die Bundesvereinigung der Deutschen Arbeitgeber (BDA) an. Sowohl ERT wie *BusinessEurope* pflegen gute Kontakte.[122] Der Organisation der europäischen Arbeitgeberverbände gelang es in der Vergangenheit immer wieder, die EU-Kommission mit ihren sachkundigen Ratschlägen von der Liberalisierung des Arbeitsmarktes zu überzeugen, was nichts anderes als radikaler Abbau von Arbeitnehmerrechten bedeutete. Folgerichtig erklärte *BusinessEurope* freudig, dass Griechenland die größten positiven Fortschritte bei den von der Troika geforderten Arbeitsmarktreformen vorweisen könne (mindestens 60 Prozent Jugendarbeitslosigkeit scheinen ebenfalls zu den Fortschritten zu zählen). Und der ERT übernahm die Führung einer Kampagne mit dem Ziel, internationale Wettbewerbsfähigkeit als vorrangiges Prinzip innerhalb jeglicher EU-Politik zu verankern.

Gleichzeitig übt *BusinessEurope* Druck auf die europäischen Finanzminister aus, damit die seit Langem diskutierte Finanztransaktionssteuer verhindert wird –bislang erfolgreich. Die Lobbyorganisation redet auch gerne von Strukturreformen, die in allen europäischen Ländern realisiert werden müssten. Damit meinen sie aber nicht eine gerechtere Wirtschaftsform, sondern die Durchsetzung einer neoliberalen Wirtschaftspolitik durch Privatisierung und Liberalisierung der Märkte. Das ist ihnen weitgehend gelungen. Mit ihren Vorschlägen war *BusinessEurope* einer der ersten politischen Akteure, die es geschafft haben, zum Beispiel ihre Vorstellungen über die strikte Konsolidierung der öffentlichen Finanzen bei der EU-Kommission durchzusetzen. Auch die Forderung nach einer Privatisierung traditioneller Bereiche der öffentlichen Hand ist inzwischen umgesetzt. »Die Privatisierung dieser Bereiche heißt, dass neue Bereiche für profitable Geschäfte in Zeiten der Krise ermöglicht werden. Das allgemeine Ziel der Agenda von *BussinesEurope* kann daher als allgemeiner Angriff auf die Arbeit und den Wohlfahrtsstaat beschrieben werden, mit dem Ziel, aus den Investitionen mehr Profit zu generieren.«[123]

Das Büro befindet sich in bester Brüsseler Lage, am Rond Point Schumann, wo auch die Europäische Kommission ihren Sitz hat. Und trotzdem redet kaum jemand über das Büro des *European Financial Services Round Table* (EFR). Das ist sicher die mächtigste Interessengruppe in Brüssel, insbesondere wegen ihrer finanziellen Potenz. Sie ist ähnlich wie der ERT organisiert, erlaubt also keine Unternehmen als Mitglieder, sondern nur Einzelpersönlichkeiten. Die jedoch haben es in sich: Mitglieder des EFR sind die Vorstandsvorsitzenden der mächtigsten europäischen Banken und Versicherungskonzerne. Sie repräsentieren nach eigenen Angaben 2 Millionen Mitarbeiter, 994 Millionen Kunden und 33,48 Billionen Euro an Vermögenswerten. Teilweise gibt es Überschneidungen zu anderen Eliteklubs wie bei Henri de Castries, der auch bei den Bilderbergern zu finden ist. Oder bei Urs Rohner von der Credit-Suisse-Gruppe sowie Axel Weber von der UBS, die wiederum Mitglieder des *Entrepreneurs' Roundtable* sind.

Ein prominentes Mitglied des EFR war in den Jahren 2001 bis 2010 Alessandro Profumo.[124] Er wurde 1957 in Genua geboren und gilt als der einflussreichste Banker Italiens. Profumo ist, wie EZB-Chef Mario Draghi, Mitglied der *Group of Thirty* in New York, ebenfalls eine Lobbyorganisation der Finanzwirtschaft. Im Alter von 39 Jahren wurde Profumo zum Vorstandsvorsitzenden der Bank UniCredit ernannt und schmiedete aus einem Konglomerat von Sparkassen eine Großbank, zu der seit 2005 auch die deutsche HypoVereinsbank gehört. Im September 2010 trat Alessandro Profumo als Vorstandschef zurück und schied damit auch aus dem EFR aus. Dafür sitzt er in diversen Aufsichtsräten, unter anderem beim italienischen Konzern Eni und der russischen Sberbank. Anfang 2012 wurde er Verwaltungsratsvorsitzender der ältesten Bank der Welt, der Monte dei Paschi di Siena. Soweit die normale europäische Bankerkarriere. Im Juni 2012 stand er zusammen mit 19 weiteren Beschuldigten wegen Steuerbetrugs vor Gericht. Die Staatsanwaltschaft warf ihnen vor, den italienischen Staat um 245 Millionen Euro betrogen zu haben. »In der Anklage geht es um verschiedene Finanztransaktionen zwischen 2007 und 2009, bei denen UniCredit mit Hilfe luxemburgischer Tochtergesellschaften von Barclays Zinsgewinne als Dividenden fiktiver Wertpapiere verschleiert haben soll.«[125] Alessandro Profumo war damals der verantwortliche Vorstandschef. Er erklärte, korrekt gehandelt zu haben. Angelastet wurden dem Bankchef und Multimillionär zudem auch Probleme bei der 1472 gegründeten Bank Monte dei Paschi di Siena, die er eigentlich zum Erfolg führen sollte. Zum einen war die Bank mit erheblichen finanziellen Risiken belastet, die staatliche Hilfe erforderten. Zudem war das Traditionshaus durch mehrere zweifelhafte Geschäfte in Schieflage geraten, für die sich jetzt die italienische Staatsanwaltschaft interessiert.[126] Genau in dieser Zeit war Mario Draghi, der heutige Präsident der EZB, Chef der italienischen Zentralbank, der obersten Bankenaufsichtsbehörde. »Als damaliger Chef der Zentralbank trägt Draghi die politische Verantwortung, auch wenn nur seine Untergebenen bei Monte dei Paschi nicht genau hingesehen haben sollten.«[127] Die Staatsanwaltschaft ermittelt nun wegen Betrug, Bestechung und Verschwörung. Ende September 2013 begann der Prozess gegen den Ex-Präsidenten, den Ex-Generaldirektor und den Ex-Finanzchef der Skandalbank in Siena. Beobachter rechnen mit einer langen Verfahrensdauer. Einen Monat zuvor beschuldigte die italienische Börsenaufsicht das Bankhaus, in der Zeit von April 2012 bis Oktober 2012 unvollständige und unrichtige Angaben gemacht zu haben. Alessandro Profumo hatte im April 2012 den Posten als Verwaltungsratsvorsitzender übernommen. Hinzu kam, um das Bild abzurunden, dass im Januar 2013 gegen Topbanker der Monte dei Paschi in Siena ermittelt wurde. Sie sollen sich persönlich durch dubiose Finanztransaktionen bereichert haben. 5 Prozent kassierten sie bei jeder großen Finanztransaktion von den Kommissionen, die Broker für ihre Dienste als Vermittler erhielten.[128] Um die Bank zu sanieren, werden bis 2017 knapp 8000 Arbeitsplätze wegfallen und 550 Filialen geschlossen werden. So viel zu Geschäftspraktiken italienischer Banken, die den Steuerzahler Milliarden kosten. In ihren Positionspapieren stellen die Bankenrepräsentanten des EFR trotz allem fest, dass es keinerlei Zusammenhang zwischen den Bankenpleiten und dem Geschäftsmodell der Institute gibt. Die Banken hätten die Krise gut überstanden. In einem sogenannten »Background Discussion Paper« vom März 2013 beschreibt der EFR die künftigen Aufgaben: Der Finanzsektor spielt demnach für sie eine vital wichtige Rolle in einer gesunden Marktwirtschaft. Die regulierenden Reformen nach der Krise müssen daher das Ziel haben sicherzustellen, dass den Finanzunternehmen weiterhin Risikogeschäfte ermöglicht werden. Unter der Überschrift »Infrastruktur-Projekte« wird ein weiteres Ziel genannt, das alle diese Eliteklubs einfordern: »Public-Private-Partnerships (PPP) haben bewiesen, dass sie, wenn sie richtig entwickelt und gestaltet sind, ein wichtiger Mechanismus sind, um niedrigere öffentliche Ausgaben zu erreichen.« Das jedoch ist pure Propaganda. Denn gerade die Public-Private-Partnerships sind in der Regel nur für die privaten Investoren profitabel – für die staatlichen und gemeinnützigen Unternehmen jedoch fast immer mittel- und langfristig ein Verlustgeschäft. Selbst das Unternehmermagazin *Impulse* schreibt: »Bei Public-Private Partnerships verdienen Konzerne, Banken und Berater das große Geld. Gemeinsam mit der öffentlichen Hand haben sie ein intransparentes System geschaffen, von dem vor allen sie selbst profitieren – zulasten von Mittelstand und Steuerzahlern.«[129] Und der Korruptionsexperte Werner Rügemer kritisiert unter anderem die »undemokratische Intransparenz, mit der hoheitliche Aufgaben privaten Investoren übergeben werden, mit der unsere Daseinsvorsorge, unsere persönlichen Daten, unsere Grundrechte auf Leben, Gesundheit, Bildung verkauft werden. Die PPP-Investoren verbergen sich hinter anonymen, verwinkelten Rechtskonstruktionen, ihre Geldflüsse und internen Effizienzgewinne sollen geheim bleiben ... Der Staat geht langfristige Verpflichtungen ein, die den Bürgern sowieso, aber selbst den Parlamenten verheimlicht werden. Solche Praktiken sind einer Demokratie unwürdig«[130]

Der Helfershelfer, den sie riefen: der Italiener Mario Draghi

Eingeklemmt zwischen alles überragenden, modernen Bankenpalästen steht eines der ältesten Hochhäuser der Finanzmetropole Frankfurt am Main. Es hat eine bemerkenswerte Geschichte, die den Wandel der politischen und gesellschaftlichen Machtverhältnisse in Deutschland deutlich macht.

Die Geschichte des Hochhauses beginnt wie ein Märchen: Es war einmal eine Bank ohne privates Gewinnstreben, die nur im Gemeinwohlinteresse tätig sein wollte. Vor langer, langer Zeit, im Jahr 1949 gründete der Deutsche Gewerkschaftsbund (DGB) die Bank für Gemeinwirtschaft (BfG). Sie war das Eigentum der bis in die späten Achtzigerjahre noch mächtigen Gewerkschaften und warb mit dem Slogan: »Der Mensch – das Leben – die Bank.« Diese Reihenfolge hätte sie beibehalten sollen. Doch eine riskante Kreditpolitik und Misswirtschaft bei gemeinnützigen Unternehmen, wie bei dem gewerkschaftseigenen Wohnungsbaukonzern Neue Heimat, kostete die Gewerkschaften Reputation, die Bank viel Geld und führte Mitte der Achtziger zu existenzbedrohenden Verlusten. Die Banker der Gewerkschaft waren nun gezwungen, als »normales«, gewinnorientiertes Unternehmen am Markt zu bestehen. 1987 wurde die Aachener und Münchener Beteiligungs-Aktiengesellschaft (AMB) mehrheitlich an der BfG beteiligt, 1992 ging diese Aktienmehrheit durch den Eintritt der Crédit Lyonnais S.A. & CO OHG in den Aktionärskreis an die französische Großbank. Zu Beginn des Jahres 2000 übernahm der schwedische Finanzkonzern Skandinaviska Enskilda Banken AB (SEB) 100 Prozent der Aktienanteile der BfG. Danach gab es keine BfG mehr.

Nach ihr zog die Europäische Zentralbank (EZB) in das Hochhaus ein, quasi die heimliche, für viele unheimliche Finanzregierung Europas. Viele ihrer Repräsentanten können das Wort Gemeinwirtschaft wahrscheinlich nicht einmal aussprechen. Ab Herbst 2014 wird die EZB jedoch in einem ähnlich symbolhaftem Gebäude zu finden sein wie dem der einstigen Bank für Gemeinwirtschaft. Dort, wo früher die Frankfurter Großmarkthalle war, die die gesamte Region mit Gemüse und Obst versorgte, entsteht jetzt ein gewaltiges, futuristisch anmutendes Bürohochhaus, höher als alle anderen in Frankfurt: das neue Hauptquartier der EZB, geschützt durch meterhohe Zäune und NATO-Stacheldraht. Die EZB-Banker werden, wenn der 1,3 Milliarden Euro teure Bau fertig ist, in den teuersten Büros sitzen, die es im Euroraum gibt. »Der Präsidialbereich in den obersten Stockwerken ist geheim; ebenso das Gourmetrestaurant im 45. Stock. Der exquisite Speisetrakt soll der Hausspitze, den Finanzministern sowie den Staats- und Regierungschefs der Euro-Zone vorbehalten bleiben«[131], schreibt der *Spiegel*. Das Gebäude sei zum Symbol für Verschwendung und mangelnde Kontrolle geworden. Hier wird also der Präsident der EZB residieren, der Italiener Mario Draghi.

Wer ist eigentlich dieser Mann und wen oder was repräsentiert er im Namen Europas? Mario Draghi wird als ein überzeugendes Beispiel für absolute Diskretion beschrieben. Er zählte in der Vergangenheit zu den stillen Prominenten Italiens, ist kein Bunga-Bunga-Lebemann wie sein ehemaliger Ministerpräsident Silvio Berlusconi, war weder bei Galadiners in römischen Palazzi, noch bei mondänen Events zu sehen. Äußerst selten gab er Interviews. Bei den geheimnisvollen Bilderbergern war er bereits wiederholt zu Besuch, man spricht von achtmal, und ist immer noch Mitglied der *Group of Thirty*, der in den USA ansässigen privaten Lobbyorganisation der Finanzindustrie. Die NGO *Corporate Europe Observatory* in Brüssel, die gegen den Einfluss der Lobbyisten in europäischen Regierungsinstitutionen kämpft, hatte sich beim Europäischen Bürgerbeauftragten darüber beschwert, dass Draghi dieser Vereinigung angehört. Sie sei eine Lobbyorganisation für die Förderung privater Interessen, untergrabe damit die Unabhängigkeit, das Ansehen und die Integrität der EZB. Die EZB-Argumentation, wonach es sich um keine Lobbyorganisation, sondern vielmehr um »ein Forum zum Gedankenaustausch« handele, überzeugte den Europäischen Bürgerbeauftragten, und er lehnte die Beschwerde ab.

Viel bedeutsamer aber ist, welche Interessen Mario Draghi in der Vergangenheit verfolgte und für welche Politik er verantwortlich war. Denn genau das zeigt ganz klar, wen er heute im Namen Europas tatsächlich repräsentiert. Laura Garavini ist Abgeordnete der *Partito Democratico* im römischen Parlament, eine mutige Kämpferin gegen die Mafia und im Antimafiaausschuss des italienischen Parlaments besonders aktiv. Von mir auf Mario Draghi angesprochen sagt sie: »Das ist einer der ganz wenigen sauberen Politiker in Italien, der hat eine weiße Weste.«

Mario Draghi, 1947 in Rom geboren, blickt auf eine makellose Karriere zurück. Sein Vater war ein ranghoher Beamter der italienischen Zentralbank. Der gelehrige Sohn studierte Wirtschaftswissenschaften in Rom, setzte seine Studien am Department of Economics des Massachusetts Institute of Technology (MIT) fort, wurde Assistent beim renommierten Nationalökonomen Franco Modigliani (der 1985 den Nobelpreis für Wirtschaft erhielt) und promovierte im Jahr 1976 bei Robert Solow, dem späteren Nobelpreisträger für Wirtschaftswissenschaften.

Ab 1981 lehrte er Wirtschaftswissenschaften und Geldpolitik an italienischen Universitäten. Der frischgebackene Professor kannte bis zu diesem Zeitpunkt nur ein ganz bestimmtes Milieu. Es ist zum Beispiel nicht überliefert, dass er jemals an einer Universität in der Dritten Welt gelehrt hat, jemals in den sozialpolitischen »Randgebieten« wie zum Beispiel dem Wirtschaft- und Sozialausschuss der UNO tätig war. Er beehrte allem Anschein nach nur die Eliteuniversitäten, die der Finanzindustrie nahestanden und in denen das Wort Gemeinwohl mit etwas Außerirdischem assoziiert wird. Im Jahr 1984 wurde er Generaldirektor der Weltbank, eine Position, die er bis zum Jahr 1990 innehatte. Der Präsident der Banca d'Italia, der italienischen Zentralbank, erkannte seine Qualitäten und holte ihn zurück nach Italien. 1991 wurde er bereits Generaldirektor im italienischen Schatzamt, das das Staatsvermögen verwaltet. Das folgende Jahr sollte Italien in seinen politischen und wirtschaftlichen Grundfesten erschüttern.

Alles begann am 7. Februar 1992. Da unterzeichnete die italienische Regierung den Vertrag von Maastricht, der am 1. November 1993 in Kraft trat. Ziel war unter anderem die Schaffung einer Europäischen Wirtschafts- und Währungsunion, wobei zur Einführung der gemeinsamen Währung Euro der 1. Januar 1999 festgelegt wurde. Jedes Land, das an der Währungsunion teilnehmen wollte, musste bestimmte Konvergenzkriterien erfüllen, um die Stabilität der einheitlichen Währung gewährleisten zu können. Mit der Unterzeichnung des Maastrichter Vertrags gehörte auch Italien automatisch der Währungsunion an, sollten die wirtschaftlichen Voraussetzungen erfüllt sein. Italien war von diesem Tag an dem Vertrag unterworfen.

Drei Wochen nach Unterzeichnung des Vertrags wird Italien durch Enthüllungen über die Korruption der politischen und wirtschaftlichen Klasse erschüttert. Mit der Aktion »Mani Pulite« (saubere Hände) löste der leitende Mailänder Staatsanwalt Antonio Di Pietro eine politische Lawine aus. In den nächsten Monaten wurde italienweit gegen mehr als 5000 Personen wegen Korruption ermittelt. 19 Parlamentarier wurden beschuldigt, darunter der sozialistische Parteichef und ehemalige Ministerpräsident Bettino Craxi und der Schatzmeister der christlich-demokratischen Regierungspartei Severino Citaristi.

Umgerechnet 350 Millionen Mark wurden schon in den ersten Tagen der Ermittlungen an Bestechungsgeldern festgestellt, über 400 Bürgermeister und Gemeinderäte wegen Korruption angeklagt. Bezahlt wurde für die Ministererlaubnis der Zulassung eines Medikaments, für den Zuschlag bei einer Ausschreibung von öffentlichen Aufträgen, für die Genehmigung einer Fabrik, für die Trasse eines Straßenneubaus. All das bedurfte immer der Bestechung von Parteipolitikern in den dafür zuständigen Positionen bis hinunter zum Boten in einem Ministerium, der die Akte zur baldigen Bearbeitung im Stapel ein bisschen höher legte.

Der Skandal, der unter dem Namen Tangentopoli (Stadt der Schmiergelddzahlungen) traurige Berühmtheit erlangte, führte zu einer dramatischen Krise des gesamten politischen Systems. Innerhalb weniger Monate waren die wichtigsten

Politiker gezwungen, ihr Amt aufzugeben oder ins Exil zu flüchten, weil sie tief in den Korruptionssumpf verstrickt waren. Bettino Craxi zum Beispiel, Vorsitzender der PSI und ehemaliger Premierminister, flüchtete nach Tunesien. Die Parteien *Democrazia Cristiana* (DC) und *Partito Socialista* (PSI) lösten sich auf oder unterzogen sich einer radikalen Veränderung und spielten in der Folge keine politische Rolle mehr. Einzig Giulio Andreotti, der ehemalige Vorsitzende der Christdemokraten, blieb später als Senator auf Lebenszeit in Amt und Würden. Obwohl ihm engste Kontakte zur sizilianischen Mafia nachgewiesen werden konnten, schützte ihn die Immunität.

Nun bildeten sich neue Parteien, um das politische Vakuum auszufüllen. In dieser Zeit begann der Aufstieg des Medienmoguls Silvio Berlusconi, ebenfalls ein Günstling der sizilianischen Cosa Nostra. Historiker sprechen vom Ende der ersten Republik und dem Beginn der zweiten. Es beginnt die europäische Zeitrechnung.

Die Finanzindustrie hatte andere Sorgen, nämlich den Beitritt zum Euro und die notwendigen Schritte zur Erfüllung der Konvergenzkriterien. Die Lösung wurde jedoch erst Jahre später, am 2. Juni 1992, gefunden. An diesem Tag ankerte die Jacht von Queen Elizabeth II. in der Hafenstadt Civitavecchia in Sardinien. Auf der schwimmenden Luxusherberge *Britannia* fand ein zweitägiges Treffen ausgewählter Finanzexperten statt. Dabei waren Repräsentanten der *British Invisibles* aus London. Dahinter verbirgt sich die private Organisation *International Financial Services*, die britische Finanzinteressen promotet. Ebenfalls anwesend waren internationale Investoren, Vertreter des italienischen öffentlichen Sektors und einige hochkarätige italienische Staatsbedienstete. Sie diskutierten darüber, wie die Privatisierung der meisten italienischen Staatsunternehmen oder Unternehmen mit staatlicher Beteiligung organisiert werden könne, um die Maastricht-Kriterien zu erfüllen. Die Privatisierung des Staatsvermögens wurde dabei von den Teilnehmern als ein zentrales Element zur Minimierung der öffentlichen Schulden eingefordert, denn die waren inzwischen enorm gestiegen. Es ist Mario Draghi, der Verantwortliche im italienischen Schatzamt, der den illustren Gästen ein überzeugendes Privatisierungsprogramm präsentierte.[132]

Der Turiner Lorenzo Bodrero war jahrelang mitverantwortlich in der Antimafiaorganisation Flare, ist Mitbegründer des *Investigative Reporting Project Italy* (IRPI) und ein überzeugter Europäer. Nur eins versteht er nicht:. »Was mich am meisten ärgert, ist, dass die Medien und Politiker in den frühen Neunzigerjahren uns erklärt haben, die EU und der Euro seien der einzige Weg, um unsere schlimme wirtschaftliche Situation zu verändern. Irgendjemand entschied für mich, für uns, und sie sagten, es sei zu unserem Wohl. 20 Jahre später ist die Situation noch schlimmer als damals, und keiner übernimmt dafür die Verantwortung. Im Gegenteil: Viele derjenigen, die Italien in den Euro gezwungen haben, sind heute an führender Stelle in unserem Land und in der EU tätig. Unser Land gehört nicht mehr uns, es gehört auch nicht unseren Politikern, die von der EU-Kommission und dem europäischen Bankensystem versklavt werden.«

Als damals vereinzelt Kritik laut wurde, dass es vielleicht besser gewesen wäre, ordnungsgemäße parlamentarische Rahmenbedingungen bei der Privatisierung italienischer Werte abzuwarten, antwortete Mario Draghi: »Welche Fähigkeit hatte der Staat zur Ausarbeitung neuer Rechtsvorschriften? Wir hätten ewig warten müssen.«[133]

Das System der Loge oder der Beginn einer neuen Republik?

Im Jahr 1993, nachdem die alte politische Klasse unter der Last der Skandale, Kriminalität und Korruption zusammengebrochen war, bildete sich eine neue, fast ausschließlich technokratische Regierung unter Führung des italienischen Zentralbankchefs Ciampi. Er machte Mario Draghi zum Verantwortlichen für die Privatisierung, das heißt den Verkauf italienischer Staatsunternehmen an italienische und ausländische Investoren. Im gleichen Jahr gründete der bislang eher unbekannte Medienmogul Silvio Berlusconi eine neue politische Bewegung, die *Forza Italia*. Er prägte seitdem die italienische Politik und wurde in den folgenden Jahren mehrmals Ministerpräsident. Doch während die Regierungen in Rom häufig wechselten, blieb einer immer im Zentrum der finanziellen Steuerung der Macht: Mario Draghi, der Technokrat des Finanzmarktes in der Ära Berlusconi.

Zu den Investoren, die von der Gunst Mario Draghis bei der Privatisierung besonders profitierten, dürfte sich der Industrielle Giancarlo Elia Valori zählen.[134]

Sein Name ist mit der dunklen Vergangenheit Italiens verbunden, die bis heute nachwirkt. Valori war Mitglied der Loge P2 »Propaganda Due«, einer im 19. Jahrhundert gegründete Freimaurerloge. In den Siebzigerjahren, als die P2 ihre Blütezeit hatte, wurden die Ideale und Ziele der Freimaurerlogen kurzerhand verraten. Die P2 beschränkte sich auf das einzige Ziel, alle wichtigen Machtpositionen in Staat und Gesellschaft mit ultrakonservativen und rechtsradikalen Logenmitgliedern zu besetzen. Die Angst vor einer starken kommunistischen Partei (PCI) war nur ein Vorwand, tatsächlich wollten sie ein autoritäres Regime installieren. Hochrangige Armeekommandanten, darunter 30 Generäle und acht Admirale, zwei Geheimdienstchefs, der Chef der italienischen Finanzpolizei, Minister und Politiker aus dem konservativen und sozialdemokratischen Lager, Journalisten, Industriemagnaten und Bankiers wurden Mitglieder. »Die P2 ist verzahnt mit der Mafia in Italien, Kuba und den USA, mit einer Reihe lateinamerikanischer Militärregime und mit einer größeren Zahl neofaschistischer Gruppen. Ihre Verbindungen reichen bis ins Innere des Vatikan.«[135]

Mit der Mitgliedsnummer 1816 war auch Silvio Berlusconi dabei. 1982 wurde die P2 verboten. Ein Schwurgericht in Bologna stellte später in einem Strafverfahren fest, dass die Loge Kriminelle angestiftet, bewaffnet und finanziert habe, um mit Mitteln der Subversion und des Terrorismus im Rahmen einer »Strategie der Spannung« die Vorbedingungen für einen Staatsstreich zu schaffen. Einige der mutmaßlichen P2-Mitglieder, dies aber vor Berlusconis Zeiten, sollen direkt oder indirekt an den zahlreichen Attentaten, Putschversuchen oder terroristischen Aktionen der Sechziger- und Siebzigerjahre beteiligt gewesen sein.

Um wieder auf das Ex-P2-Mitglied Valori zurückzukommen: Ende 1992 wurde das größte italienische Infrastrukturkonglomerat, die SME (*Società Meridionale di Elettricità*) privatisiert. Mit diesem Fall beschäftigte sich Franko Serra, Staatsanwalt in Rom, zusammen mit der Finanzpolizei im Zusammenhang mit Insiderhandel. Ihre Ermittlungen haben ergeben, dass vertrauliche Informationen zu Spekulationszwecken benutzt wurden. Der Hintergrund der Ermittlungen war ein Plan des Schatzministeriums zur Privatisierung des Konzern SME. Dann stellte sich heraus, dass es zwischen dem 20. und 26. Oktober 1992 zu einer ungewöhnlich hohen Kurssteigerung bei den SME-Aktien gekommen war, und zwar kurz bevor der Privatisierungsplan bekannt gegeben wurde. Einen Tag später intervenierte die Börsenaufsichtsbehörde und stoppte den weiteren Handel mit der Aktie.[136]

Pikant dabei ist, dass in den entsprechenden Plan nur wenige Leute eingeweiht waren, unter anderem Mario Draghi und der Präsident der Bank Credito Italiano, die bei der Privatisierung eine wichtige Rolle spielte. Zuständig für die Privatisierung war ein Oberregierungsrat aus dem Schatzministerium: Giancarlo Elia Valori. Er rühmt sich, für die italienische Regierung die Privatisierung der staatlichen SME erfolgreich durchgeführt zu haben.

Nach Angaben der Staatsanwaltschaft Rom waren die Beschuldigten des vermuteten Insiderhandels Angehörige staatlicher Behörden. Als Zeugen gehört wurden unter anderem der Generaldirektor des Schatzministeriums Mario Draghi und Giancarlo Elia Valori. Das Verfahren wurde jedoch aus unbekannten Gründen sang- und klanglos eingestellt. Wenig später wurde erneut gegen Valori ermittelt. Diesmal wegen Zahlung von Schmiergeld. Er soll über das Unternehmen SME, in Form von Werbeanzeigen in der Zeitung *Il Sabato*, die katholische Organisation *Comunione e Liberazione* mit hohen Geldbeträgen mit finanziert haben. Die Rede ist von 150 Millionen Lira. Die fundamentalistisch-konservative *Comunione e Liberazione* stand Medienmogul Silvio Berlusconi nahe, der Ende der Siebzigerjahre zur Gründung von *Il Sabato* beitrug, einer Wochenzeitung aus dem Umfeld von *Comunione e Liberazione*.

Mario Draghi privatisierte derweil rund 15 Prozent der gesamten italienischen Wirtschaft, während gleichzeitig der Finanzmarkt derart liberalisiert wurde, dass massive Spekulationen, Geschäfte mit Derivaten und andere undurchsichtige Finanzgeschäfte ermöglicht wurden. Bei jeder Privatisierung zahlt der Verkäufer ein Honorar an die Berater der Investmentbanker, das üblicherweise 2 bis 3 Prozent des Verkaufswertes beträgt. In Italien ging etwa ein Prozent davon an Investmentbanken wie JP Morgan, Goldman Sachs, Morgan Stanley, Credit Suisse, First Boston, Merrill Lynch. Sie haben keinen einzigen Dollar selbst investiert. Öffentliche Ausschreibung – Fehlanzeige.

Im Jahr 2001 waren die meisten Privatisierungen abgeschlossen. Italien konnte die Maastricht-Bedingungen erfüllen, um der Eurozone beizutreten. Gleichzeitig wechselten nun staatliche Entscheidungsträger, die für die Privatisierungsmaßnahmen verantwortlich waren, genau zu jenen Investmentbanken, die von der Privatisierung am meisten profitiert hatten. Mario Draghi wurde im Jahr 2002 europäischer Vizepräsident der US-Investmentbank Goldman Sachs mit einem Jahresgehalt von 10 Millionen Euro. Vor seinem Wechsel zu Goldman Sachs verkaufte er seine Aktienbeteiligungen, unter anderem der Bank Istituto Immobiliare Italiano, der Banca Nazionale del Lavoro, der staatlichen Holding Istituto per la Ricostruzione Industriale (IRI) und dem Energieunternehmen Eni. Hier wurde er überall als *Consigliere* (Berater) geführt, ebenso wie bei der italienischen Finanzzeitung *Il Sole 24 Ore*. Mario Draghi ist heute noch mit dem Unternehmen Serena Società Semplice in Rom verbunden, über die die Familienimmobilien der Familie Draghi verwaltet werden.

Nach vier Jahren als Investmentbanker für Goldman Sachs kehrte er im Jahr 2006 nach Rom zurück, um den Posten des Präsidenten der italienischen Zentralbank Banca d'Italia zu übernehmen. Wiederum zwei Jahre später wird sein Name als möglicher Kandidat für das Amt des italienischen Ministerpräsidenten in einer Technokratenregierung ins Spiel gebracht, nachdem Silvio Berlusconi das Land – wieder einmal – an den Rand des finanziellen Abgrunds gelenkt hatte. Für Francesco Cossiga, den ehemaligen Staatspräsidenten, war das unfassbar.»Mario Draghi ist ein Moneymaker. Wir können niemanden zum Premierminister ernennen, der ein Mitglied von Goldman Sachs war. Er war verantwortlich für den Ausverkauf von Italiens Industrie, als er Direktor des Schatzamtes war, und ich kann mir vorstellen, was er als Premierminister tun würde.«[137]

Draghi kam zwar nicht zum Zuge, dafür ein anderer Technokrat, Mario Monti, ebenfalls ein Zögling von Goldman Sachs. In der internationalen Finanzindustrie wurden Champagnerflaschen geköpft. Gefeiert wurde auch einige Jahre später noch einmal: als man Mario Draghi im November 2011 zum Präsidenten der EZB kürte. Gratuliert hat ihm sicher sein Freund Fink, der mächtige Mann der Wall Street.

Weder saubere Hände noch saubere Geschäfte

Und was ist aus der Aktion »Mani Pulite« (saubere Hände) geworden, dem Kampf gegen die strukturelle Korruption in Italien in der Zeit, als Mario Draghi in Italien außerordentlich präsent war? Sie erwies sich als wirkungslos, so das Ergebnis einer wissenschaftlichen Analyse von Alberto Vannucci, Professor für politische Wissenschaft an der Universität Pisa. »Die politischen Altlasten haben zu einer Eskalation zwischen der politischen Macht und der Justiz geführt, einem tief verwurzelten Pessimismus über die Integrität der ökonomischen und politischen Elite und zur Verstärkung der weit verbreiteten Toleranz gegenüber illegalen Praktiken. Die wirtschaftlichen Folgen haben zu einer Verwischung der Trennlinien zwischen den Aktivitäten des Marktes und dem Staat geführt; zur Deregulierung und der Entstehung von gemischten öffentlich-privaten Arrangements bei Dienstleistungen, insbesondere auf lokaler Ebene; zur Multiplikation von Interessenskonflikten aufgrund der politischen Karriere der Unternehmer und der unternehmerischen Karrieren von Politikern – Faktoren, die es schwieriger gemacht haben, Korruption zu erkennen und zu ahnden.«[138] Im Jahr 1996 hielten 91,8 Prozent der italienischen Wähler Korruption für ein wichtiges Problem. Im Jahr 2008 waren es gerade einmal 0,2 Prozent.[139] Eigentlich könnten die Italiener heute das Gleiche tun wie Anfang der Neunzigerjahre, als die Schmiergeldskandale amtlich wurden. Damals wussten sich die Bischöfe nicht mehr anders zu helfen, als die Gläubigen zum Beten des Psalms 52 (53) aufzufordern. »Gott schaut vom Himmel auf die Menschenkinder, dass er sehe, ob jemand klug sei und nach Gott frage. Aber sie sind alle abgefallen und allesamt verdorben; da ist keiner, der Gutes tut, auch nicht einer. Kommen sie je zur Einsicht, die Übeltäter? Sie, die mein Volk verschlingen, wie man sein Brot verzehrt.«

Heute ist die Mafia im Herzen Mailands, der Finanz- und Wirtschaftsmetropole, angekommen. »Jetzt gibt es Beziehungen zwischen ihr und der *Popolo della Libertà* (von Berlusconi gegründete Partei, A.d.A.), genauso wie Beziehungen zwischen der Mafia und den Parteien aus dem Spektrum der linken Mitte, obwohl die noch in der Minderheit sind. Denn die Mafia kennt keine feste politische Ideologie, sondern folgt denjenigen, die gerade an der Macht sind.«[140]

Warum es diese Resignation oder Apathie inzwischen gibt, kann wiederum der bereits erwähnte Fall Giancarlo Elia Valori belegen. Sein Name tauchte am 15. Juni 2007 in einer Ermittlungsakte der Staatsanwaltschaft Catanzaro in Kalabrien auf, wo die 'Ndrangheta das Sagen hat. Staatsanwalt Luigi de Magistris hatte bereits intensiv wegen Betrug und Korruption im Zusammenhang mit der Verwendung öffentlicher

Mittel recherchiert. Seine Ermittlungen führten ihn zu korrupten Richtern, Staatsanwälten, Unternehmern und Lokalpolitikern in Kalabrien, die zum Teil in Verbindung mit der 'Ndrangheta und mit in dunklen Kanälen versickerten EU-Fördergelder stehen sollen. »Er hatte sich erkühnt, nicht nur gegen einige Freunde des Justizministers wegen Veruntreuung von EU-Geldern und der Verflechtung von Politik und 'Ndrangheta zu ermitteln, sondern auch gegen den Minister selbst und Ministerpräsident Romano Prodi.«[141] Und dabei stieß Staatswanwalt Luigi de Magistris auch auf den Topunternehmer Valori. In seiner Ermittlungsakte spricht der Staatsanwalt von einer neuen Loge P2, in der Giancarlo Elia Valori »zu den Führungspersönlichkeiten gehört«, mit großem »Einfluss in der Welt der Banken und anderen finanziellen Institutionen«.[142]

Nachdem er unter anderem auf Verbindungen zu hochkarätigen Richtern und Staatsanwälten in Rom gestoßen war, wurde er von seinem Posten abgelöst. Die Ermittlungen wurden allesamt eingestellt. Giulio De Magistris war Abgeordneter im Europäischen Parlament und seit 30. Mai 2011 Bürgermeister von Neapel. Sein Resümee ist bitter: »Wer die Mafia besiegen will, muss diesen Knoten (das Geflecht aus korrupten Politikern, Beamten, Geschäftsleuten und Mafiosi) durchschlagen. Doch das ist kaum möglich.«[143]

Gegen das unternehmerische Multitalent Giancarlo Elia Valori wurde im Jahr 2011 erneut von der Staatsanwaltschaft Rom ermittelt. Es ging um den Verkauf der italienischen Fluggesellschaft Alitalia an eine italienische Investorengruppe. Nach italienischen Medienberichten glaubten die römischen Ermittler, dass unter anderem Giancarlo Elia Valori als Präsident der *Sviluppo del Mediterraneo* dazu beigetragen habe, falsche Angaben bei den Verkaufsverhandlungen der Alitalia verbreitet zu haben. Wieder ging es um Insiderhandel.[144] Er gehörte zu einer besonders prominenten Investorengruppe. Mit dabei war Antonio Baldassarre, von 1986 bis 1995 Präsident des Verfassungsgerichtshofs. Nach Amtsende verdingte er sich, wie unter Berlusconi üblich, als Präsident der italienischen Filiale der Greenwich National Westminster Bank, dann folgten Ämter wie Präsident der Aufsichtsbehörde der Börse Mailand und Präsident des Verwaltungsrats des staatlichen Fernseh-und Radiosenders RAI. Diesen Posten erhielt er auf ausdrücklichen Wunsch des Premierministers Silvio Berlusconi. Eine ehrenwerte Gesellschaft also. Sowohl Antonio Baldassarre wie Giancarlo Elia Valori verbindet, dass sie Brüder im Geiste und Brüder der Loge *Grande Oriente d'Italia Democratico* sind.

Die Untersuchung durch die Staatsanwaltschaft von Rom drehte sich um Dokumente, deren Echtheit von den Ermittlern bestritten wurde. Aus ihnen sei hervorgegangen, dass es einen Fonds in Höhe von 500 Millionen Euro gegeben habe, die bei der Bank UBS in Lugano deponiert seien. Dadurch sollten die Aktionäre beruhigt werden. Und tatsächlich schnellte, nachdem diese Information verbreitet wurde, die Aktie der Alitalia in die Höhe. Deshalb lautete die Anklage auf Betrug und Verbreitung falscher Nachrichten, um die realistische Lage der Alitalia zu verschleiern.

Im März 2013 wurden beide zu einer Geldstrafe von je 200.000 Euro verurteilt. Das Urteil findet sich auf der Webseite der italienischen Börsenaufsichtsbehörde CONSOB.[145] Im Zuge der Ermittlungen durchsuchte die Staatsanwaltschaft im Jahr 2007 übrigens ein wenig attraktives fünfstöckiges Gebäude mit vielen Mietern in der Via del Circo Massimo in Rom. Einst befand sich hier das Domizil der Investmentholding *Sviluppo del Mediterraneo*, die wie ihr Präsident Giancarlo Elia Valori in den Alitalia-Börsenskandal verstrickt war. Ein Jahr später ist am gleichen Gebäude ein neues Namensschild zu finden: Finanziaria Generale. Die Holding bietet Finanzberatungen (Merchant Banking) für die italienische Industrie an. Sie hat sich im Jahr 2008 mit *Sviluppo del Mediterraneo* zusammengeschlossen. Die Finanziari Generale wurde Anfang der Siebzigerjahre von Michele Sindona geleitet und war damals ein Teil der Banco Ambrosiano.[146] Michele Sindona war jener Banker, der das Drogengeld der Cosa Nostra in den legalen Wirtschaftskreislauf einspeiste. Und die Banco Ambrosiano war das Finanzinstitut der kriminellen Loge P2, eng verbunden mit schmutzigen Geldwäschegeschäften der Vatikanbank.

Heute zählen zu den Aktionären der »neuen« Finanziari Generale »bedeutende italienische wie internationale Finanz- und Industrieunternehmen«.[147] Präsident ist Giancarlo Elia Valori, der inzwischen einen Professorentitel hat und unter anderem wegen seiner außerordentlichen Verdienste mit dem Orden *Cavaliere del Lavoro* (Ritter der Arbeit) gewürdigt und zum Offizier der französischen *Légion d'Honneur* ernannt wurde. Das zu verstehen, fällt dem Außenstehenden zwar schwer, dokumentiert jedoch die politische Kultur Italiens.

Anfang Oktober 2012 unterzeichnete Valori, zusammen mit der Banca IMI, der Investmentbank der Intesa Sanpaolo Gruppe, einen Vertrag über eine Kooperation bei internationalen Entwicklungsprojekten italienischer Unternehmen. Die Vereinbarung soll es den beiden Parteien ermöglichen, Geschäfte zwischen internationalen Investoren und italienischen Unternehmen zu vermitteln.[148] Alles ganz normal? Nein, es ist ein typisches Beispiel dafür, wie von der Privatisierungsorgie Mario Draghis nur einige wenige Personen profitierten.

Der Fall Griechenland und Mario Draghi

Auch im Zusammenhang mit der Krise in Griechenland fallen wieder zwei Namen: das US-Unternehmen Goldman Sachs und der Italiener Mario Draghi. Ein kurzer Rückblick, obwohl das meiste ja bekannt ist: Im Jahr 2001 stand – wie in Italien – auch der Beitritt Griechenland zum Euro zur Debatte. Doch Griechenland wies ein extrem hohes Staatsdefizit auf, und so beauftragte die griechische Regierung die Investmentbank Goldman Sachs damit, das Problem zu lösen. Die Investmentbanker boten den Griechen eine Eurofinanzierung in Höhe von 2,8 Milliarden an. Diese würde es der griechischen Regierung ermöglichen, die Maastricht-Kriterien der Europäischen Union zu erfüllen: Die Schulden wurden kurzerhand aus dem Haushalt herausgerechnet. Goldman strukturierte den Deal mit den Griechen nämlich nicht einfach als normalen Kredit mit normalen Zinsen, sondern in Form eines komplizierten Derivate-Swaps. Heute sagen die griechischen Politiker, sie hätten überhaupt nicht verstanden, worum es dabei ging. Goldman Sachs habe auf einer Geheimhaltungsklausel bestanden, weswegen es ihnen nicht möglich gewesen sei, sich am Markt über die Art des Geschäfts zu erkundigen. Der Chef der staatlichen griechischen Schuldenagentur, Spyros Papanicolaou, sagte dem Nachrichtendienst Bloomberg, dass Goldman Sachs den Griechen gedroht habe: »Wenn ihr irgendjemand von den Konditionen erzählt, ist der Deal abgeblasen.«[149]

Die Folge für Griechenland: »Aus einem Kredit von 2,8 Milliarden Euro war – dank der fachkundigen Beratung durch Goldman – ein doppelt so hoher Schuldenberg geworden: Nun standen die Griechen durch die Derivate mit 5,1 Milliarden Euro in der Kreide. Goldman machte bei dem Deal einen Profit von 600 Millionen Euro«,[150] das entsprach

12 Prozent des Umsatzes für die Londoner Abteilung der Investmentbank. Mario Draghi war damals Vizepräsident von Goldman Sachs International in London und genau für diese Art von Geschäften, auch für Verhandlungen mit der Regierung, mitverantwortlich, so die offizielle Stellenbeschreibung. Er jedoch erklärte, dass er nur für Investmentbanking mit privaten Unternehmen zuständig gewesen sei und nicht für die Kontakte zu Regierungen. Mit dem Griechenland-Deal habe er nichts zu tun. »Mario Draghi hatte nichts mit den fraglichen Geschäften zu tun«, erklärte auch gegenüber den Medien eine Sprecherin der EZB, nachdem die Verstrickung von Goldman Sachs in diesen Deal ans Tageslicht kam. Demgegenüber berichtete die *New York Times*, dass Draghi ähnliche Initiativen mit anderen europäischen Regierungen besprochen habe. Für ein Arbeitspapier des National Bureau of Economic Research über »Transparency, Risk Management and International Financial Fragility« von 2002 war er Koautor und bereits bei Goldman Sachs tätig. Darin schreiben die Autoren, dass »Regierungen für den Einsatz von Derivaten zur Stabilisierung der Steuereinnahmen gewonnen werden sollen«.[151] In der *New York Times* wird zudem ein Verantwortlicher von Goldman Sachs zitiert, wonach Mario Draghi ähnliche Initiativen wie in Griechenland mit anderen Regierungen diskutiert habe.[152] Mario Draghi dementiert das.

Am 14. Juni 2011 erklärte der künftige EZB-Präsident in einer Anhörung vor dem Europäischen Parlament in Brüssel seine geldpolitischen Ziele. Unter anderem machte er sich für Kürzungen der öffentlichen Ausgaben statt Steuererhöhungen stark und lehnte eine Finanztransaktionssteuer ab. Dann stellte ihm Pascal Canfin, der französische Abgeordnete vom Parteienbündnis *Europe Écologie* die Frage nach seiner Verantwortung bei Goldman Sachs für den Griechenland-Skandal. Seine Antwort: »Der Deal zwischen Goldman Sachs und

Griechenland wurde vor meiner Berufung abgeschlossen. Ich hatte nichts mit Regierungen und dem öffentlichen Sektor zu tun, tatsächlich arbeitete ich im privaten Sektor. Und obwohl Goldman Sachs von mir erwartete, das ich im öffentliche Sektor arbeite, habe ich ihnen gesagt, dass ich daran kein Interesse habe.«[153] Diese Darstellung konnte einige Parlamentarier nicht überzeugen. Deshalb erklärte einen Tag später der Abgeordnete Pascal Canfin: »Ich habe ein Problem mit seiner Kandidatur. Die von ihm vorgebrachten Argumente haben uns nicht überzeugt. Wenn der Präsident der EZB erklärt, eine Umschuldung Griechenlands sei nicht möglich, weil diese ein finanzielles Risiko für US-Banken berge, so ist das nicht akzeptabel. Er hatte gestern die Gelegenheit, seine Rolle bei Goldman Sachs unmissverständlich zu erläutern. Er sagt, er sei nicht an dem Geschäft beteiligt gewesen, das Griechenland ermöglicht hat, das Ausmaß seiner Schulden zu verschleiern. Aber ein Statement von Goldman Sachs besagt das Gegenteil.«[154] Trotzdem sprach sich am 23. Juni die Mehrheit der Europaabgeordneten für den Kandidaten aus.

Übrigens gibt es einen ähnlichen Fall wie den in Griechenland. Und wieder spielen dabei ziemlich undurchsichtige Derivategeschäfte eine Rolle. Denn wie Griechenland schönte auch Italien sein Haushaltsdefizit, um dem Märchenland Euro beizutreten. Laut einem Bericht der *Financial Times* könnte Italien mehrere Milliarden Euro aus Derivategeschäften verlieren, die das Land abgeschlossen hat, um die Staatsverschuldung auf unter 3 Prozent zu drücken und sich für die Eurozone zu qualifizieren.[155] Die Verhandlungen führte nach Angaben der *Financial Times* Mario Draghi. Ob und inwiefern er in die Entscheidungen über die umstrittenen Derivategeschäfte eingebunden war, wollte ein EZB-Sprecher gegenüber der *Financial Times* nicht kommentieren.

Sein Sohn Giacomo ist übrigens in die Fußstapfen des Vaters getreten. Er arbeitet seit 2003 höchst erfolgreich in London für den US-Finanzdienstleister Morgan Stanley und handelte bereits mit Staatsanleihen, lange bevor sein Vater EZB-Präsident wurde.[156] Der Finanzkonzern geriet in die Schlagzeilen, weil er im Spätherbst 2011 zu den ersten gehörte, die die überraschende Zinssenkung der EZB vom 3. November 2011 vorhersagten, zwei Tage bevor Mario Draghi sie als EZB-Chef verkündete. Einen Interessenkonflikt konnte niemand erkennen.

Das Wissen über die Zinssenkung hat Finanzinstitutionen wie Goldman Sachs und Morgan Stanley sicher nicht in die Verlustzone gebracht. Allein Morgan Stanley soll mit der Spekulation auf die Zinssenkung Hunderte Millionen Dollar Gewinn generiert haben.[157]

Fazit: Der Italiener Mario Draghi ist nicht unbedingt der Mann, der im Interesse aller europäischen Bürger tätig war und ist. Seit Beginn seiner politischen Karriere in Italien in den Neunzigerjahren erwies er sich als kalter Technokrat des internationalen Finanzkapitals. Er kann überhaupt nicht anders, weil er integraler Bestandteil der gesellschaftlichen und sozialen Kultur der korrupten italienischen Geldelite war.

Die Karten sind gemischt – Veränderungen nicht zu erwarten. Korruption ist in Italien ein Markt geworden, auf dem es wie bei jedem funktionierenden Markt interne Regeln und einen Verhaltenskodex gibt – es ist ein Markt, wo das Gesetz von Angebot und Nachfrage herrscht.[158] Heute haben sich in Italien, so sagte es Antonio Di Pietro, der als Staatsanwalt die Antikorruptionsaktion »Mani Pulite« leitete, »die verschiedenen Realitäten – die Finanzwelt, die Politik und die Mafia – einander genähert. Sie überlappen sich heute mehr als je zuvor. Die Reibungsflächen wurden fein geschliffen und in Samt gehüllt.«[159]

DIE OPFER

Eine Woche in Athen oder das Abbild unserer eigenen Zukunft

Hochsommer in Griechenland. Das Thermometer ist auf 34 Grad gestiegen, weiße Wolken huschen am blauen Himmel vorbei. Dieser 18. Juli 2013 ist ein besonderer Tag. Bereits seit dem frühen Morgen herrscht gespenstische Ruhe im Herzen Athens. Die höchste Sicherheitsstufe wurde ausgerufen – obwohl diesmal kein massenhafter Aufstand der Bürger droht wie noch vor einigen Monaten. Da gingen Hunderttausende auf die Straße, um gegen das Spardiktat der EU und insbesondere gegen die deutsche Bundeskanzlerin Angela Merkel zu protestieren.

Zahlreiche Metrostationen sind an diesem Donnerstag seit dem frühen Morgen geschlossen und jede Form öffentlicher Versammlungen ist verboten, begründet mit einer Verordnung, die einst von der Militärjunta in den Siebzigerjahren erlassen wurde. Auffallend ist die überall präsente Prätorianergarde der Regierenden, die sogenannte Aufstandsbekämpfungspolizei, gekleidet in moderne schwarze Ritterrüstungen. Auf ihren Rücken tragen sie schwere Kanister mit ätzendem Tränengas, was in der Hitze durchaus unangenehm ist. Tränengaskanister gehören überall in Europa zur polizeilichen Standardausrüstung, wenn massive soziale Proteste der Bürger drohen, sei es in Frankfurt am Main, Istanbul, Sofia, Madrid, Lissabon oder eben in Athen.

Es ist das zweite Mal in den letzten Jahren, dass solch drakonischen Maßnahmen ergriffen werden, um Proteste zu ersticken. Das erste Mal war im Oktober 2012, als Bundeskanzlerin Angela Merkel, die von sich sagt, »ein großes Herz zu haben«, in Athen einflog. Der Sicherheitsaufwand an diesem Julitag ist dem Besuch des deutschen Bundesfinanzministers Wolfgang Schäuble geschuldet, quasi stellvertretend für die Bundeskanzlerin. Er hat sicher nicht erwartet, von jubelnden, mit deutschen Fähnchen wedelnden Griechen empfangen zu werden. Viele Griechen erinnern sich noch an andere Zeiten, an die Hungersnot in den Vierzigerjahren. Damals besetzte die deutsche Wehrmacht Griechenland. Die Besatzungspolitik der Nazis war auf maximale wirtschaftliche Ausbeutung Griechenlands angelegt. Eine der Folgen: Zwischen 1941 und 1943 starben allein im Athener Ballungsgebiet über 100.000 Menschen den Hungertod. Im Jahr 2013 herrscht in Athen wieder Hunger, und Menschen sterben aufgrund der Sparpolitik, forciert von der deutschen Bundesregierung.

Was wird im Kopf von Finanzminister Schäuble vorgegangen sein, als er vom Flughafen Athen-Eleftherios Venizelos ins Zentrum der griechischen Hauptstadt gefahren wurde? Hat er den Bericht von Amnesty International Griechenland gelesen, der kurz vor seiner Ankunft veröffentlicht wurde? »Anschuldigungen wegen exzessiver Gewalt der Polizei gegen Demonstranten halten an.« Gut – das trifft ja auch auf Deutschland zu. Aber: »Die Vorwürfe von Menschenrechtsverletzungen durch die Polizei, darunter Folter und exzessive Gewaltanwendung insbesondere gegen Immigranten und

Asylsuchende haben das ganze Jahr über angehalten. Hassverbrechen auf der Grundlage von Rasse und ethnischer Herkunft eskalierten dramatisch.«[160]

Oder schwelgt Wolfgang Schäuble auf seiner Fahrt in Erinnerungen an ein anderes Ereignis? Es war der »Tag der offenen Tür« der Bundesregierung im Jahr 2012. Auf der Bühne im sommerfestlich geschmückten Innenhof des Bundesfinanzministeriums plauderten er und die griechische Sängerin Nana Mouskouri (*Weiße Rosen aus Athen*), nachdem ihn die Sängerin mit einem Küsschen links und rechts begrüßt hatte. Und dann sagte Mouskouri: »Wenn wir keine Träume mehr haben, dann haben wir keine Hoffnung mehr.« Und was antwortete Schäuble? »Wir sollten nicht aufhören zu träumen – aber zwischendurch muss man arbeiten.«[161] Diese faulen Griechen – das sollte wohl damit vermittelt werden, ein Bild, das von deutschen Boulevardmedien gerne gemalt wird. Und nach Athen ist er ja gekommen, um zu arbeiten, um das Fass ohne Boden zu sanieren.

Wolfgang Schäuble wird wieder einmal mit griechischen Regierungsvertretern und Regierungschef Antonis Samaras über finanzielle Hilfen für Griechenland diskutieren, um die wieder einmal drohende Staatspleite abzuwenden, um wieder einmal die Banken und die reiche und korrupte griechische Elite zu subventionieren, obwohl jeder weiß, dass die Schulden niemals zurückgezahlt werden können. Zum Tross des deutschen Finanzministers gehören auch Journalisten. Sie sitzen isoliert in einem weißen Minibus und blicken aus verdunkelten Scheiben in eine unheimliche Stille – genau wie Finanzminister Schäuble, der von einer Konferenz zur anderen eilen muss. Hinter ihm laufen in eleganten Anzügen seine Finanzexperten mit ihren schwarzen Aktenkoffern. Das reale katastrophale Leben, die Menschen in Not und Hoffnungslosigkeit, das ist für die politischen Finanzakrobaten eine andere Welt. Aber diese soziale Realität wird ja auch in Deutschland nicht wahrgenommen. Kennt der deutsche Finanzminister etwa Nikitas Kanakis, den verzweifelten Direktor der griechischen Sektion der Hilfsorganisation Ärzte der Welt? Wahrscheinlich nicht. Der würde ihm sagen: »Wir haben hier eine humanitäre Krise. Das heißt, die Menschen haben nichts zu essen, sie haben keine medizinische Versorgung, keine Wohnung, keinerlei soziale Sicherheiten mehr. Wir vergleichen das nicht mit Afrika, sondern mit den anderen europäischen Staaten.« In den vergangenen Jahren hatten sie Container mit Lebensmitteln nach Afrika geschickt. Jetzt brauchen sie diese Lebensmittel selbst für die Versorgung der eigenen Bürger. Geschätzt wird, dass knapp eine Million Griechen auf Lebensmittelhilfen angewiesen sind, um nicht zu verhungern.

Die Wut der Ohnmächtigen

Sechs Tage vor Schäubles Besuch heulten Sirenen in der Alexandrou Avenue vor dem Luxushotel Divani Caravel. Auf der Straße hatte sich eine riesige Menschenmenge versammelt, Männer und Frauen in olivfarbenen T-Shirts und Hosen. Sie sind Angehörige der Gemeindepolizei, vergleichbar mit dem Ordnungsamt, die die Sirenen ihrer Einsatzwagen eingeschaltet haben. Auf den riesigen Plakaten, die sie vor dem Hotel aufgestellt haben, steht: »Weg mit der Troika – wir wollen in Würde leben.« Was ist geschehen? Einer der Gemeindepolizisten vor dem Hoteleingang, er ist vielleicht 30 Jahre alt, erzählt: »Die Troika will 6500 Leute, 4000 Gemeindepolizisten und 2500 Schulwächter entlassen. Mein Gehalt beträgt derzeit 850 Euro im Monat. Ich wohne bei meinen Eltern.

Wenn wir jetzt gefeuert werden, gibt es keinen Ausgleich, und nur die wenigsten haben eine Möglichkeit, in einen anderen Beruf zu wechseln.« Ein weiterer Angestellter der Gemeinde Athen kommt hinzu. »Viele Familien hatten Kredite aufgenommen, um eine Wohnung zu kaufen. Dann wurden die Löhne um 50 Prozent gekürzt, die Arbeitslosigkeit kam. Du kannst deine Raten nicht mehr zahlen, und die Banken nehmen dir die Wohnung weg.«

Während draußen protestiert wird und die Sirenen immer wieder ein- und ausgeschaltet werden, tagen im großen Konferenzraum des Hotels über 200 griechische Bürgermeister und diskutieren über die geplanten Entlassungen der Gemeinde- und Schulpolizei. Einige der Protestierenden verfolgen die Diskussion, immer wieder unterbrechen sie die Reden der Bürgermeister auf dem Podium. Buhrufe ertönen, als Athens Bürgermeister redet. »Sie tun doch nichts«, ruft ihm ein 32-jähriger Polizeibeamter zu. Auf meine Frage, ob er den Politikern, die jetzt an der Macht sind, noch glaubt, antwortet er lapidar: »Sie sind die Marionetten der Troika. Doch es wird besser werden. In dieser Zeit halten wir wieder mehr zusammen. Deshalb werden wir in den nächsten Tagen weiter demonstrieren.« Vergeblich. Wenige Stunden vor Schäubles Ankunft hatte, trotz heftiger Proteste in den Straßen Athens und vor dem Parlament, die Regierungsmehrheit um Mitternacht ein neues Sparpaket durchgepeitscht. Es ermöglicht unter anderem die Entlassung von insgesamt 25.000 öffentlich Bediensteten. Demnach werden bis Ende 2013 insgesamt 12.500 staatliche Angestellte und Beamte bei um 60 Prozent gekürzten Gehältern in eine sogenannte Mobilitätsreserve versetzt. Falls es keine Verwendung für sie in anderen städtischen oder staatlichen Behörden gibt, werden sie entlassen. Im Jahr 2014 sollen nochmals 12.500 Beamte folgen. Inzwischen wurden bereits 2000 Lehrer gefeuert, Universitäten geschlossen. Unter den Protestierenden vor dem Hotel sind einige Väter, deren Kinder studieren, wie Alexis, 55 Jahre alt. »Wir haben Studenten, die nicht wissen, ob sie ihr Studium beenden können. Sie wissen nicht, wie es weitergeht. Die einzige Möglichkeit ist, im Restaurant zu arbeiten oder ins Ausland zu gehen. Wenn sie Glück haben. Niemanden interessiert das. Es gibt viele Firmen, die feuern einfach ihre Leute und stellen sie für 190 Euro in Teilzeit oder 350 Euro in Fulltime wieder ein. Was machen sie dann, wenn sie 300 Euro Miete zahlen müssen?«

Der deutsche Finanzminister wird sicher seinem griechischen Kollegen lobend auf die Schulter klopfen. Der beschloss nämlich eine neue Immobiliensteuer, um die Staatseinnahmen zu verbessern. Bereits jetzt aber können Millionen Griechen die bestehenden Immobiliensteuern, die zum großen Teil über die Stromrechnung eingezogen werden, nicht mehr bezahlen. Wer zwei aufeinanderfolgende Stromrechnungen nicht begleichen kann, dem wird der Strom abgedreht. Aus den Medien erfahren die Griechen, dass wieder einmal einem Rentner oder Schwerkranken, der an Beatmungsgeräte angeschlossenen ist, der Strom abgestellt wurde. Zum Glück gibt es dann Menschen wie den Elektriker Vangelis Starnoulis. Wie viele andere stellte er, über illegale Parallelverbindungen, wieder eine Stromversorgung für die Kranken und Armen her. Sein Pech war, dass er angezeigt wurde. Angesichts einer drohenden langjährigen Haftstrafe nahm er sich Ende Januar 2013 das Leben.

Alle diese Schicksale, all die Opfer des Putsches, sind für den deutschen Finanzminister und seine Berater wahrscheinlich eine abstrakte Zahl, ein notwendiger Kollateralschaden bei ökonomischen Modernisierungsmaßnahmen. Denn zuzugeben, dass die von ihm mitverantwortete Politik eine im wahrsten Sinne des Wortes mörderische ist, das dürfte zu viel verlangt sein. Nach dem griechischen Philosophen Protagoras unterscheiden sich Existierendes und Nichtexistierendes durch ihre Beziehung zum Menschen; was er empfindet und denkt, das existiert für ihn, was er nicht empfindet und nicht denkt, das existiert für ihn nicht.[162] Schäuble scheint menschliches Leid nicht zu denken und nicht besonders zu empfinden, daher lassen ihn wahrscheinlich auch die Tragödien der Troikapolitik kalt. Oder er verdrängt es einfach.

Eine Polizistin vor dem Absperrungsgitter am Parlament spricht perfekt Deutsch. Sie jedenfalls denkt und empfindet etwas. »Ich habe einige Jahre in München gelebt«, erzählt sie. Ich will wissen, was sie vom Besuch Schäubles hält, und erwarte eigentlich keine Antwort. Aber sie spricht offen, weil sie weiß, dass ihre um sie herumstehenden Kollegen kein Deutsch verstehen: »Wir leiden alle unter dem Diktat von Europa und insbesondere von euch, den Deutschen.« Sie ist jetzt 30 Jahre alt, Mutter eines vierjährigen Sohnes und weiß nicht, ob und wie sie dem Spardiktat der Troika früher oder später zum Opfer fallen wird. Zum Schluss meint sie: »Irgendwann wird es hier explodieren.«

Diskussion unter Journalisten über einen Oppositionsführer

Ein heimatloser, etwas räudiger Schäferhund kratzt sich minutenlang in aller Gemächlichkeit des Alters seinen Kopf, und das mitten auf dem Bürgersteig der Straße, die den Präsidentenpalast und den Nationalgarten teilt. Hier, gegenüber dem Präsidentenpalast, von der Sonne durch schattenwerfende Bäume geschützt, warten Dutzende griechischer

Journalisten auf die Ankunft von Finanzminister Wolfgang Schäuble. Manche rätseln, wie der Name Schäuble korrekt ausgesprochen wird, während sich ein Radioreporter lauthals über die Delegationen der Troika mokiert, die nach Athen kommen. »Sie sehen nur Zahlen. Sie haben keinen Kontakt zu den normalen Menschen und gehen von einem Ministerium zum anderen. Die wissen überhaupt nicht, was hier geschieht.« Der Schäferhund wird nun weggejagt, denn vor dem Präsidentenpalast herrscht plötzlich Aufregung. Der linke Oppositionsführer Alexis Tsipras von *Syriza*, der Vereinten Sozialen Front hat zusammen mit einem weiteren Parlamentsabgeordneten das Gebäude verlassen, wo er eine halbe Stunde zuvor mit dem griechischen Präsidenten Karolos Papoulias die Frage deutscher Reparationszahlungen an Griechenland besprach. Ein Polizist salutiert, während im weißen Wachhäuschen ein Evzone (ein Angehöriger einer Elitetruppe der griechischen Armee) stur nach vorne schaut. Vor wenigen Tagen hatte Alexis Tsipras, dessen linkes Bündnis bei den Parlamentswahlen am 6. Mai 2012 mit knapp 17 Prozent immerhin zweitstärkste Partei wurde, die Regierung »Memorandumgang« genannt. Jetzt bildet sich ein Rudel Journalisten um die beiden Abgeordneten. Tsipras kritisiert Schäuble und Merkel wegen der rigiden Sparmaßnahmen und fordert die Rückzahlung der alten Kriegsschulden. An seiner Seite steht ein Greis mit tiefen Furchen im Gesicht, schlohweißem langem Haar und einem dichten weißen Schnurrbart. Es ist der 91-jährige Manolis Glezos, eine Ikone des Widerstands gegen die Nazis. 1941, als die Wehrmacht Griechenland eroberte, holte er die Hakenkreuzfahne von der Akropolis. Heute richtet sich sein Widerstand gegen die Troika und die deutsche Bundeskanzlerin Angela Merkel. Er spricht von Milliarden Euro für einen Zwangskredit aus der NS-Zeit, die Deutschland dem griechischen Volk noch schulde. In einem Interview mit der *Welt* hatte er Monate zuvor auf den Hinweis, dass Deutschland einiges gezahlt habe, und zwar in Form von Maschinen und anderen Gütern, die jedoch nie in Griechenland angekommen seien, geantwortet: »Lächerlich. Und wo wäre da unsere Schuld? Ich habe noch nie ein so dummes Argument gehört, dabei habe ich mit deutschen Botschaftern und diversen Außenministern darüber diskutiert. Wenn die Deutschen einen seriösen Beleg dafür hätten, dass sie bezahlt haben, dann hätten sie uns den sicher irgendwann gezeigt. Wir haben nie einen solchen Beleg gesehen.«[163] Dann steigt er zusammen mit Alexis Tsipras in einem beigen VW und fährt an der Residenz des Präsidenten vorbei, in dem die deutsche Delegation gerade tagt, in Richtung Parlament.

So richtig überzeugt sind einige Journalisten vom Oppositionsführer Tsipras nicht. Traf er sich doch selbst im Januar 2013 mit dem heftig kritisierten Wolfgang Schäuble und versicherte ihm, dass auch eine Regierung unter seiner Führung die Staatsschulden Griechenlands anerkennen und den Verbleib des Landes in der EU sicherstellen werde. Ein renommierter Fernsehjournalist, der mir ermöglichte, die Parlamentsdebatte am Vortag zu verfolgen, urteilt folgendermaßen: »Er spricht verschiedene Sprachen, innerhalb und außerhalb von Griechenland. Bei seinem letzten Besuch in den USA hat er einen sehr reichen ehemaligen Politiker aus der Clinton-Regierung getroffen. Er war stellvertretender Gouverneur von Kalifornien. Bei ihrem Treffen erhielt er von ihm Unterstützung. Er hat Verbindungen zu dem Spekulanten Soros, er trifft Banker. Er will an die Macht. Er hat zwei Gesichter.« Ein Radiokommentator, der zuvor eine Reportage über den anstehenden Schäuble-Besuch live gesendet hatte, sieht es nicht ganz so pessimistisch: »Er hat gute Ideen, wie das politische System verändert werden kann, das Wahlgesetz, die Immunität der Minister und Abgeordneten. Das wäre nötig, weil wir ein völlig untaugliches Wahlsystem haben. Aber ich befürchte, er hat keinen Plan für die Zukunft. Es löst nicht unsere Probleme. Keiner hat eine Alternative.«

Einblicke in die griechische Presse- und Meinungsfreiheit

Ein weiterer Journalist verschafft mir unerwartet Einblicke in die Presse- und Meinungsfreiheit Griechenlands. Der 36-jährige Fernsehjournalist Yannis Moutsos ist auf soziale Fragen spezialisiert und verantwortlich für ein tägliches Programm, das sich mit den sozialen Folgen der Troikapolitik beschäftigt. »Die Unternehmer beuten diese Situation hemmungslos aus. Obwohl ich weiß, dass der Besitzer meiner Fernsehanstalt, des größten und erfolgreichen Medienunternehmens, genügend Geld hat, wurde ich in diesem Monat nicht bezahlt. Viele der Medienunternehmer drücken die Löhne, selbst wenn sie Gewinne machen. In meinen Augen ist das extrem unmoralisch.« Warum er sich nicht beschweren könne, frage ich ihn, immerhin sei er ein prominenter Journalist. »Ich kann nichts machen. Er wird mich entlassen, wenn ich mich beschwere. Irgendwie muss ich jetzt Geld auftreiben, um meine Kredite zu bezahlen. Aber wie?« Rund 4000 Journalisten wurden bislang entlassen und zahlreiche Zeitungen und Zeitschriften eingestellt. Ein wenig erinnert das an die Misere der Medien auch in Deutschland.

Die Beziehungen zwischen Politik, dem Big Business und mächtigen Medienbesitzern sind jedoch in Griechenland erdrückend eng. Eine Kontrolle der Macht findet nicht statt, weil die griechischen Mogule eng mit der politischen Klasse verbunden sind und ihr zum Beispiel verdanken, dass sie kaum Steuern zahlen müssen. Viele von ihnen sind, so wird Theodoros Rousopoulos, ein ehemaliger Minister zitiert, »Pressebüros von großen Unternehmen«.[164] Die Journalisten Stephen Grey und Dina Kyriakidou haben in einer Untersuchung über die Medienmacht herausgefunden, dass neun Pressesprecher von Banken, die gleichzeitig in den Medien schreiben, es weitgehend versäumt haben, über die Notwendigkeit von Reformen des nationalen Finanzsystem zu berichten.

Wolfgang Schäuble ist bei seiner Fahrt zum griechischen Ministerpräsidenten Antonis Samaras am Gebäude des öffentlich-rechtlichen Fernsehens und Rundfunks ERT vorbeigekommen. Jetzt ist das einstöckige klassizistische Haus streng bewacht, mehrere Mannschaftswagen der Aufstandspolizei stehen davor. Mit einem Dekret hat Ministerpräsidenten Samaras von einem Tag auf den anderen die Fernseh- und Radiostation am 11. Juni 2013 aufgelöst und 2656 Mitarbeiter auf die Straße gesetzt. »Hinrichtung (der ERT) wegen der Troika«, kommentierte die linksliberale Athener Zeitung *Eleftherotypia* den unglaublichen Vorgang. .»Ja, ja«, resümieren Journalisten des Senders, »da redet ihr immer von Meinungsfreiheit und Demokratie in Deutschland«. Die Schließung des staatlichen Fernsehens ERT war politisch gewollt, das ist die Überzeugung nicht nur der betroffenen Journalisten, und habe nichts damit zu tun, dass gespart werden muss. ERT strahlte im Vergleich zu den privaten Sendern, deren Niveau auf dem von RTL 2 liegt, ein hervorragendes Kultur- und Nachrichtenprogramm aus. Aber die Angestellten waren öffentlich Bedienstete. »Es gab keine ökonomische Logik«, erzählt mir eine Journalistin, die an verantwortlicher Stelle bei ERT gearbeitet hat, »denn ERT war eine der wenigen Institutionen, die profitabel waren – weitaus besser als die privaten TV-Stationen, die den Oligarchen gehören«.

Einer dieser TV-Unternehmer überweist hohe Geldsummen an die Neonazipartei Goldene Morgenröte (*Chrysi Avgi*), ein anderer höchst umstrittener Konzernchef hält sich den Sender, einen der mächtigsten in Griechenland, als Propagandainstrument. Die größten Mediengruppen gehören den mächtigen Baufirmen, und das meiste Geld konnte man in der Vergangenheit mit staatlichen Bauaufträgen machen – da ist die Berichterstattung vorhersehbar. Die Journalisten wehrten sich immerhin gegen die Schließung von ERT und besetzten das zentrale Sendegebäude. Wenig später erhielten sie Unterstützung von Tausenden Bürgern. Sie verhinderten, dass der besetzte Sender durch Sondereinheiten der Polizei geräumt wurde. Seitdem versammelten sich Tag und Nacht Menschen rund um den Sender, um ihn zu schützen. In Deutschland wäre so etwas undenkbar. Als die Regierung ihn abschaltete und ein kleiner, kritischer TV-Sender darüber berichtete, wurde ihm die Sendefrequenz entzogen. Inzwischen hat die Regierung beschlossen, einen neuen Sender zu finanzieren. Seit Mitte Juli 2013 sendet der EDT (*Elliniki Dimosia Tileorasi* – Griechisches öffentliches Fernsehen) ein klägliches Rumpfprogramm. Eine der ersten Sendungen war eine Schwarz-Weiß-Filmkomödie aus den Sechzigerjahren. Eine oppositionelle Meinung wird es dort wohl nicht mehr geben. Beschäftigt sind Parteigänger der Nea Dimokratia (ND, Neue Demokratie) und der Panhellenischen Sozialistischen Bewegung (PASOK). Seit Ende September 2013 ist auch der Hörfunk wieder auf Sendung.

Was ist das eigentlich für eine Demokratie?

»Was ist das für eine Demokratie?«, fragte mich eine Journalistin. Ja, die Demokratie und Griechenland. Die Demokratie soll eigentlich im griechischen Parlament in praktische Politik umgesetzt werden. Das Parlamentsgebäude, einst Schloss der königlichen griechischen Familie, ist eine Touristenattraktion. Friedlich und gleichzeitig skurril wirkt es, wenn die Wachsoldaten, die Evzonen in ihrem traditionellen griechischen Männerrock (Fustanella) im Stechschritt vor dem Parlament stolzieren, während Hunderte Tauben derweil ungerührt vom Trubel auf dem Vorplatz sitzen. Dann klicken die Kameras der Touristen. Das riesige Transparent »Troika raus« vor dem grauen Absperrgitter interessiert sie nicht. Die 300 Abgeordneten im Parlament hinter den Absperrungen, sie sind inzwischen eher Komparsen als Volksvertreter, die unabhängige Entscheidungen treffen könnten. Und viele sind nicht einmal Säulen der Redlichkeit, haben sie sich doch klammheimlich ihre Pfründe gesichert. Wie meinte ein Beobachter, der seit über zehn Jahren die Arbeit der Parlamentarier aus nächster Nähe verfolgt und inzwischen ziemlich frustriert ist: »Schauen Sie sich das neue Parlament an. Da gibt es drei Sorten von Abgeordneten. Die einen sind die Söhne oder Töchter des Vaters von irgendjemanden aus der alten politischen Dynastie der konservativen Nea Dimokratia oder der PASOK. Die zweite Kategorie sind die Korrupten. Und die dritte Kategorie ist rechtsradikal. Es gibt keinen einzigen Abgeordneten, der wirklich etwas für die Menschen getan und der wirklich gute Reformen und Gesetze gemacht hat.«

Themis Papadimopoulos ist ein junger, erfolgreicher Unternehmer. Der 30-Jährige verdient im Tourismusgeschäft viel Geld und hat eigentlich wenig Grund, sich zu beklagen.

Seine Abneigung gegen die politische Klasse jedoch ist eindeutig: »Alle Premierminister sind korrupt. Sie haben in ihrem Leben nichts gelernt. Sie kamen von der Uni und gingen in die Politik. Wir Jungen glauben daher auch nicht mehr an die Demokratie.«

Als der griechische Ministerpräsident Giorgos Papandreou die Bevölkerung im Jahr 2011 über das berüchtigte Memorandum abstimmen lassen wollte, sorgte das in Brüssel und Berlin für Entsetzen. Das Memorandum besteht aus dem Dokument, in dem die Troika aus EU, EZB und IWF Griechenland detaillierte Reformen diktiert, und dem Kreditvertrag, in dem das griechische Parlament diese Reformen absegnete. Darin heißt es: »Der Darlehensnehmer verzichtet hiermit unwiderruflich und bedingungslos auf die ihm zustehende oder eventuell in Zukunft zustehende Immunität in Bezug auf ihn selbst oder seine Vermögenswerte.« Die Bevölkerung über ihr künftiges Schicksal selbst entscheiden zu lassen, das ging natürlich überhaupt nicht. Papandreou hat diesen Vorstop politisch nicht überlebt und hält jetzt Vorträge im In- und Ausland.

Das Interieur des Parlamentscafés in Athen ist schon ziemlich marode und strahlt den Charme der Siebzigerjahre aus. Ein ranghoher Mitarbeiter der Fraktion der konservativen ND sitzt mir gegenüber und trinkt seinen pechschwarzen Kaffee. Er will partout nicht, dass sein Name genannt wird. Schließlich ist seine Partei ja gerade für die Regierungsgeschäfte verantwortlich: »Vor den Wahlen 2012 erklärte meine Partei, wenn wir die Wahlen gewinnen, wird eine Untersuchungskommission im Parlament eingerichtet werden. Sie soll klären, wie Papandreou Griechenland in den Memorandummechanismus brachte und auch der Frage seiner Honorare nachgehen. Das war eines der Wahlversprechen unseres jetzigen Regierungschefs Samaras. Nach den Wahlen war davon keine Rede mehr. Und Papandreou musste nichts mehr befürchten, keine entsprechenden Fragen mehr beantworten. Da sehen Sie, wie es hier funktioniert. Es ist das System mächtiger politischer Familien, die sich untereinander auf Kosten der Bevölkerung unterstützen. In der Geschichte Griechenlands ist das nichts Neues.« Eine ähnlich kategorische Aussage machte Seraphim Seferiades, Politikprofessor an der Athener Panteion-Universität. Er vergleicht Griechenlands Oligarchen mit der italienischen Mafia. »Die hat ihre Leute auch überall: einen Bruder bei den Linken, einen bei den Rechten, einen im Rathaus und einen in der Kirche. Unsere Superreichen kaufen sich Politiker durch Wahlkampffinanzierung.«[165] Die Beeinflussung der Politiker durch Schmiergelder wird hier im »informellen Gespräch« organisiert. Böse Zungen vergleichen die politische Elite nicht nur in Griechenland mit der Mafia. Wie übertrieben ist dieser Vergleich? Professor Hans-Joachim Lauth, der an der Julius-Maximilians-Universität in Würzburg vergleichende Politikwissenschaft und Systemlehre lehrt, beschreibt die Mafia so: »Mit Mafia werden diejenigen Interaktionsstrukturen erfasst, die auf direktem Wege politische Entscheidungen zu beeinflussen suchen und deren Dominanzzentrum ebenfalls im gesellschaftlichen Bereich angesiedelt ist. Angestrebt wird die Manipulation sowohl der politischen Entscheidungsfindung als auch die ihrer Implementierung zum Zwecke der Befriedigung partikularer Interessen.«[166] Das trifft jedoch nicht nur auf Griechenland zu. Wenige europäische Länder können von sich sagen, dass diese Strukturen nicht existieren, obwohl sie natürlich in Krisenländern extrem ausgeprägt sind.

Ein schönes Beispiel liefert der regierende Premierminister Antonis Samaras, der von der Troika als der Retter Griechenlands auserwählt wurde. Sein persönlicher Berater Stavros

Papastavrou war zuvor Berater der HSBC-Bank, die wegen der Milliardenvermögen reicher Griechen in die Schlagzeilen geriet – Milliardenvermögen, die aus »steuerlichen Gründen« in Sicherheit gebracht wurden. Und er unterhielt gute Beziehungen zum deutschen Siemens-Konzern. Evangelos Sekeris, ein Verwandter von Antonis Samaras, war an leitender Stelle bei Siemens Hellas beschäftigt. Der Generalsekretär für internationale Wirtschaftsbeziehungen im Außenministerium, Panagiotis Michalos, wiederum hat zusammen mit dem US-Milliardär George Soros eine Investitionsgesellschaft gegründet, in der er von 2002 bis 2004 Vorstandsvorsitzender war. Von 1993 bis 2012 fungierte er zudem als Präsident der Southeast Real Estate Group, einem internationalen Immobilienkonzern.

Bei der Zwangsprivatisierung staatlicher Vermögenswerte, einer der Bedingungen für finanzielle Hilfen aus dem Rettungsfonds, dürfte die Southeast Real Estate Group gut im Geschäft sein. Panagiotis Michalos unterhält geschäftliche Verbindungen in die USA, nicht nur weil er, wie der größte Teil der griechischen Wirtschaftselite, am American College in Athen ausgebildet wurde, wo die Ideologie der US-Plutokratie verinnerlicht wird. Außerdem gehörte er in der Vergangenheit zu den engsten Beratern des Premierministers. Das alles verbindet in vielerlei Beziehung.

Während Wolfgang Schäuble in Athen diskutierte, wo weiter gekürzt werden müsse, publizierte *Transparency International Griechenland* den Korruptionsindex für das Jahr 2013. Demnach glaubt die Hälfte aller Griechen, dass die Korruption in ihrem Land in den letzten Jahren angestiegen sei. Die drei korruptesten Institutionen des öffentlichen Lebens sind für die Griechen die politischen Parteien (90 Prozent), die Medien (86 Prozent) und das Parlament (83 Prozent).

Ähnlich ist es in Spanien, Italien und Portugal. 83 Prozent der Portugiesen sagen zum Beispiel, dass die Korruption in den letzten drei Jahren zugenommen hat. Als korrupteste Institutionen nennen sie die Parteien und das Parlament. Aber, so hören wir aus berufenem politischem Mund und von westlichen Banken, es geht ja aufwärts in Portugal und Griechenland. Nur für wen es eigentlich aufwärtsgeht – das wird tunlichst verschwiegen.

Ein zerstörtes Gesundheitssystem und ein gestörter rechtsradikaler Gesundheitsminister

Vor seiner Rückfahrt zum Flughafen nahm sich der deutsche Finanzminister noch die Zeit, um an einer Podiumsdiskussion der deutsch-griechischen Handelskammer im noblen Hilton-Hotel teilzunehmen. Besitzer des Hilton ist Yannis Costopoulos, Vorsitzender einer der größten Banken Griechenlands, der Alpha-Bank. Sein Vermögen wird auf 335 Millionen Euro geschätzt.[167] Die Alpha-Bank gehört zu jenen wenigen griechischen Banken, denen Brüssel insgesamt 18 Milliarden Euro Unterstützung überwiesen hat, davon erhielt die Alpha-Bank 1,9 Milliarden Euro.[168] Als deren Vorstandsvorsitzender kassierte Yannis Costopoulos im Jahr 2012 ein Gehalt von insgesamt 400.000 Euro.[169] So gesehen hat sich der deutsche Finanzminister für das bevorstehende Meeting den richtigen Ort ausgewählt.

Vom Hilton-Hotel aus bis zum Evangelismos-Krankenhaus sind es vielleicht 200 Meter, man kann es vom Hotel aus sehen. Doch Gespräche mit den Ärzten über die katastrophale gesundheitliche Versorgung der normalen Bürger kommen im Gegensatz zu Gesprächen mit Unternehmern für Schäuble nicht infrage. Michail Theodorou, der Chef des Krankenhauses, immer elegant gekleidet, hätte ihm vermutlich versichert, dass alles nicht so schlimm sei. Als ich das Hospital besuchte, begleitete mich ständig ein Sicherheitsbeamter, damit ich keine der heruntergekommenen, überfüllten Krankenzimmer zu Gesicht bekam. Hätte Wolfgang Schäuble jedoch mit den Ärzten gesprochen, hätten die ihm in drastischen Worten vorgehalten, dass es ihnen und ihren Kollegen in allen anderen Krankenhäusern an allem fehlt: an Medikamenten, Verbands- und Operationsmaterial. Die Mediziner hätten ihm ausführlich erzählen können, was in anderen griechischen Krankenhäusern derzeit los ist: »Dort werden Patienten erst dann behandelt, wenn sie ihre eigenen Medikamente und Nahrungsmittel und natürlich genügend Bargeld mitbringen.« Er hätte Geschichten wie diese gehört: »Meine Frau hatte Krebs und Lungenentzündung. Sie war vier Tage im Hospital – aber sie wurde nicht behandelt. Krebs zu behandeln, sei nicht wichtig. Nur wenn du Geld hast, wirst du angenommen.«

Am nächsten Tag, als Wolfang Schäuble schon längst wieder in der sicheren Heimat Berlin ist, protestieren Krankenschwestern und Ärzte des Attikon-Krankenhauses gegen einen unerwünschten Besuch des Gesundheitsministers Adonis Georgiadis und dessen massive Sparmaßnahmen im Gesundheitsbereich. Den Ärzten wie den Pflegern wurden die Löhne um bis zu 50 Prozent gekürzt.

Der Gesundheitsminister war vor seinem Übertritt zur ND Abgeordneter der extrem rechten LAOS-Partei, die mit 16 Abgeordneten im Parlament vertreten war. Er galt zudem als ziemlich unbedarft, was das Gesundheitswesen betrifft. Dafür fiel er durch antisemitischen Reden,[170] Hasstiraden gegen Immigranten und seine kuriosen TV-Shows auf. Berühmt wurde seine Aussage: »Wir sollten das Leben für die

Immigranten so hart wie möglich machen, damit sie verstehen, dass sie hier nicht erwünscht sind.«

Vassiliki Georgiadou forscht an der Athener Panteion-Universität zu politischem Extremismus. Auf die Frage, warum es die LAOS-Partei heute nicht mehr gibt, antwortet sie: »Sie hatte sich als Antisystempartei verkauft, dabei systematisch gegen PASOK und ND agitiert und wurde dann selbst Teil des Systems. Damit hatte LAOS eine gewisse Grenze bei ihren Anhängern überschritten. Wichtig ist aber auch, dass Abgeordnete LAOS verlassen haben und zur Regierungspartei ND übergetreten sind.« LAOS war immerhin Koalitionspartner der Neuen Demokratie und der PASOK, was die Legitimierung der Rechtsradikalen zur Folge hatte. Die konservative Zeitung *Kathimerini* stellte eine seltsame Gleichgültigkeit gegenüber der Ultrarechten fest. Mit wackligen Argumenten versuche die griechische Gesellschaft, antisemitische und rassistische Rhetorik zu legitimieren. Immerhin erhielt LAOS bei der Regierungsbildung den Posten des Vizeministers der Verteidigung, die Posten der Staatssekretäre im Entwicklungs- und Landwirtschaftsministerium und den des Ministers für Infrastruktur und Transport, den übernahm Makis Voridis. Am 20. Februar 2012 zog sie ihre Minister aus der Regierung wieder ab, am rechtsradikalen, rassistischen Geist im Parlament änderte das jedoch nichts.

Der Parteivorsitzende der LAOS, Georgos Karatzaferis, begründete seinen Abgang wenige Stunden vor der entscheidenden Abstimmung über das neue Abkommen mit EU und IWF im Parlament mit den Sätzen: »Wir werden keine Abstimmung legitimieren, die das Produkt von Erpressung ist.« Er zog daraufhin »mit 14 seiner 16 Abgeordneten medienwirksam aus dem Saal. Zurück blieben der Staatssekretär im Ministerium für Wirtschaftswachstum, Adonis Georgiadis, und der Minister für Infrastruktur und Transport, Makis

Voridis, die ihrem Parteichef die Gefolgschaft verweigerten und für das Abkommen stimmten. Beide wurden aus der Partei ausgeschlossen.«[171]

Schon als Abgeordneter kam Adonis Georgiadis im Zusammenhang mit einem besonders unmenschlichen Gesetz zu zweifelhaftem Ruhm. Und das hängt mit dem Dekret Nr. 39 A zusammen. Verabschiedet wurde es im April 2012 vom ehemaligen Gesundheitsminister der PASOK. Danach können Migranten oder Asylsuchende bis zu 90 Tage festgehalten und zwangsweise untersucht werden, wenn sie eine Gefahr für die öffentliche Gesundheit darstellen, das heißt, wenn sie an einer ansteckenden Krankheit leiden oder zu einer Gruppe mit einem erhöhten Risiko für ansteckende Krankheiten gehören. Als Kriterien gelten unter anderem das Herkunftsland, ob sie drogenabhängig oder Prostituierte sind. »Und wenn die Polizei sagt, die stellen eine Gefährdung der öffentlichen Gesundheit dar, können sie ins Gefängnis gebracht werden«, erklärt die Mitarbeiterin eines Krankenhauses. »Das machten sie Ende April, Anfang Mai 2012. Sie verhafteten über 100 drogenabhängige Frauen in Athen und untersuchten sie auf HIV. Diejenigen, die positiv getestet wurden, kamen ins Gefängnis.« Nicht weniger menschenunwürdig war, dass sie der Prostitution beschuldigt und ihre Fotos und persönlichen Angaben im Fernsehen veröffentlicht wurden, obwohl sie keine Prostituierten waren, weswegen sie später entlassen werden mussten. Das Leben dieser Frauen, von denen die meisten aus kleinen Dörfern stammten, wurde zerstört. Nach massiven Protesten der griechischen Zivilgesellschaft und der linken Parteien wurde das Gesetz durch den stellvertretenden Gesundheitsminister gestoppt, weil es unwürdig und undemokratisch sei. Dann wurde Adonis Georgiadis Gesundheitsminister. Eine seiner ersten Handlungen bestand darin, das alte Gesetz am 1. Juni

2013 wieder in Kraft zu setzen. Premierminister Samaras, der sich so freundschaftlich mit dem Bundesfinanzminister fotografieren ließ, hält weiterhin an seinem rechtsextremen Minister fest.

Alexander Theodoridis in Athen arbeitet in dem griechischen Hilfsprojekt *Boroume* (wir können). Die Hilfsorganisation kämpft gegen die Lebensmittelverschwendung, indem sie die Verteilung von überschüssigem Essen an wohltätige Einrichtungen in ganz Griechenland koordiniert. Der Weg zu seinem Büro in der Innenstadt führt fast ausschließlich an leeren, geschlossenen Geschäften vorbei. Bars ohne Kunden – aber mit Blick auf die Akropolis, auch eine Ruine – sind das Symbol für die politischen und sozialen Zustände in Griechenland.

Alexander Theodoridis kennt Deutschland, die EU-Kommission und das griechische Parlament. Er besuchte die deutsche Schule in Thessaloniki, machte danach eine Lehre in Oberbayern, war Stipendiat bei der Friedrich-Ebert-Stiftung, und mit Hilfe des Deutschen Akademischen Austauschdienstes DAAD studierte er an der London School of Economics and Political Science. Danach arbeitete er für den Generaldirektor für auswärtige Angelegenheiten bei der EU-Kommission in Brüssel. Nach seinem Wehrdienst folgten vier Jahre im griechischen Parlament als Mitglied eines Teams von wissenschaftlichen Beratern für die Fraktion der PASOK. Er sagt aufgrund seiner Erfahrung im Parlament: »Wenn die Griechen wirklich wüssten, wie große wichtige Entscheidungen getroffen werden, ohne Beratung, ohne Vorbereitung, ohne Planung – die würden alles niederbrennen. Das ist sicher überall so, aber hier ein wenig mehr.«

Die sozialen und gesellschaftlichen Folgen der Troikapolitik sieht Alexander Theodoridis so: »Es gibt immer mehr Menschen ohne Versicherung. Deshalb eröffnen soziale

Krankenhäuser in ganz Griechenland. Die nehmen diejenigen, die keine Versicherung haben. Ärzte helfen dort kostenlos. Wenn die nicht wären, würden noch viel mehr Menschen sterben. Das ist ein Teil des Problems. Wir haben bei unserer Arbeit sehr viel mit sozialen Einrichtungen, Heimen für behinderte Kinder und Psychologen zu tun, die vom Staat bezahlt werden. Wir hören überall, dass diese Menschen fünf, sechs Monate nicht bezahlt werden.« Er sagt, dass davon Hunderte betroffen sind. »Sie pflegen die Menschen, die große Not leiden, und bekommen vom Staat keinen Lohn bezahlt. Trotzdem erklärte die Regierung den Bürgern, es gebe kein Defizit, während sie der eigenen Bevölkerung Geld schuldet. Das ist typisch für den Neoliberalismus. Der Staat schuldet den ausländischen Investoren, den Banken nichts. Denjenigen aber, denen er schon 35 Prozent des Lohns gekürzt hat, Sozialarbeitern, Psychologen, denen gibt er auch nichts. Sie verlieren ihr Haus, ihre Wohnung, ihr Auto. Und die große Ironie: Dann kommt der Staat und will, dass du deine Steuern zahlst, obwohl er seit sechs Monaten deinen Lohn nicht bezahlt hat.«

Hass gegen das Fremde – der Zerfall demokratischer Gesellschaften

Der innere Zustand einer demokratischen Gesellschaft lässt sich am besten danach beurteilen, wie mit den Immigranten umgegangen wird. Daran gemessen ist der Zustand in Griechenland – ganz im Gegensatz zu Portugal – katastrophal. »Wir Griechen sind hungrig, die Immigranten auch. Wir fressen uns gegenseitig auf«, mit diesen bitteren Sätzen umschreibt ein ganz normaler griechischer Bürger in Athen die aktuelle Situation. In der Tat wird Griechenland, ähnlich wie Italien, mit dem Problem der in Europa Schutz vor Verfolgung und Unterdrückung suchenden Flüchtlinge alleingelassen. Und sofern sie die Flucht überlebten, kamen in den letzten Jahren Hunderttausende Flüchtlinge nach Griechenland, ohne dass nur ansatzweise entsprechende Hilfen für sie vorhanden waren. Bereits 2001 stellte der Europäische Gerichtshof für Menschenrechte fest, dass für Asylsuchende in Griechenland die Gefahr bestehe, unmenschlich und entwürdigend behandelt zu werden. Geschätzt wird, dass etwa 80 Prozent derjenigen, die in die EU flüchten, über Griechenland kommen. »Keiner von ihnen hat Unterstützung, Hilfe, viele von ihnen schlafen auf der Straße«, erzählt eine Sozialarbeiterin in Athen. »Sie können weder gehen noch bleiben. Sie sitzen in der Falle.«

Die latent fremdenfeindliche Stimmung wurde von den regierenden Parteien befeuert. Da sprach im November 2012 Premierminister Antonis Samaras öffentlich von einer erfolgreichen »Gesundung«, nachdem die griechischen Behörden die illegalen Immigranten aus den Stadtzentren entfernt hätten. Die Immigranten hätten die Zentren »besetzt«, um sie für ihre »illegalen Aktivitäten« zu benutzen. Bereits vor den Wahlen erklärte Samaras, dass »unsere Städte durch illegale Immigranten besetzt werden – wir werden sie zurückschicken«. Das sei ein Akt der Wohlfahrt gegenüber den griechischen Kindern: Die Kindergärten seien jetzt voller Immigrantenkinder, und die Griechen hätten dort keinen Platz mehr. Das müsse ein Ende haben. Im August 2012 erklärte der Minister für öffentliche Ordnung, dass aufgrund der illegalen Immigration »das Land zugrunde geht. Seit der Invasion der Dorianer vor 4000 Jahren war Griechenland nicht von einer Invasion dieser Art bedroht«.[172] Einen Monat später wurde in den Medien berichtet, dass auf Initiative des

Premierministers ein neues Gesetz verabschiedet werden soll, wonach die illegale Immigration als ein besonders schwerwiegendes Verbrechen einzustufen sei. Michalis Chrisochoidis ist Rechtsanwalt und Politiker der PASOK und war zwischen März und Mai 2012 als Minister für Bürgerschutz, verantwortlich für den Bau von »Zentren der geschlossenen Gastfreundschaft«, wie er sie nannte – ein Euphemismus übelster Art für die Sondergefängnisse für Migranten ohne Papiere.

Die griechische Journalistin Xenia Kounalaki sieht in der allgegenwärtigen rassistischen Aufwiegelung eine wesentliche Ursache für das Erstarken der Neonazis: »Es ist die Sprache, die auch die Goldene Morgenröte benutzt. Dass die Zuwanderung im schlimmsten Jahr der Krise ein solches Thema ist, daran sind auch die beiden Regierungsparteien schuld. Die sozialistische PASOK und die konservative ND machen Wahlkampf mit der Fremdenfeindlichkeit. ND hat angekündigt, das Gesetz zurückzunehmen, dass in Griechenland geborene Migrantenkinder die griechische Staatsangehörigkeit erhalten können.«

Und der Minister für Bürgerschutz kündigte »Besenoperationen« an, bei denen illegale Einwanderer in Lagern kaserniert und dann abgeschoben werden sollten. »Als der PASOK-Politiker einen Spaziergang im Athener Zentrum machte«, schildert die Journalistin, »um sich das Lob der Bürger für seinen Einsatz zu holen, rief man ihm zu: ›Chrysi Avgi hat Athen gesäubert!‹ Ihr Fazit: »Auch wegen seiner ausländerfeindlichen Statements ist Chrysochoidis der beliebteste PASOK-Politiker in seinem Athener Wahlkreis. Genauso beliebt ist sein Parteigenosse, Gesundheitsminister Andreas Loverdos, der die griechischen Männer aufgerufen hat, nicht mit ausländischen Huren zu schlafen, um sich nicht mit Aids anzustecken und damit die griechische Familie zu gefährden.«[173]

Diese Aufstachelung zur Xenophobie durch Minister der Regierungskoalition war der fruchtbare Boden, auf dem die Neonazis ihren Einfluss aufbauen konnten. Eine entscheidende Rolle dabei spielte Makis Voridis, Anwalt, Ex-Minister für Infrastruktur und Verkehr und Haupteinpeitscher der ND. Er begann seine politische Karriere als Generalsekretär der Jugendbewegung einer rechtsradikalen Partei. Als Mitglied der rechtsradikalen Studentengruppe Alternative Studenten ist er im Jahr 1985 auf einem Foto zu sehen, wie er zusammen mit zwei weiteren jungen Männern über den Campus der Athener Universität läuft. Einer von ihnen hält einen Baseballschläger in der Hand, Makis Voridis einen langstieligen Hammer. Sie sind auf der Jagd nach linken Studenten. Im Jahr 1986 wurde er von der griechischen Nationalen Studentenvereinigung beschuldigt, an gewalttätigen Angriffen gegen linke Jurastudenten teilgenommen zu haben.[174] Den Hammer auf dem Foto begründet er mit der Notwendigkeit der Selbstverteidigung. Geschadet hat ihm das nicht, im Gegenteil. Er wurde später Mitglied der rechtsextremen LAOS und vom November 2011 bis Mai 2012 sogar Minister. Im Jahr 2012 wechselte er zur Regierungspartei ND, nachdem seine Partei nach den Wahlen im Juni 2012 nicht mehr im Parlament vertreten war. Er selbst bezeichnet sich als nationalliberal und ist seit März 2013 Mitglied der Parlamentarischen Versammlung der OECD und – man mag es nicht glauben – zuständig für Migration.[175] Und er ist der Parlamentssprecher der ND.

Die Publizistin Theodora Oikonomides sieht in der Verbindung zwischen den rechtsradikalen Parteien und der Regierungspartei ND die Kombination von »aggressivem Nationalismus, Ausländerfeindlichkeit, Sexismus, Rassismus und die Hinwendung zu einem autoritären System. Das Problem ist«, erzählt sie, »dass so viele Rechtsextremisten in der ND sind.

Es schon schrecklich genug, dass wir die Goldene Morgenröte haben. Sie greifen die Menschen auf der Straße an. Aber die wirklich gefährlichen Rechten sind diejenigen, die jetzt in der ND sind, die ideologisch der Morgenröte in nichts nachsteht. Und man lässt die Aktionen der Morgenröte einfach zu. Sie können die Immigranten angreifen, alles filmen und ins Internet stellen. Einer der Angreifer war sogar ein Abgeordneter. Die zentrale Frage ist nicht so sehr, warum sie die Leute angreifen, sondern vielmehr die, warum sie nicht verhaftet wurden.«

Omonia ist ein Viertel in Athen, in dem viele Migranten leben. Ein Bürger dort filmte mit seiner Handykamera, wie ein Immigrant von zwei Polizisten verhaftet wurde. »Er fiel hin. Sie packten ihn an den Beinen, er war in Handschellen, sie schleiften ihn über den Boden. Ich nahm mein Mobiltelefon und begann das zu filmen. Da wurden sie auf mich aufmerksam. Sie forderten mich auf, ihnen mein Telefon zu geben. Dann wurde ich verhaftet und einen Tag lang auf dem Polizeirevier festgehalten.« Gegenüber einer humanitären Hilfsorganisation berichteten drei Flüchtlinge, dass sie in Polizeigewahrsam von den Beamten geschlagen und mit Elektroschocks gefoltert wurden.

Manchmal werden politische Flüchtlinge auch direkt in das Land ausgeliefert, aus dem sie wegen drohender Verhaftung und Folter geflüchtet sind. Das zeigt das Schicksal von Bulut Yayla. In der Türkei wurde er gesucht, weil er an den Protesten gegen die Erdoğan-Regierung im Gezi-Park in Istanbul teilgenommen hatte. Der 24-jährige türkische Student der Archäologie flüchtete deshalb im April 2013 nach Athen. Am 30. Mai 2013 wollte er das Restaurant, in dem er arbeitete, verlassen. Augenzeugen sahen, wie er draußen von fünf Männern zusammengeschlagen wurde. Sie zwangen den jungen Mann, in ein Auto zu steigen, und fuhren weg. Zwei Tage später erhielten seine Eltern einen Anruf der türkischen Polizei. Sie teilte ihnen mit, dass Bulut Yayla in einem Hochsicherheitsgefängnis sei. Der Chef der griechischen Polizei bestätigte später, dass das Auto, in dem er entführt wurde, der Polizei gehörte.[176] Auch das ist kein Einzelfall, wie Flüchtlingshilfsorganisationen immer wieder berichten. In Resteuropa gab es keine Proteste gegen diese eklatante Verletzung des Asylrechts.

Mit allen erdenklichen Mitteln werden Flüchtlinge daran gehindert, ihren Asylantrag bei der zuständigen Behörde abzugeben. So warten sie teilweise monate- und jahrelang, um überhaupt einen Antrag stellen zu können, sofern sie nicht zuvor misshandelt und vertrieben werden – von der Polizei oder von der Goldenen Morgenröte. »Die Polizei kommt und jagt uns weg. Polizisten schlagen auf uns ein«, sagt eine junge Frau aus Nigeria. »Haut ab, rufen sie uns zu.« »Die Polizisten behandeln dich wie Tiere«, klagt ein junger Mann, dessen gesamte Familie im Bürgerkriegsland Somalia massakriert wurde und dem es als Einzigem gelang zu flüchten.

Die zentrale Ausländer- und Asylbehörde in Athen befindet sich in der Petrou-Ralli-Straße. In einer nahen Seitenstraße ist Tag für Tag das gleiche Bild zu beobachten: Da stehen, ob im heißen Sommer oder eiskalten Winter, in einer langen Schlange jede Nacht Hunderte Immigranten. Sie wollen sich einen Platz sichern, um am nächsten Tag eine Chance zu haben, ihren Asylantrag zu stellen. Sie stehen hier stundenlang ohne Wasser und Nahrung und können ihren Platz nicht verlassen, weil sie sofort von anderen Wartenden in der Reihe abgelöst werden. Und sie stehen fast immer vergeblich an, denn die Polizei akzeptiert, wenn die Wartenden Glück haben, pro Tag nur 20 Antragsteller. Ein System scheint es nicht zu geben, abgesehen von purer Willkür. Die führt dazu, dass teilweise die Registrierung abgelehnt wird und manche Asylsuchende monatelang warten müssen, bis sie sich registrieren lassen können.[177] So lange sind sie Freiwild, dem die Inhaftierung droht, klagen Flüchtlingshilfsorganisationen wie Pro Asyl.

Eine Dolmetscherin, die in der Asylbehörde arbeitet, erzählt, was sie dort täglich erlebt: »Theoretisch sollten Befragungen zu den Asylanträgen drei bis sechs Monate nach der Stellung des Antrags stattfinden. Doch meistens ist es nicht so, sondern es können zwei Jahre vergehen. Ich habe nie von einer positiven Entscheidung gehört. Aber immer wieder heißt es ›Verpiss Dich‹.«

Und die Schlägertruppen der Neonazis nutzen das aus. Ein Flüchtling aus Nigeria erzählt: »Sie greifen uns an, rufen: ›Geht zurück in euer Land, ihr Schwarzen.‹ Sie stachen einen Jungen nieder. Als ich den Jungen gesehen habe, sagte er mir, dass die von der Goldenen Morgenröte ihn umbringen wollen.«

Ein Haus, in dem viele Flüchtlinge leben, wurde von 15 Männern angegriffen. Sie trugen T-Shirts mit der Aufschrift *Chrysi Avgi*, und jeder hatte eine Eisenstange dabei. Die Zimmer der Flüchtlinge wurden zerstört, sie selbst zusammengeschlagen. »Sie hetzten Hunde auf uns, und sie lachten und freuten sich«, erinnerte sich einer der Flüchtlinge und fügte hinzu: »Die Polizei schaute nur zu.« Ein Fall von vielen.

Die Täter werden selten gefasst. In einem Fall verhaftete die Polizei zwar die Männer, die einen Immigranten schwer verletzt hatten. Doch obwohl sie bei einem der Täter das blutbefleckte Messer und in der Wohnung eine Waffensammlung samt Schriften der Goldenen Morgenröte fand, leugnete sie, dass der Angriff rassistisch oder nationalistisch motiviert war – das ist ja auch in Deutschland nicht selten. In Griechenland ist die Situation jedoch ungleich schlimmer. Die Angehörigen der Goldenen Morgenröte bekommen noch nicht einmal Probleme mit den Polizei- oder Justizbehörden, wenn sie zum Beispiel in Krankenhäusern Kontrollen durchführen, ob dort Immigranten behandelt werden. So geschehen in Tripoli. Unterstützt wurden sie vom Geschäftsführer des Krankenhauses, der in einer gemeinsamen Pressekonferenz mit den Rechtsextremen erklärte, dass sie »gemeinsame Ziele« hätten. Das heißt, dass selbst in den Krankenhäusern die Flüchtlinge nicht sicher sind. Eine Ärztin berichtet von ihren Erfahrungen: »An einem Tag waren 31 Leute im Krankenhaus. Sie hatten Angst, zu uns zu kommen, obwohl sie krank waren. Diese Leute drohen selbst uns, weil wir die Immigranten ärztlich behandeln wollen.« Die griechischen Ärzte hatten eine Anweisung des Gesundheitsministeriums erhalten, Flüchtlinge ohne gültige Papiere nicht zu behandeln. »Wir haben die Anweisung natürlich nicht befolgt«, sagt eine Ärztin, »wir haben ja einen Eid geleistet, den Menschen zu helfen.«

Damit die Flüchtlinge keine Chance mehr haben, überhaupt nach Griechenland und Europa zu gelangen, beschloss das Europäische Parlament am 10. Oktober 2013 ein neues Instrument, das Grenzüberwachungssystem der Europäischen Union Eurosur (European border surveillance system). Es ist eine Maßnahme, die von Kommentatoren als »Traum von Sicherheitshardlinern und der internationalen Waffenindustrie« bezeichnet wurde. Zweck von Eurosur ist die »Aufspürung, die Verhinderung und Verfolgung illegaler Einwanderung und grenzüberschreitender Kriminalität«. Das System sieht vor, die Grenzsicherung durch Vernetzung bestehender Grenzsicherungseinrichtungen und moderner Technologien auszubauen. Dabei werden Drohnen, Satellitensuchsysteme und biometrische Identitätskontrollen eingesetzt. Zur Seenotrettung heißt es lediglich, die Verordnung würde dazu beitragen, den Schutz und die Lebensrettung von Migranten zu gewährleisten. Weitere Bestimmungen laufen der Seenotrettung zuwider. So müssen Grenzschützer ihre nationalen Seenotrettungszentren zwar über Seenotvorfälle informieren, es gibt aber keine Verpflichtung zur Zusammenarbeit. Drittstaaten sollen über aufgespürte Flüchtlingsboote vor ihren Küsten und auf dem Mittelmeer informiert werden, um die Boote frühzeitig abzufangen. Es geht also um die technokratisch verfeinerte Flüchtlingsabwehr, nicht um die Wahrung von Menschenrechten, klagen Flüchtlingshilfsorganisationen wie Pro Asyl. Die Mehrheit der Abgeordneten in Europäischen Parlament hat dem neuen System trotz der Tragödie von Lampedusa, bei der über 300 Flüchtlinge im Mittelmeer ertranken, zugestimmt.

Professor Bernd Klees, der ehemalige Direktor des Instituts für Wirtschafts- und Sozialrecht an der Fachhochschule Braunschweig, beschreibt mit drastischer Klarheit, um was es tatsächlich geht: »Unterlassene Hilfeleistung, wenn nicht gar Totschlag durch Unterlassen wird staatlicherseits geboten, menschlich zwingend angesagte Hilfe indes negativ sanktioniert. Nicht zuletzt durch die gerade für afrikanische Länder verheerenden Konsequenzen der Globalisierung mit ihrer Gier nach Rohstoffen, der Suche nach Absatzgebieten für hochsubventionierte landwirtschaftliche Produkte und der sie begleitenden Unterstützung von korrupten Regimen wurden die Lebensgrundlagen der Entwicklungsländer mit ursprünglich tragfähigen Selbstversorgungssystemen zerstört, die Landbevölkerung entwurzelt und in Städte mit Slums gesogen, wo sie zunehmend der Verfolgung durch autoritäre Systeme ausgesetzt waren.« Und er folgert daraus: »Bei dem eher zögerlichen Fischen nach Überlebenden im Meer droht in gespenstischer Logik des Eigennutzes (…) ein Filtern nach brauchbarem Menschenmaterial für den eigenen Arbeitsmarkt (...) Kalter Nutzen soll das verheerende Geschehen an Europas Außengrenzen dadurch in einem eher milden Licht erscheinen lassen.«[178]

Sieht so unsere Zukunft aus?

Lissabon, im Hochsommer 2013. Heute ist die portugiesische Hauptstadt, auf deren Straßen einst Millionen die Befreiung von einer 50-jährigen Diktatur feierten, überwiegend von Touristen bevölkert. In Portugal sollen derzeit alle lukrativen Staatsbetriebe verkauft werden, damit Geld in die Staatskassen fließt. Es ist ein Einfallstor für die sowieso bereits grassierende Korruption in Portugal, bei der sich wiederum die Regierenden bereichern, also jene, die über die Privatisierung entscheiden.

Sara Simões, 25 Jahre alt, studierte bereits zwei Jahre an der geisteswissenschaftlichen Fakultät der Universität Lissabon. Sie musste ihr Studium abbrechen, weil die Studiengebühren von 420 Euro auf über 1000 Euro gestiegen sind. Jetzt arbeitet sie in einem der wie Pilze aus dem Boden schießenden Callcenter und nutzt ihre 30 Minuten Mittagspause, um über ihre Situation zu reden. »Wenn du einen Job findest, ist es auf jeden Fall keine Vollzeitbeschäftigung. Du bekommst vielleicht 300 Euro, und das liegt noch unter dem Mindestlohn. Aber du hast keine Wahl. Am Anfang dachten wir, die Prekarisierung betrifft nur die Arbeit. Die Hälfte deines Lohns geht für Sozialversicherung drauf. Aber trotzdem hast du keinerlei Ansprüche daraus. Du bekommst kein Krankengeld, keinen Urlaub. Die Troika hat das Mietrecht entscheidend verschärft und den Wohnungsmarkt liberalisiert. Sie können dir jetzt jeden Vertrag anbieten, der ihnen passt, und sie können für die Wohnung alles fordern.« Die Portugiesen hatten in der Vergangenheit ein hervorragendes Mietschutzrecht, an dem sich selbst Deutschland ein Beispiel nehmen könnte. Das wird nun angepasst – an deutsche Verhältnisse.

Diese schwindenden Perspektiven und die fehlende Planbarkeit des eigenen Lebensentwurfs »stellen gesellschaftliche Individuen vor Zerreißproben; mangelnder Einfluss, Dauerreformen und unzureichende Möglichkeiten zum Ausdruck der Unzufriedenheit etablieren eine Kultur der Unsicherheit«, schreibt der Politikwissenschaftler Mario Candeias, seit 2012 Kodirektor des Instituts für Gesellschaftsanalyse der Rosa-Luxemburg-Stiftung in Berlin.[179]

»Wie du dein Leben lebst, planst oder ob du Kinder hast. Es betrifft alles in deinem Leben. Jeder im Jobcenter erhält einen anderen Vertrag, obwohl wir die gleiche Arbeit machen. Sie wollen den Eindruck vermitteln, dass wir alle unterschiedlich sind, damit wir uns nicht absprechen können. Es gibt immer mehr Tagesverträge. Sie arbeiten einen Tag lang, und wenn die Arbeitgeber nicht zufrieden sind, fliegen sie.«, erzählt Sara. Ob sie glaube, dass die politischen Parteien eine Lösung finden werden, will ich von ihr wissen. »Ich erwarte keinerlei Lösung durch die portugiesischen politischen Parteien. Ich glaube, das ist allerdings nicht nur ein nationales Problem.«

Die Auswirkungen der EU-Maßnahmen auf sie und ihre Freunde schätzt Sara so ein: »Sie bringen uns um. Unsere Regierung benutzt die Troika, um das umzusetzen, was sie sowieso tun wollte. Sie haben das zuvor geplant. Die Troika hat das alles nur noch erbarmungsloser durchgesetzt, ihnen die Möglichkeit eröffnet, endlich das zu tun, was sie sich in den Jahren zuvor vergeblich wünschten.«

Die 45-jährige Professorin Raquel Varela arbeitet am Historischen Institut in Lissabon und koordiniert die Studiengruppe »Arbeit und soziale Konflikte«. Sie ist außerdem Präsidentin der Internationalen Vereinigung Streiks und soziale Konflikte. Ich treffe sie in ihrer mit Büchern vollgestopften kleinen Wohnung in Paco de Arcos, einem Küstenstädtchen bei Lissabon. Auf meine Frage, ob die von der Troika implementierte Politik des Neoliberalismus ein Modell für alle europäischen Staaten sei, antwortet sie spontan: »Ja, ohne Zweifel. Aber ich würde es nicht Neoliberalismus nennen. Was wir jetzt haben, ist ein extrem konservativer Keynesianismus. Der Kapitalismus heute kann nicht ohne den Staat leben, ohne die massive Unterstützung staatlicher Institutionen. Der Staat ist derjenige, der die Arbeit flexibilisiert, der Staat reguliert die Steuern und die Nationalisierung der bankrotten Banken.«

Aber, so führt sie weiter aus: » Das Modell unserer Regierung wie der Troika ist China – was heißt, die Belegschaft bis zur Erschöpfung auszupressen.«

Und sie bestätigt das, was mir schon Sara Simões erzählte: »Die Krise ist *die* Gelegenheit, den Arbeitsmarkt zu verändern. Jetzt haben die Unternehmen die Möglichkeit, in Europa die Arbeitnehmer zu prekarisieren, was ihnen zuvor nur schwer möglich war. Zuerst sagen sie den Leuten, es gebe zu viele Schulden. Schulden aber sind der Transfer von Kapital. Also müssten Löhne und Pensionen gekürzt werden, um diese Schulden zu bezahlen. Das ist das Erste. Das Zweite ist noch wichtiger. Indem sie die Arbeitnehmer in Portugal oder Griechenland prekarisieren, können sie es dann auch in den anderen europäischen Staaten tun. Und Deutschland spielt da eine Vorreiterrolle. Unsere Arbeitnehmer gehen nach Deutschland oder England, um dort für weniger Gehalt und schlechtere Sozialleistungen zu arbeiten. Damit zerstören sie die deutschen oder englischen Strukturen. Das führt dazu, dass der Arbeitsmarkt und die Arbeitnehmerrechte sowohl im Süden als auch im Norden untergraben werden.«

Raquel Varelas Analyse enthüllt die wahren Motive der Putschisten sowohl in Portugal als auch in den anderen europäischen Staaten, die auf Finanzhilfe angewiesen sind. »Die Krise ist der perfekte Vorwand, um die Menschen zu erpressen, das Land als billige Produktionsstätte zu benutzen. Der beste Weg, um die Macht der IG Metall zu zerstören, besteht darin, die portugiesischen Arbeiter in Deutschland zu niedrigeren Löhnen zu beschäftigen als die deutschen Arbeitnehmer.«

Das sieht Reinhard Naumann, Leiter der Friedrich-Ebert-Stiftung in Lissabon, ganz ähnlich, obwohl beide politisch weit auseinander liegen. Nach seiner Analyse geht für die Konzerne jetzt in Erfüllung, was sie sich schon immer gewünscht haben: »Kaltstellung der Tarifpartner, Flexibilisierung der Arbeit, Herunterschrauben der Sozialstaatsnormen.« Für ihn ist der Kern der Gewerkschaften strategisch geschwächt. »Und es geht ans Eingemachte, was die Lohneinkommen angeht. Dabei findet ein Sozialdumping statt, weil viele nach Deutschland auswandern.«

Die Unternehmer, so Reinhard Naumann, »wollen an die Grenze gehen, ausprobieren, wie weit sie es treiben können.« Der NGO-Aktivist Marco Neves Marques wiederum erklärt: »Ja, in Portugal wie in Griechenland sind die Maßnahmen der Austeritätspolitik der Versuch, die sozialen Beziehungen und den Arbeitsmarkt zurückzuentwickeln und die sozialen Sicherungssysteme zu zerstören, die eine Basis unserer Verfassung sind. Ja, sie führen ein soziales Experiment durch.« Aber er glaubt, dass dieses »neue Paradigma von niedrigen Löhnen, prekären Jobs, Privatisierung öffentlicher Einrichtungen kein Modell für Länder wie Deutschland oder Frankreich ist«. Durchgesetzt werden kann das in Portugal auch deshalb, weil die Gewerkschaften extrem geschwächt sind und kaum noch Widerstand organisieren können.

»Aber wer soll denn die Mobilisierung bezahlen«, fragt der Gewerkschafter Ulisses Garrido. Er war von 1998 bis 2011 im Vorstand der Gewerkschaft CGTP. »Im letzten Jahr hatten sie 200.000 Euro Defizit. Es gibt Gewerkschaftsfunktionäre, denen seit Monaten kein Gehalt bezahlt wurde. Wie sollen wir Widerstand organisieren, wenn wir keine finanziellen Ressourcen haben? Es war schon zuvor schwierig. Jetzt gibt es kein Geld, um irgendetwas zu mobilisieren.« Doch es gibt noch ein weiteres Problem, davon ist Raquel Varela überzeugt: »Wenn die Gewerkschaften tatsächlich das umsetzen wollen, was von einem Großteil der Bevölkerung gefordert wird, dann scheitern sie an sich selbst und ihrem eigenen Bürokratieapparat.«

DIE PROFITEURE

Über ein Leben ohne Skrupel und gesellschaftliche Verantwortung

Am 21. Juli 2013, drei Tage nach Schäubles Stippvisite in Athen, versammelte sich die griechische Clique der Vermögenden. Und zwar standesgemäß auf der Sonneninsel Mykonos am blendend weißen Psarou-Strand im Beachclub Nammos. Der Klub wirbt damit, das »beste Strandrestaurant Europas« zu sein. Jedes Jahr trifft sich hier die Elite, die Crème de la Crème: Schauspieler, Models, Wirtschaftsmagnaten. Beobachter behaupten, die kriminelle Crème aus der Wirtschaft sei ebenfalls anwesend, wobei sich manches einfach überschneidet. Gesehen wurden im Juli 2013 griechische Künstler, Models, Schauspieler, Unternehmer und ein Ex-Abgeordneter der PASOK, sowie einige Reeder wie Thanassis Martinos, einer der reichsten Männer Griechenlands. Sein Vermögen hat er, ganz legal natürlich, in der Schweiz in Sicherheit gebracht. Dort kaufte seine Familie für 110 Millionen Franken zwei Villen im feudalen Wintersportparadies St. Moritz. Seine Tochter ist Parlamentsabgeordnete der regierenden ND, was sich sicher nicht störend auf seine Geschäfte auswirkt. »Die Umsätze der griechischen Reeder liegen im zweistelligen Milliardenbereich, schätzen Steuerexperten. Dafür zahlten sie bislang pro Jahr 14 Millionen Steuern.«[180] Wenn das alles wäre. Der bekannte Enthüllungsjournalist Harry Karanikas berichtete mir auch noch das Folgende: »Einige mächtige Reedereien haben Verbindungen wie die Mafia. Es gibt natürlich legale Aktivitäten, aber auch den Öl- oder den Zigarettenschmuggel. Die Korruption war in der Vergangenheit größer als bei der Mafia.« Und er nennt viele Beispiele. »Keiner von ihnen wurde je strafrechtlich verfolgt.« Doch ihre Namen zu nennen, klärt er mich auf, bedeutet, selbst ins Gefängnis zu wandern wegen Beleidigung der ehrenwerten Männer.

Auf fast allen Tischen im Nammos standen gekühlte Champagnerflaschen. Auf der Getränkekarte war zu lesen: Moët & Chandon Imperial Brut 1200 Euro; Armand de Brignac Brut Gold (3 Liter) 5500 Euro; Armand de Brignac Midas (15 Liter) 120.000 Euro. Über diese Party, bei der besonders viele Dreiliterflaschen Armand de Brignac auf den weiß gedeckten Tischen zu sehen waren, empörte sich die größte griechische Tageszeitung *Proto Thema*: »Nach vier Jahren Rezession und sozialem Niedergang gibt es ein gespaltenes Land, ein Teil stirbt und einer amüsiert sich, ungestört und ungerührt.«

Knapp einen Monat später, am 17. August 2013, zelebrierte die Geldelite am gleichen Ort mit einem grandiosen Feuerwerk, wie sie die soziale Krise erlebt. Der ägyptische Sänger Amr Diab trat auf. Serviert wurden die 15-Literflaschen Champagner von jungen Frauen und Männern, die nichts anderes als goldenes Bodypainting trugen. In dieser lauen Sommernacht, in der sich griechische und ausländische Milliardäre vergnügten, erzielte der Beachclub einen Umsatz von über 1,5 Millionen Euro.

Milliarden Euro – Geld der Steuerzahler – wurden seit 2010 in das griechische Bankensystem eingespeist, ohne eine effektive Kontrolle, was mit dem Geld geschieht. Die Banker werden es schon selbst richten, werden sich die Troikadelegationen wohl gedacht haben. Nach Recherchen der Journalisten Stephen Grey und Nikolas Leontopoulos genehmigte sich beispielsweise Michael Sallas, der Vorstandsvorsitzende der Piraeus-Bank, einer der größten griechischen Banken, Kredite in Höhe von über 100 Millionen Euro.[181] Damit wiederum kaufte er sich Anteile an der Bank, um eine Kontrollmehrheit zu erreichen. Und zwar über Offshorefirmen, die ihm und seinen beiden Kindern gehören. Sie bezahlten die Anteile, indem sie sich das Geld bei einer Konkurrenzbank liehen. Jetzt ist der Banker samt Familie größter Aktienbesitzer der Piraeus-Bank. So geht's eben bisweilen in Zeiten der Krise.

Das zeigt auch Lavrentis Lavrentiadis. Er wurde im Jahr 2006 als Unternehmer des Jahres ausgezeichnet –von Ernst & Young, die weltweit im Bereich Betriebsprüfungen, Risikodienstleistungen und Steuern tätig sind und jedes Jahr in mehr als 40 Ländern die »erfolgreichsten und innovativsten Unternehmensleiter auf diesem Globus« auszeichnen. In seiner Dankesrede sagte Lavrentiadis, dass er sich auf das 2007 in Monte Carlo stattfindende Ernst-&-Young-Gipfeltreffen zur Wahl des Weltunternehmers des Jahres unheimlich freue. Inzwischen sitzt er im Korydallos-Gefängnis. Wie kam die Karriere des bei der Preisverleihung 34-Jährigen zustande?

Er war gerade einmal 18 Jahre alt, als er im Jahr 1990 in den Vorstand der Firma seines Vaters berufen wurde.[182] Sechs Jahre später löste er seinen Vater ab. Die Neochimiki L.V. Lavrentiadis S.A. als »Flaggschiff« seiner unternehmerischen Aktivitäten wurde zu einer der am schnellsten wachsenden Firmen in Europa mit einen Börsenkurswert von ungefähr 480 Millionen Euro. Tätig war er zudem in den Sparten Human- und Tiergesundheit sowie im Immobilienbereich. Im

Jahr 2009 stiftete er einen Forschungslehrstuhl für das Washingtoner *Center for Strategic and International Studies*. Im Aufsichtsrat der Denkfabrik sitzen Investmentbanker und Angehörige des Verteidigungsministeriums. Im gleichen Jahr kaufte er sich mit einer Kontrollmehrheit von 31,3 Prozent in die Proton-Bank ein, wurde damit größter Aktionär und Präsident der Bank. Als Nächstes setzte er seine eigenen Manager ein und genehmigte sich und seinen Freunden einen Kredit in Höhe von knapp 600 Millionen Euro über die Bank von Griechenland. Geschätzt wird, dass mehr als 40 Prozent der Bankkredite im Jahr 2010 jenen Firmen gewährt wurden, die in Beziehung zu ihm standen. Er selbst erklärte, er habe nicht Illegales getan.

Im Oktober 2011 musste Proton vom Staat mit über 900 Millionen Euro gerettet werden.[183] Vorher soll der Unternehmer des Jahres 2006 laut Ermittlern noch rechtzeitig 700 Millionen Euro vor allem nach Liechtenstein und in die Schweiz transferiert haben, berichteten griechische Medien. Auf 158 Millionen Euro summieren sich zum Beispiel allein die Einlagen auf inzwischen eingefrorenen Züricher Konten des aufstrebenden Unternehmers. Im Dezember 2012 wurde er verhaftet. Der Vorwurf der Staatsanwaltschaft: Betrug, Unterschlagung, Geldwäsche und Gründung einer kriminellen Vereinigung. Sollte er verurteilt werden, droht ihm wegen der Höhe des Schadens lebenslange Haft.

In die Schweiz zieht es übrigens viele der griechischen Superreichen, die dafür superwenig Steuern zahlen – mit Duldung der griechischen Regierung wohlweislich. Denn die Dankbarkeit der griechischen Oligarchen ist die wichtigste Eigenschaft, um an der politischen Macht bleiben zu können. Gemäß dem Spruch: Wer hat, dem wird gegeben.

Im Zuge der Rekapitalisierung der griechischen Banken aus dem zweiten Rettungspaket für Griechenland erhielt die

EFG Eurobank eine Finanzspritze von 4,2 Milliarden Euro. Haupteigentümer des Finanzinstituts ist Spiros Latsis, dem ja gute Verbindungen zu EU-Präsident José Manuel Barroso nachgesagt werden. Die Bank kassierte jedoch nicht nur das Geld aus dem Rettungsfonds, sondern bereits 31 Milliarden Euro an Krediten von der griechischen Zentralbank. Für die griechischen und deutschen Steuerzahler ist es doch schön zu wissen, wo ihr Geld landet. Familie Latsis hält 30 Prozent der Anteile an der Hellenic Petroleum, dem größten Ölförder- und Ölverarbeitungskonglomerat Griechenlands mit drei Raffinerien und einem Tankstellennetz von 1175 Tankstellen, insgesamt 8000 Tankstationen und 23 Tankanlagen an Flughäfen. Weiterhin besitzt Latsis die Charterfluggesellschaft Private Air mit 19 Flugzeugen, weitere sieben sind bestellt. Auch im Immobilienbereich ist Latsis über die griechische Immobiliengesellschaft Lamda Development aktiv und Eigentümer von mehr als 200 Wohnungen in der Schweiz. Außerdem gehört ihm eine Jachtagentur. Sie vermietet die Superjacht *Alexander* mit einer 57-köpfigen Mannschaft an vermögende Kunden. Bekannt ist er in Griechenland aber zugleich wegen seiner vielfältigen Wohltätigkeitsaktivitäten.

Die Söhne eines anderen griechischen Reeders, des 1996 verstorbenen Milliardärs Stavros Niarchos, sind »heute die größten Grundbesitzer im Engadin. Ihnen gehören die Fünf-Sterne-Hotels Kulm in St. Moritz und Kronenhof in Pontresina sowie Bergbahnen.«[184] Philip Niarchos besitzt eine Sammlung von Gemälden von Vincent van Gogh bis Pablo Picasso. Sein Vermögen wird auf 2 Milliarden US-Dollar geschätzt.[185]

Athanasios E. Drougos, der schon eingangs zitierte Dozent für Verteidigung und Bekämpfung asymmetrischer Bedrohungen, sagt dazu: »Es ist für Griechenland tragisch, dass wir verschiedene Familien von Politikern und reiche Unternehmerfamilien haben, die nur im Interesse ihres eigenen Clans agieren und damit den Staat belasten.« Dimitis Trimis, der Präsident der Athener Journalistengewerkschaft, spricht von einem Dreieck aus politischer Macht, wirtschaftlicher Macht und den Medienbesitzern, »und niemand weiß, wer an der Spitze steht«.[186] Für Alexis Tsipras, den Chef der wichtigsten Oppositionspartei *Syriza,* gibt es keine Zweifel: »In Griechenland befindet sich die wahre Macht in den Händen von Bankern, Mitgliedern des korrupten politischen Systems und korrupten Massenmedien.«[187]

Deshalb lohnt ein kurzer Blick auf das System dieser politisch-wirtschaftlichen Dynastien. Drei Familien beherrschen seit Dekaden die Politik in Griechenland. Es sind die politischen Dynastien der Familien Papandreou, Mitsotakis und Karamanlis. Direkt oder über Verwandtschaftsbeziehungen stellten sie in der Vergangenheit alle Premierminister. Sie wiederum sind zugleich auf die eine oder andere Weise mit der herrschenden wirtschaftlichen Elite verbunden, und zwar »freundschaftlich«, wie es der politische Analyst Ioannis Michaletos beschreibt. Diese Unternehmerfamilien wiederum sind direkt oder über Verwandtschaftsbeziehungen in die Politik involviert, fast so wie bei der italienischen Cosa Nostra. Es sind jene Unternehmerdynastien, die indirekt oder direkt ein Drittel des griechischen Bruttosozialprodukts erwirtschaften und zugleich alle verstanden, möglichst wenig Steuern zu zahlen. Oder besser gesagt: Die Mitglieder der politischen Dynastien haben schützend die Hand über ihre Freunde gehalten.

Dazu gehört die Familie Vardinoyannis, die das Ölgeschäft reich gemacht hat. Das begann kurz nach dem Militärputsch, als sie eine Lizenz für den Handel mit Öl erhielten, obwohl sie in diesem Geschäft keine Erfahrungen hatten. Ihr wichtigster Konzern ist die Avin International Group, die mit einer Tankerflotte und Büros weltweit im Öltransport aktiv ist. »Der Familie gehört auch die zweitgrößte Ölraffinerie auf dem Balkan, das Unternehmen Motor Oil. Dann kommen noch eine Bank und eine Fernsehstation dazu«, so Ioannis Michaletos in einer Studie über die reichsten Griechen.

Oder Spiros Latsis, Mitbesitzer der Eurobank, der wiederum über enge Beziehungen zum Schweizer und deutschen Establishment verfügt. Familie Kostopoulos hingegen ist mit dem französischen Establishment verbunden und Besitzer der Alpha-Bank. Nicht zu vergessen die Familie Angelopoulos. Der Milliardär Theodoros Angelopoulos ist Reeder, investiert in Ölplattformen und hält Anteile an der Schweizer UBS. Er lebt überwiegend in der Schweiz, und zwar in Gstaad. Das Vermögen der Familie wird auf knapp eine Milliarde Euro geschätzt. Seine Ehefrau Gianna Angelopoulos-Daskalaki war für ein Jahr Parlamentsabgeordnete der ND, der Neuen Demokratie, heiratete den Schiffsmagnaten 1990, wurde Präsidentin des griechischen Olympischen Organisationskomitees, verantwortlich für die Olympischen Sommerspiele in Athen 2004. »Offiziell hat die Olympiade 2004 den griechischen Staat knapp über 11 Milliarden Euro gekostet. Mittlerweile geben Schätzungen den tatsächlichen Preis der Olympiade mit 20 bis 30 Milliarden Euro an. Die Maximalschätzung der tatsächlichen Kosten entspricht mehr als 15 Prozent des damaligen Bruttoinlandsproduktes.«[188] In den Medien wurde Gianna Angelopoulos-Daskalaki schon einmal als künftige Ministerpräsidentin ins Spiel gebracht. Sie hat ein Buch geschrieben, *Mein griechisches Drama,* mit dem sie in den USA auf Werbetour ging. »In Griechenland hat sie nicht nur Freunde. Der exaltierten Frau wird immer wieder vorgeworfen, viel Show in eigener Sache und wenig für das Land zu tun. Zudem wird ihr von der Boulevardpresse vorgehalten, sie beziehe trotz Milliarden in Griechenland als Ex-Parlamentarierin noch immer eine staatliche Rente.«[189] So gesehen ist sie eher ein Symbol für die griechische Tragödie.

Der 50-jährige Nick Skrekas ist ein bekannter Finanzanalyst und Rechtsanwalt, der sich in der letzten Zeit intensiv mit der griechischen Krise beschäftigt hat. Frage an ihn: »Glauben Sie, dass die griechische Krise gelöst werden kann, ohne das gesamte System des Nepotismus und der Dynastien der herrschenden politischen Elite zu zerschlagen?« »Nein. Patronage, Klientelismus und Nepotismus müssen überwunden werden, sodass wir einen Staat aufbauen können, in dem die Besten arbeiten und niemand die öffentlichen Kassen bestiehlt. Die herrschende politische Klasse muss verstehen, dass ihr eigenes Überleben bedroht ist, wenn sie nicht die Krise bewältigt. Wenn die Regierenden weiter gegen die nationalen Interessen verstoßen und das Überleben des Mittelstandes in Gefahr ist, dann ist das für sie selbst ein hohes Risiko.« Kann es sein, dass die regierende politische Kaste in Europa, die Staatschefs gleich welcher politischen Richtung, die so angeregt über die »Eurokrise« und die »Schuldenbremse« debattieren, mit genau diesen Begriffen die wirklichen Motive ihres Handelns geschickt verbergen? Weil sie wissen, dass sie in Wirklichkeit diejenigen schützen und finanziell aufpäppeln, die nicht nur in Griechenland immer noch hemmungslos Champagner schlürfen? Und dass es ihnen ziemlich gleichgültig zu sein scheint, dass rechtsradikale Parteien überall in Europa entstehen und diese sogar sehr willkommen sind?

Das Feuer der griechischen Neonazis und die Kultur der Intoleranz

»Wir glauben an Großgriechenland, wir glauben an das griechische Imperium«, schreit ein kleiner, dicklicher Mann in die Menge. Es ist Nikolaos Michaloliakos, der Vorsitzende der Partei Chrysi Avgi, der Goldenen Morgenröte. »Wir werden die Flamme leuchten lassen bis zum endgültigen Sieg.« In einer anderen Rede am 7. Juni 2012 tönte er: »Lassen Sie mich sagen, ich bin pro Junta. Das Land blühte unter Georgios Papadopoulos (Diktator in der Militärjunta, Anm. d. A.). Die Zahlen lügen nicht. Null Schulden haben die sogenannten Verräter, Betrüger, militärischen faschistischen Führer hinterlassen. Ich will klar sagen: Dieses Land wurde nie durch Wahlen gerettet. Niemals, niemals in seiner Geschichte. Mich interessiert nicht, wenn sie uns Nationalisten, Faschisten oder was auch immer nennen.« Und dann marschieren sie wieder. Tausende schwarz gekleideter Glatzköpfe, mit Fackeln und der griechischen Flagge in den Händen, laufen zum Syntagma-Platz am Parlament vorbei.

Ohne dass es im restlichen Europa besonders zur Kenntnis genommen wurde, überfielen am 10. Juli 2013 in der Athener Randgemeinde Iliopoli 100 Personen die freie soziale Einrichtung *Synergio*. Die Schläger kamen mit Motorrädern und trugen T-Shirts mit dem Schriftzug *Chrysi Avgi*. Sie griffen eine Gruppe Kinder an, die gerade gratis Englischunterricht erhielt, und zerstörten dann mit Knüppeln und Eisenstangen die Institution. Es war das dritte Mal innerhalb weniger Monate, dass *Synergio* von Rechtsradikalen überfallen wurde, und das dritte Mal, dass die Polizei nicht zur Hilfe kam. Die Regierung in Athen kümmerte das überhaupt nicht – ebenso wenig wie bei ähnlichen Vorfällen in den letzten beiden Jahren.

»Die Einrichtungen funktionieren nicht, aber wir funktionieren«, prahlte in aller Öffentlichkeit ein Mitglied der Goldenen Morgenröte gegenüber den Dokumentarfilmern Guy Smallmann und Kate Mara. »Wir werden sie zu Seife verarbeiten, die Öfen sind da«, sagte er und streichelte dabei liebevoll seinen schwarzen Schäferhund. »Wenn die Immigranten uns verlassen, haben wir Geld, um die Löhne zu erhöhen und die Arbeitslosigkeit zu eliminieren«, argumentierte sein neben ihm sitzender Freund in schlichter Einfalt.[190] »Die Goldene Morgenröte ist eine Naziorganisation«, sagt mir in Athen ein Journalist, der über diese Partei jahrelang recherchiert hat. »Es ist eine Organisation, die Naziideale kopiert. Sie setzt Gewalt als eine Methode ihrer politischen Aktion ein. Es ist eine kriminelle Bande.«

Diese rechtsradikale Partei unterhält zudem gute Beziehungen nach Deutschland. Im Mai 2005 beteiligte sie sich in Berlin an einer Versammlung der rechtsradikalen NPD. Acht Jahre später meldete die britische Tageszeitung *The Guardian*, dass die Goldene Morgenröte sich international ausbreite und Büros in Deutschland eröffnet habe. »Der Sprecher der Partei sagte, dass sie sich entschieden haben, dort Zellen zu bilden, wo immer es Griechen gibt.«[191]

Die Goldene Morgenröte versteht sich nicht nur als parallele Ordnungsmacht in griechischen Städten, sondern gleichzeitig als soziale Hilfsorganisation. Sie vergleicht sich selbst mit der Hisbollah: Parteimitglieder versorgen die Menschen mit Lebensmitteln, spenden Blut, geben privaten Schulunterricht – aber nur demjenigen, der einen griechischen Pass besitzt. So konnte man auf der Webseite der Partei zum Beispiel lesen: »Während alle Parlamentsmitglieder ihr Geld für den Kauf von Villen und Swimmingspools einsetzen, benutzen es unsere Parlamentarier, um Lebensmittel für die hungernden Griechen zu kaufen.«

Nils Muižnieks ist Menschenrechtskommissar des Europarates. Er äußerte große Bedenken über den Einfluss der Goldenen Morgenröte in den Schulen. »Bekannt ist, dass die Neonazis ihre neuen Mitglieder über die sozialen Medien werben, über Sportveranstaltungen, Musikklubs und mit einer unerbittlichen Anti-Europapolitik.«[192]

Fanatischer Nationalismus bis hin zum faschistischen Terror, geschürt von konservativen Brandstiftern, die sich als Patrioten ausgeben, das ist in Europa nichts Neues. Denn die katastrophale soziale Krise, verbunden mit dem offensichtlichen Versagen der politischen Elite sowie der Korruption, zerstörte nicht nur in Griechenland das Vertrauen der Bürger in den demokratischen Staat. Das führte dazu, dass auf der einen Seite die Repressionen gegenüber den Bürgern zunehmen, die mit Generalstreiks, Protestmärschen und der Besetzung öffentlicher Plätze gegen die radikale Sparpolitik demonstrieren. Die Polizei geht mit exzessiver Gewalt, mit Tränengas, Misshandlungen und ungerechtfertigten Verhaftungen gegen die Demonstranten vor. Auf der anderen Seite steigt die Zustimmung und Unterstützung für nationalistische und rassistische Parteien in vielen vermeintlich gefestigten Demokratien Europas. Griechenland ist das Fanal. Der 57-jährige Nikolaos Michaloliakos war bereits als Jugendlicher in rechtsextremen Organisationen aktiv. Im Alter von 16 Jahren wurde er Mitglied der politischen Partei 4. August, so genannt zur Erinnerung an den Putsch vom 4. August 1936, der die Diktatur von General Ioannis Metaxas ermöglichte. 1978 wurde Michaloliakos wegen Mitgliedschaft in einer rechtsextremen Organisation und des Besitzes von Sprengstoff zu einem Jahr Gefängnis verurteilt. 1984 war er Generalsekretär der Jugendorganisation der Nationalen Politischen Union EPEN, einer faschistischen Partei, die sich offen zur Militärdiktatur zwischen 1967 bis 1974 bekannte. Gründer dieser Partei war der während der Junta herrschende Georgios Papadopoulos.

Lange blieb Nikolaos Michaloliakos dort nicht. Die EPEN war ihm zu wenig antisemitisch, nicht radikal genug. Er reaktivierte deshalb die im Dezember 1980 als nationalsozialistische Diskussionsgruppe gegründete Goldene Morgenröte. Zu

Beginn der Neunzigerjahre profitierte die Organisation von der nationalistischen Welle im Zusammenhang mit den Auseinandersetzungen zwischen Griechenland und der ehemaligen jugoslawischen Republik Makedonien. Von diesem Zeitpunkt an wurde die Goldene Morgenröte zwar stärker, kam aber bei Wahlen trotzdem nur auf wenige Stimmen. Bei den Parlamentswahlen 2009 erhielt sie bloß 0,29 Prozent der circa 20.000 abgegebenen Stimmen. Erst nach der Krise im Jahr 2010 wurde aus der Partei ewig gestriger rechtsradikaler Spinner eine politische Macht. Im Jahr 2012 wählten über 400.000 Griechen die Neonazis ins Parlament, wo sie seitdem mit 18 Abgeordneten rechtsradikale Stimmung machten. »Sie ist«, sagt der Politwissenschaftler Efthymis Papavlassopoulos, »die politische Partei der Krise par excellence.«[193]

Die Geisteshaltung der Partei zeigte sich in den Beiträgen des offiziellen Magazins *Goldene Morgenröte* mit dem Untertitel *Nationalsozialistische Zeitschrift*. In zahlreichen Artikeln wurde Adolf Hitler gewürdigt.[194] Der Parteiführer selbst leugnet, wie alle europäischen Neonazis, die Existenz der Gaskammern und der Vernichtungslager im Dritten Reich. Von der parlamentarischen Demokratie halten die Neonazis überhaupt nichts. So erklärte im November 2012 der Pressesprecher der Partei, der 33-jährige Elias Kassidiaris: »Wir wollen eigentlich die Sitze im Parlament nicht, wir wollen sie überhaupt nicht. Aber natürlich nehmen wir die Vorteile der Mitgliedschaft in Anspruch. Wir haben jetzt die Erlaubnis, Waffen zu tragen, wir können nicht mehr sofort verhaftet werden, und es ist für uns ein wenig leichter herumzureisen.«[195] In einer anderen Rede im Parlament leugnete er den Holocaust und zeigte demonstrativ das Symbol seiner Partei, ein abgewandeltes Hakenkreuz.

Ein weiterer Parlamentarier der Goldenen Morgenröte ist der 40-jährige Elias Panagiotaros. Der muskulöse glatzköpfige Unternehmer soll nach Angaben eines ehemaligen Parteimitglieds Informant der griechischen Geheimpolizei gewesen sein. Im Zentrum Athens besitzt er einen Basar für Tarnbekleidung, Gesichtsmasken, nationalistische Plakate und Polizeizubehör.[196] Dazu passt auch, dass er im Jahr 2000 die Blaue Armee mitbegründete, einen Verein rechtsradikaler Fußballhooligans, die in der Vergangenheit Jagd auf Immigranten machten.[197] Gegenüber dem Journalisten Paul Mason sagte er: »Auf der einen Seite werden Nationalisten wie wir sein und Griechen, die unser Land so haben wollen, wie es einst war. Auf der anderen Seite werden Immigranten, Anarchisten und all jene sein, die Athen mehrere Male zerstört haben.« Oder: »Die griechische Gesellschaft ist für eine neue Form des Bürgerkriegs bereit.«[198]

Abgeordnete beschweren sich zwar darüber, dass Parlamentarier der Goldenen Morgenröte selbst während der Parlamentsdebatten Waffen trugen – aber Reaktionen vonseiten der Regierung gab es keine. Und im griechischen Parlament selbst stießen die Hetztiraden der Neonazis bei den anderen Abgeordneten oder dem Premierminister Samaras nicht auf besonders große Empörung. Auch nicht, als die Ehefrau des Neonaziführers, die Abgeordnete Eleni Zaroulia, die Migranten in Griechenland als »Menschenähnliche« bezeichnete, »die unser Land besiedelt haben mit allen möglichen ansteckenden Krankheiten«.[199] Die Staatsanwaltschaft sah keinen Anlass, sie wegen Volksverhetzung anzuklagen. Eleni Zaroulia ist zugleich Mitglied der parlamentarischen Versammlung des Europarats, und zwar im Ausschuss für Gleichheit und Antidiskriminierung. Als europäische Abgeordnete wegen ihrer Rede im griechischen Parlament ihren Ausschluss forderten, lehnte das der französische Präsident der Parlamentarierversammlung brüsk ab. Bereits im September 2012 erhielt die Kommission für Menschenrechte des Europarates einen offenen Brief, unterzeichnet von über 12.000 griechischen Bürgern. Sie klagten über den massiven Anstieg der rassistischen Gewalt insbesondere durch Mitglieder der Goldenen Morgenröte und baten um Hilfe der europäischen Demokraten. Die blieb aus.

Von Ausnahmen abgesehen wurden die griechischen Neonazis in den anderen europäischen Ländern erst wahrgenommen, als am 18. September 2013 der Sänger Pavlos Fyssas von Anhängern der Partei in einem Athener Vorort erstochen wurde. Er hatte Hip-Hop-Songs gegen sie geschrieben und gesungen. Die Polizei war während der Angriffe gegen den jungen Sänger vor Ort, schritt jedoch nicht ein. Die Empörung der griechischen Bürger war daher enorm, Zehntausende Griechen demonstrierten gegen Rechtsextremismus und Rassismus. Und dann geschah ein Wunder. Ganz plötzlich distanzierte sich die Regierung in Athen von den Neonazis. Ganz plötzlich, als hätten deren Anhänger nicht in den letzten beiden Jahren schon zahlreiche Immigranten brutal misshandelt oder in den Tod gejagt. Dabei hatten in der Vergangenheit rechtsgerichtete Abgeordnete der ND wie Byron Polydoras oder Failos Kranidiotis sogar gefordert, dass die Goldene Morgenröte in die Regierung eintreten soll. Ganz plötzlich erkannte die Regierung in Athen, dass es sich um eine kriminelle Organisation handelte. Die Justiz warf dem Parteiführer und 31 anderen führenden Mitgliedern vor, die Partei in eine kriminelle Vereinigung umgewandelt zu haben. Sie verhaftete zahlreiche Abgeordnete, unter ihnen den Vorsitzenden, nachdem aufgrund von abgehörten Telefongesprächen feststand, dass er mit den Mördern des Sängers telefonisch in Verbindung stand. Am 28. September 2013 klingelte die Polizei an seiner Haustür. »Das Erste, was mir durch den Kopf ging, war: Das ist ein Test. Es ist ein Test für jeden Kämpfer und auch ein Segen. Es ist die Chance zu überprüfen, ob du eine eiserne Moral hast, wenn du loyal zu deiner Ideologie stehst.«[200]

Und plötzlich stellte sich heraus, dass die Justiz seit Jahren Dokumente in den Archiven lagerte, die die Goldene Morgenröte schwer belasten. Die Vorwürfe reichen von Mord über schwere Körperverletzung, Menschenhandel, Sklaverei, Geldwäsche bis hin zur Kinderprostitution. Doch fünf Tage nach der Verhaftungswelle wurden einige Führungsmitglieder der Partei schon wieder auf freien Fuß gesetzt, weil sie »keine Gefahr für die Gesellschaft« darstellen würden und »keine Fluchtgefahr« bestehe. Einer von ihnen, der Abgeordnete Nikolaos Michos, tönte in bekannt aggressiver Art: »Jetzt werden wir mit euch allen abrechnen.« Freigelassen wurde gegen eine Kaution von 50.000 Euro auch der Pressesprecher Ilias Kassidiaris. Im Anschluss warnte er die Journalisten davor, ihn zu filmen, zertrümmerte eine Kamera und bedrohte Reporter. Immerhin blieb der Anführer, Nikolaos Michaloliakos, in Haft. Vor dem Gericht, in dem er angehört wurde, hielten sich Hunderte seiner Anhänger auf und skandierten: »Blut, Ehre, Goldene Morgenröte.«[201] Der Codename von Nikolaos Michaloliakos lautet übrigens Astyanax. Unter diesem Namen ist er im Jahr 1981 als Angehöriger des griechischen Geheimdienstes registriert worden und kassierte ein Gehalt von monatlich umgerechnet 320 Euro. Zur damaligen Zeit war das viel Geld, behauptet zumindest Charis Kousoumbris, ein ehemaliges Mitglied der Nazipartei in seinem Buch *Geständnis eines Goldene-Morgenröte-Mitglieds*. Er belegte seine Behauptung mit entsprechenden Dokumenten.[202]

Das ist jedoch lediglich die eine Seite des politischen Problems, und nur diese Seite wurde in der westlichen Öffentlichkeit problematisiert, wahrscheinlich weil es schöne bunte Bilder von den martialischen Aufmärschen der Neonazis gab.

Die andere Seite ist nicht weniger gefährlich, denn sie ist der ideologische Nährboden, auf dem die Macht der militanten Neonazis wuchern konnte.

Der Verdacht liegt nahe, dass der Scheinwerfer der Regierung gezielt auf die Goldene Morgenröte gerichtet werden soll, weil tunlichst verhindert werden muss, dass deren Helfershelfer im Staatsapparat, insbesondere in der Justiz und der Polizei, bekannt werden. Bislang hatte die Regierung die brutalen Angriffe der Partei toleriert, genauso »wie sie bis heute die Willkür der Polizei toleriert, die die Menschen foltert und mit der Goldenen Morgenröte zusammenarbeitet«.[203]

Wenn daher deutsche Medien nach dem Mord an dem jungen Sänger schrieben, dass »schon lange vermutet wurde, dass einige Polizisten den Neonazis nahestehen und immer wieder wegschauten, wenn diese Ausländer krankenhausreif prügelten«,[204] dann ist das eine bedenkliche Verharmlosung. Immerhin wählten bei den letzten Parlamentswahlen 50 Prozent der Polizeibeamten die Partei.[205] Griechische Medien veröffentlichten vertrauliche Dokumenten, die bewiesen, dass die Polizei Mitglieder der Goldenen Morgenröte bei Demonstrationen mit Sprechfunk und Knüppeln ausrüstet hatte, verbunden mit dem Auftrag, gegen Linke und Anarchisten vorzugehen. Aus diesen Unterlagen ging zudem hervor, dass Angehörige der Goldenen Morgenröte illegal Pistolen trugen, die sie von Abgeordneten erhalten hatten.[206] Und zwar von der Regierungspartei ND.

Der BBC-Reporter Paul Mason zitierte in seinem Bericht anonym eine Griechin, um sie zu schützen. Sie berichtete ihm über die Polizeisondereinheit Delta, die auf ihren Motorrädern für Ordnung sorgen soll: »Die Delta-Polizei kam an und sprach über die Goldene Morgenröte, als seien sie Brüder, einschließlich des verantwortlichen Offiziers.

Sie lobten Hitler und sagten, dass er besser gewesen sei als Stalin. Sie sagten uns, wir sollten uns immer daran erinnern, dass sie nun Unterstützer der Goldenen Morgenröte seien.«[207]

Dimitris Katsaris ist ein bekannter griechischer Rechtsanwalt, der Oppositionelle der linken Bewegung und Immigranten vertritt und die Verhältnisse in den Polizeirevieren entsprechend gut kennt. »Als ich dorthin kam, war ich entsetzt von den Misshandlungen, die ich sah. Sie schlagen sie, benutzen sie als Aschenbecher. Von 15 Verhafteten hörten wir, dass die Polizisten, die ihnen das alles angetan haben, offen erklärten, Mitglieder der Goldenen Morgenröte zu sein. Das Schlimmste sei gewesen, dass andere Polizisten mit ihren Mobiltelefonen das alles gefilmt und diese Videos an die Goldene Morgenröte weitergegeben haben. (…) Das ist nicht die Art der Polizeibrutalität, die man von jedem europäischen Land kennt. Das geschieht täglich. Wir haben Fotos, wir haben Beweise, was den Leuten angetan wurde, die gegen die Neonazipartei protestierten. Das ist das neue Gesicht der Polizei in Zusammenarbeit mit der Justiz.«[208] Ein griechischer Journalist, der sich intensiv mit der Geschichte der Neonazis beschäftigt hat, aber aus Angst nicht mit seinem Namen zitiert werden wollte, sagte: »Wir haben es hier mit einem Staat zu tun, der in klarer Kontinuität zu einem totalitären Regime steht. Wir dürfen nicht vergessen, dass in Griechenland die Diktatur 1974 offiziell endete. Doch bei der Polizei wurde nie wirklich aufgeräumt.«

Für die kritischen Griechen ist es unbestritten, dass die Neonazis seit Jahren enge Verbindungen zur orthodoxen Kirche, zu Angehörigen der Armee, der Justiz, Polizei und hochrangigen Richtern pflegen, die ihre Ansichten teilen und sie unterstützen. Die Goldene Morgenröte sei die Fortsetzung der Mainstreampolitik mit anderen Mitteln, kritisieren viele Oppositionelle das herrschende System. Die rassistische Gewalt nahm in den letzten Jahren jedenfalls lawinenartig zu.

In einem Interview mit der Zeitung *Ta Nea* erklärte EU-Menschenrechtskommissar Nils Muižnieks nach einem Besuch Ende Januar 2013 in Griechenland: »Es gibt starke Anzeichen für Verbindungen zwischen der griechischen Polizei und der Goldenen Morgenröte.«[209] Opfer rassistischer Gewalt hatten ihm berichtet, wie die gleichen Polizisten, die sie am Vormittag gedemütigt hatten, am Abend mit den T-Shirts der Partei zurückkamen. Die Mitarbeiterin einer Hilfsorganisation für Migranten machte ähnliche Erfahrungen: »Immer wenn so ein Angriff passiert, ist irgendwo ein Polizist in der Nähe. Aber sie tun so, als ob sie nichts sehen würden. Sie machen gar nichts, unterhalten sich, schauen zu.« Alexander Theodoridis von der Hilfsorganisatin *Boroume* sieht einen Grund darin, dass die Griechen viel rassistischer als die Deutschen sind. »Die meisten nennen es Nationalismus. Die Rechtsradikalen sind Menschen, die schon früher rassistisch waren, aber im großen Pool der Regierungspartei ND aufgingen. Durch die soziale Krise haben die beiden großen Parteien jedoch viel Vertrauen verloren. Diese Gangster verkörpern daher heute die Wut auch ganz normaler Menschen. Auf dem Markt sagte mir ein 65-jährigen Vater: ›Natürlich werde ich die Morgenröte wählen. Wenn die ins Parlament gehen, werden die denen dort auf die Schnauze hauen.«

DIE HOFFNUNGEN

Die Geschichte der vertrockneten roten Nelken

Die Tragik der Situation in Portugal besteht darin, dass vor nicht allzu langer Zeit eine Nelkenrevolution den Portugiesen im April 1975 nach jahrzehntelanger Diktatur endlich Freiheit, soziale Gerechtigkeit und Demokratie brachte sowie eine Verfassung, in der das Wort Sozialismus als Staatsziel festgeschrieben wurde. Die eher konservative portugiesische Politikwissenschaftlerin Professor Mónica Alves Dias Tischler von der Katholischen Universität Portugal zeigt sich bei einem Vortrag bei der Friedrich-Ebert-Stiftung überzeugt, »dass Demokratiebewusstsein (auch) von Erinnerungsbewusstsein lebt. Wenn wir die Erinnerungen nicht aufarbeiten und kritisch analysieren, riskieren wir ohne Zweifel das Erbe der Demokratie – mit verheerenden Konsequenzen.«[210]

Im Übrigen sollte nicht ausgeblendet werden, dass die gleiche, partiell ebenfalls korrupte wirtschaftliche und politische Elite Europas, die heute so vehement die Politik der Troika unterstützt, einst die Militärdiktaturen in Spanien, Griechenland oder Portugal mehr oder weniger tatkräftig unterstützte oder von ihr profitierte. Gerade deshalb lohnt ein Blick in die jüngere Geschichte von Griechenland und Portugal – eine Geschichte, die aus diesem Grund bis heute ausgeblendet wird. Der Hinweis auf das Erinnerungsbewusstsein, wie es Mónica Alves Dias Tischler nennt, ist deshalb notwendig, weil deutliche Parallelen zur aktuellen Situation in diesen Ländern vorhanden sind, auch wenn in den Sechziger- und Siebzigerjahren noch der Kalte Krieg zwischen der UdSSR und den westlichen Demokratien herrschte und die Angst vor dem Kommunismus die Diktaturen Griechenlands, Portugals und Spanien mehr oder weniger legitimierte. Aber wenn man die eher negative Einstellung großer Teile der griechischen oder portugiesischen Bevölkerung zum Beispiel gegenüber den USA und Deutschland und damit gegen das kapitalistische System verstehen will, dann ist ein Blick in die Geschichte Voraussetzung.

Die Verdrängung der Geschichte oder warum die deutsche Elite so unbeliebt ist

Am 21. April 2013 jährte sich der Beginn des griechischen Militärputsches von 1967. Aus diesem Anlass fragten Meinungsforscher griechische Bürger, wie sie die Zeit der Militärdiktatur von 1967 bis 1974 sehen. 30 Prozent der Befragten gaben an, mit Sehnsucht an jene Zeit zu denken. 59 Prozent fanden, damals habe man mehr Sicherheit gehabt, und 46 Prozent sagten, in der Diktatur sei die Lebensqualität höher gewesen. Nicht gefragt wurde nach dem Alter derjenigen, die der Militärdiktatur nachtrauerten. Es dürften eher die alten und frustrierten Griechen gewesen sein, die sich aus ihrer Ohnmacht heraus für eine Militärdiktatur ausgesprochen hatten. 2011 gab es Spekulationen über den Plan eines erneuten Militärputschs. Demnach soll der damalige Ministerpräsident Giorgos Papandreou am 2. November bei einem Treffen im französischen Cannes gegenüber Merkel, Sarkozy und Barroso von der Gefahr eines Putsches gesprochen haben. Nach griechischen Zeitungsmeldungen wollte er jedoch nur seine geplante Volksabstimmung über das Memorandum plausibel erklären, das er einen Tag zuvor vorgeschlagen hatte.

Und dann gab es da diese Kolumne im *Finanzmagazin*. Dort kolportierte Tim Worstall einen Scherz, der angeblich auf den Finanzmärkten zirkulierte: »Nur halb im Spaß wird zuweilen gesagt, statt die deutschen Gelder für weitere Bailouts zu vergeuden, gebe es eine bessere Verwendung: Man sollte mit ihnen einen griechischen Militärputsch finanzieren und das Problem auf diese Weise lösen…« Auch wenn das Gerede vom geplanten Militärputsch nur Schall und Rauch war, war der Scherz der Finanzmärkte tatsächlich nur ein halber Spaß. Schließlich haben beim letzten Militärputsch, dem der Junta, die Kassen der westlichen Investoren geklingelt. Und das führt zum damaligen Verhalten der deutschen Elite in Wirtschaft und Politik.

Damals, am 21. April 1967, putschten sich in Athen antikommunistische Offiziere mit Unterstützung der USA an die Macht. Den rechtskonservativen griechischen Politikern war das durchaus recht, fürchteten sie doch die Sozialistische Partei. An der Spitze der Putschisten stand Georgios Papadopoulos, der sowohl griechischer Offizier als auch CIA-Gehaltsempfänger war. Aus Washingtoner Sicht hatte der Putsch die freie Welt vor der kommunistischen Gefahr gerettet. Die Obristen rechtfertigten ihn als »Revolution zur Rettung der Nation«. Eine kommunistische Verschwörung in Verwaltung, Bildungswesen, den Medien und sogar in der Armee habe einen Umsturz notwendig gemacht. Tatsache ist, dass sowohl die USA als auch die NATO die wichtigsten Stützen des Militärregimes waren. Nur durch ihre ununterbrochene finanzielle und militärische Förderung konnte sich die Junta überhaupt an der Macht halten und das Volk knebeln.

Das griechische Parlament wurde entmachtet, mehr als 10.000 Personen verhaftet, unter ihnen viele Funktionäre und aktive Mitglieder insbesondere der linken Parteien, der Gewerkschaften, die meisten Minister der amtierenden sozialistischen Regierung, Abgeordnete, hohe Verwaltungsbeamte, Rechtsanwälte, Journalisten, Schriftsteller und Schauspieler – die kritische Elite, die wirtschaftlichen Interessen im Wege stand, wurde verfolgt, eingekerkert und gefoltert. Der Umfang der Militärhilfe, die Griechenland in den Jahren 1968 bis 1970 bekam, war sogar größer als jene in den drei Jahren vor dem Militärputsch. Den Ausschlag gaben geostrategische Gründe. Es war die Angst vor dem Kommunismus, insbesondere die damals zunehmende Präsenz der UdSSR im Nahen Osten. Diesen strategischen Überlegungen wurden die elementaren Menschenrechte geopfert.

Und die internationalen und deutschen Konzerne klatschten Beifall. Heute noch können sich viele ältere Griechen an diese dunklen Zeiten erinnern, während man in Deutschland dieses Kapitel am liebsten ausblenden würde – das erbärmliche Verhalten von Teilen der deutschen Politik und Wirtschaft gegenüber der Militärjunta. Wie schrieb im Sommer 1973 das Magazin *Wirtschaftswoche*: »Wenn Diktatoren herrschen, bekommen Anleger gern feuchte Augen. In Griechenland hat sich der Aktienindex seit dem Putsch der Obristen vom April 1967 verfünffacht.«[211] Und in der *Welt* hieß es: »Allein 1973 nahm der Warenaustausch zwischen den beiden Ländern um 44 Prozent zu.«[212] Die deutsche Botschaft hatte erklären lassen: »Die deutsche Industrie ist in der Lage und bereit, allen Wünschen Athens zu entsprechen.« Denn bedeutende deutsche Konzerne erhofften sich damals genau das, was sie auch heute wieder fordern und was zentrales Anliegen der Troika ist.

»Unmittelbar nach dem Putsch erwartete man eine Verbesserung der technischen Abwicklung der Geschäfte, weil die Verzögerungen infolge dauernder Streiks durch ›energisches Eingreifen der Regierung‹ in aller Kürze beseitigt werden ... Auslandsinvestitionen genössen die Sicherheit des Kapital- und Zinsentransfers.« Und die Löhne seien, so konnte man 1969 in einer achtseitigen Griechenland-Beilage anlässlich des zweiten Jahrestags des Putsches nachlesen, »weiterhin niedrig«.[213] Da reiste, um nur zwei von vielen Beispielen zu nennen, im März 1972 der Leiter für Außenhandelsbeziehungen des Bundesverbandes der Deutschen Industrie (BDI) nach Athen und empfahl danach per Rundschreiben an die BDI-Mitglieder, Griechenland als einen günstigen Raum für verstärkte Investitionen zu nutzen. Und im April 1973 veranstaltete die Deutsch-Griechische Handelskammer eine Tagung in Athen. Zu den anwesenden Firmen gehörten unter anderem die Bayer AG, die Robert Bosch GmbH und die Schering AG.

Selbst Willy Brandt, der SPD-Vorsitzende und damalige Außenminister in der Großen Koalition, hielt empörten Parteimitgliedern, die den Abbruch der politischen und wirtschaftlichen Beziehungen zur Junta forderten, entgegen, wer den Abbruch der diplomatischen Beziehungen verlange, vertrete nicht die Interessen des Staates. Der damalige stellvertretende Fraktionsvorsitzende der SPD im Bundestag, Hans Apel, erklärte: »Was hätten wir eigentlich davon, wenn die jetzige Diktatur abgelöst würde zum Beispiel durch eine prokommunistische.«[214] Während Willy Brandt ein durchaus kritisches Verhältnis zur Militärjunta hatte, aus außenpolitischen Gründen (NATO-Mitgliedschaft) seinem Abscheu über die Diktatur jedoch enge Grenzen setzte, jubilierte die deutsche Wirtschaft.

Am 14. November 1973 kam es zu heftigen Protesten von Studenten des Athener Polytechnikums und der sich mit ihnen solidarisierenden Arbeiter. Das Militär ging mit Panzern, Tränengas und Schusswaffen gegen sie vor. Dabei setzte es auch Bergepanzer ein, die durch die Militärhilfe der Bundesrepublik mitfinanziert worden waren. Und der damalige deutsche Botschafter in Athen, Dirk Oncken, schrieb zu den blutig niedergeschlagenen Protesten, bei denen über 200 Demonstranten erschossen wurden: »Hinter den Studenten, die dann Mitte des Monats optisch der Träger des Widerstandes gegen das Regime waren, standen zweifellos Kräfte, die mit freiheitlicher Demokratie nicht unbedingt etwas zu tun haben. Ich halte es für ziemlich wahrscheinlich, dass hier auch von ausländischer Seite mitgewirkt wurde.«[215] Ähnlich äußerte er sich zu den Folterungen von Oppositionellen. »So versuchten die Diplomaten vor Ort dem Eindruck entgegenzuwirken, in Griechenland würden politische Gefangene regelmäßig gefoltert und dass Polizeigewalt an der Tagesordnung sei. Vielmehr handelte es sich hierbei nach Meinung der Botschaft um Einzelfälle, die sich durch die unzureichende Ausbildung der Polizisten und durch administrative Versäumnisse erklären ließen.«[216] Diese Aussagen demaskieren den Diplomaten als einen schon nicht mehr heimlichen Befürworter der Obristen.

Und wenige Wochen nach der blutigen Niederschlagung der Athener Studentenproteste gegen die Diktatur feierte die Deutsch-Griechische Handelskammer ihr festliches 50-jähriges Jubiläum. Im Mittelpunkt stand damals der Rüstungsexport. Das Auswärtige Amt erhob nämlich – anders als bei durch die Verteidigungshilfen staatlich geförderten Waffenexporten – keinerlei Bedenken gegen kommerzielle Waffenlieferungen an Griechenland. So auch nicht gegen die Beteiligung der deutschen Waffenschmiede Heckler und Koch an einer Ausschreibung für die Ausstattung der griechischen Armee mit neuen Maschinengewehren – also Waffen, die potenziell für den Einsatz gegen Demonstranten und andere Regimegegner geeignet waren. Und was die Lieferung von vier U-Booten anging, die noch vor dem Putsch bestellt worden waren, erklärte der damalige SPD-Außenminister Willy Brandt, dass ein Rücktritt vom Kaufvertrag Regressansprüche der griechischen Regierung begründen könnte. Außerdem könnten die U-Boote ohnehin nicht gegen die Opposition eingesetzt werden.[217]

Es gab jedoch einen Lichtblick, was die deutsche Haltung gegenüber der Militärjunta betraf. Da waren zum einen die deutschen Gewerkschaften und Teile der SPD, die massiv die griechische Opposition unterstützten, und ein Einzelkämpfer, nämlich Günter Wallraff. Der Schriftsteller kettete sich am 10. Mai 1974 auf dem Syntagma-Platz demonstrativ an einen Lichtmast, um gegen das Regime zu demonstrieren. »Wie können wir Willkürmaßnahmen in sozialistischen Staaten kritisieren und dabei den Faschismus im eigenen Lager übersehen?« Er wurde geschlagen und gefoltert, vegetierte – wie viele griechische Oppositionelle – im Kerker. Während die deutschen Mainstreammedien kaum davon Kenntnis nahmen, war ihm die Hochachtung der demokratischen griechischen Bürger sicher. Im Juli 1974 endete die Militärdiktatur, nachdem die Obristen Zypern besetzt hatten. Einige Generäle erkannten, dass sie sich ins politische Abseits manövriert hatten. Der konservative Karamanlis, der im Pariser Exil weilte, kehrte nach Griechenland zurück und wurde der erste frei gewählte Ministerpräsident nach der Diktatur. Wenige Monate nach deren Ende beantragte Karamanlis in Brüssel die Aufnahme Griechenlands in die damalige Europäische Gemeinschaft (EG). Die EG-Kommission riet im Januar 1976 von einer schnellen Aufnahme ab: Griechenlands landwirtschaftlich geprägte Ökonomie sei nicht konkurrenzfähig, Inflation, Arbeitslosigkeit und Handelsdefizit seien problematisch hoch, wurde gewarnt. Doch andere Interessen waren größer – und das erinnert fatal an den Beitritt zur Eurozone. »Deutschland war Griechenlands führender Handelspartner und hoffte, diese Position auszubauen (…) Außenminister Hans-Dietrich Genscher (FDP) reiste durch Europa, um widerstrebende Kollegen zur Zustimmung für Griechenlands Aufnahme zu bringen. Mit Erfolg: Am 9. Februar 1976 stimmte der Ministerrat der damals neun EG-Länder zu, mit den Griechen über den Beitritt zu verhandeln. Athens Versprechen, Ordnung in die eigenen Staatsfinanzen zu bringen, blieb aber auch nach dem formellen Beitritt zur EG 1981 unerfüllt.«[218]

Im Herbst 1981 übernahm Andreas Georgiou Papandreou mit seiner Sozialistischen Partei PASOK die Regierung. Jetzt brachen die letzten Dämme gegen die Korruption. Jene Ex-Politiker, die einst die Junta bekämpften, kapitalisierten ihren damaligen Widerstand. Sie oder ihre Söhne und Töchter beziehungsweise deren Verwandte bedienen bis heute die Schalthebel der wirtschaftlichen und administrativen Macht. Es sind die politischen Dynastien derer von Papandreou, Karamanlis und Mitsotakis. Eine verhängnisvolle Entwicklung, die im heutigen Staatsbankrott mündete, von dem wieder einmal die deutsche Wirtschaft profitieren sollte. Der bereits zu Wort gekommene Hochschuldozent Athanasios Drougos sieht das folgendermaßen: »Seit dem Ende der Diktatur im Jahr 1974 ist die Mehrheit der griechischen Regierungen vollkommen nepotistisch, korrupt und folgt nur den Anforderungen der Partei. Sie haben sich ihr eigenes Überleben durch Rousfeti (Bestechung) gesichert. Von der gegenwärtigen Regierung und ihren Kreisen erwartet niemand, dass sich die Dinge verändern. Selbst unter den drakonischen Forderungen der Troika werden die beiden Koalitionspartner nur die Dinge regeln, die ihre eigenen Privilegien und ihre Position in der Partei sichern. Es ist Zeit, das zu ändern.« Während in Griechenland, bedingt durch die soziale Krise und die Verletzung der nationalen Souveränität, insbesondere bei älteren Bürgern der Wunsch nach einer Diktatur wieder laut wird und die griechischen Neonazis kräftigen Zuspruch finden, ist in Portugal die Situation eine vollkommen andere. Was die Geschichte der beiden Länder verbindet, ist die Tatsache, dass in Portugal während der Militärdiktatur ebenfalls deutsche Unternehmer und konservative Politiker das System der Diktatur unterstützten.

Von der Diktatur in die Freiheit und dann zur Troika: Portugals Nelkenrevolution

Rückblende: Etwas ganz anderes als in Griechenland, nämlich eine Kulturrevolution, fand über 4000 Kilometer entfernt in Portugal statt. Seit 1926 wurde das Land von einer Diktatur geknebelt. Der Diktator António de Salazar, ein ehemaliger Hochschulprofessor, war für politische Unterdrückung, schwere Verletzung der Menschenrechte gegenüber seinem Volk und für Massaker in den damaligen afrikanischen Kolonien Angola und Mosambik verantwortlich. Sein Ziel war die totale Entpolitisierung der Portugiesen. Er sicherte den 37 herrschenden portugiesischen Familienclans absolute Protektion zu, sodass sie ihre Monopolstellung gegenüber der ausländischen Konkurrenz weiter ausbauen und die Rohstoffe der Kolonien in Afrika genauso ungehindert ausbeuten konnten wie die Arbeiter und Bauern in Portugal, die in bitterer Armut lebten. Der geringste Protestversuch der Arbeiter oder Studenten wurde im Keim erstickt, eine Opposition existierte nur im Untergrund. Es gab eine Zensur, Streiks und freie Gewerkschaften waren verboten, Folter und politische Morde an der Tagesordnung. Oppositionelle mussten ins westliche Ausland flüchten, und die meisten Staaten gewährten ihnen Asyl. Nicht so die Bundesrepublik.

Wer in Deutschland will sich heute noch daran erinnern, dass dieser Salazar-Diktatur von den USA, der NATO und von konservativen deutschen Politikern wie Unternehmern gehuldigt wurde. Ob Franz Josef Strauß, Ludwig Erhard, Konrad Adenauer, der damalige Bundespräsident Heinrich Lübke, sie alle machten im Laufe der Jahre dem Diktator ihre Aufwartung. Und wie im Fall Griechenland wurden dem Diktator massenweise Rüstungsgüter made in Germany geliefert. Unter der Salazar-Diktatur konnten deutsche Unternehmen wie Siemens ihre geschäftlichen Aktivitäten erheblich ausbauen, und in der Chemieindustrie bekam der Hoechst-Konzern eine maßgebliche Stellung. Denn für die ausländischen Firmen war Portugal als Billiglohnland interessant, und Streiks musste man nicht fürchten. Salazar brachte in den Sechzigerjahren ohne Hilfe des Auslands die zerrütteten Staatsfinanzen mit drakonischen Maßnahmen in Ordnung, sodass die mächtigen portugiesischen Familien und die internationale Geschäftswelt profitable Investitionen tätigen konnten. Gleichzeitig wuchs das Elend sowohl in der Landbevölkerung wie unter den Arbeitern.

Aufgrund der Ausweglosigkeit gab es in den Jahren 1966 und 1967 eine große Fluchtwelle, die an den Exodus junger Portugiesen seit 2011 erinnert. Damals flüchtete man vor der Armut, politischen Unterdrückung und Arbeitslosigkeit. Junge Männer wollten zudem dem Wehrdienst entgehen, denn das portugiesische Militär ging zu dieser Zeit in den Kolonien Angola und Mosambik mit brutaler Gewalt gegen die dort entstandenen Befreiungsbewegungen vor, und die Kampfeinsätze der jungen Soldaten kamen einem Todesurteil gleich. Allein im Zeitraum 1955 bis 1974 flohen rund eine Million Portugiesen in andere europäische Länder: nach Spanien, Frankreich oder Deutschland. Viele dieser Auswanderer wurden als billige Arbeitskräfte ausgebeutet, wobei der monatliche Mindestlohn in Frankreich immerhin um 92 Prozent höher lag als das durchschnittliche Einkommen der portugiesischen Bevölkerung.

Und heute sind es wieder Hunderttausende Portugiesen, die ihr Land verlassen müssen, diesmal aufgrund der rigiden Sozialkürzungen, auferlegt von der Troika. Allein im Jahr 2011 waren es 150.000. So forderte der portugiesische Premierminister die jungen Menschen explizit auf, doch bitte schön ins Ausland zu gehen, wenn sie in Portugal keine Arbeit finden.

Seit 1968 lag Salazar nach einem Hirnschlag bis zu seinem Tod 1970 im Koma. Sein Nachfolger Marcello Caetano führte die Diktatur fort. »Wie unter Salazar übt eine allgegenwärtige Geheimpolizei – die Policia Internacional de Defesa do Estado (PIDE) – ihre Terrorherrschaft aus.«[219] Zwar konnte diese Anfang der Siebzigerjahre das wachsende Unbehagen und die Unzufriedenheit in der Zivilgesellschaft noch unterdrücken, nicht jedoch das Aufbegehren unter Teilen der Streitkräfte. Vor allem unter den jüngeren Offizieren und Soldaten entwickelte sich Widerstand gegen den blutigen Kolonialkrieg in Angola, Mosambik und Guinea-Bissau sowie gegen die heimische Diktatur. Ihnen stand die privilegierte Kaste der erzreaktionären und profaschistischen Ultras der Militärführung gegenüber. Im Frühjahr 1974 plante dann eine kleine Gruppe von jungen Offizieren und Unteroffizieren, die sich *Movimento das Forças Armadas* (MFA, Bewegung der Streitkräfte) nannte und viele Kontakte zu Regimegegnern unter der Bevölkerung (vor allem den Intellektuellen) unterhielt, einen Putsch.

Den Offizieren ging es nicht darum, die Macht zu ergreifen. »Sie wollten in Portugal ein Ende des beschämenden Kolonialismus und der Diktatur. Sie wollten einen Prozess hin zur Demokratie, vollständige Meinungs- und Pressefreiheit, das Streikrecht und freie politische Parteien. Sie wollten ein Ende der Ausbeutung der Arbeiter und der gigantischen Monopole, die die Wirtschaft beherrschten.«[220] Kurzum, sie wollten einen demokratischen Sozialismus.

Grândola – ein Volk befreit sich

25. April 1974, 0:29 Uhr. Der Rundfunksender Rádio Renascença strahlt in seinem mitternächtlichen Programm *Limite* die erste Strophe des Liedes *Grândola, Vila Morena* des Sängers José Afonso aus. Im Text heißt es: »Grândola, braun gebrannte Stadt, Heimat der Brüderlichkeit. Das Volk ist es, das bestimmt in dir, o Stadt.« Das war das vereinbarte Startsignal für den Putsch gegen die Diktatur. Die seit Monaten minutiös geplante Rebellion der jungen Offiziere gegen das Regime Salazar/Caetano begann unter Führung des charismatischen Majors Otelo Carvalho. »Die Offiziere weckten die Mannschaften zum angekündigten ›Routine-Manöver‹ und wenige Stunden später rasten die Panzer der Kavallerie-Schule nach Lissabon.«[221] Um 7.30 Uhr rief ein erstes Kommuniqué die Bevölkerung zur Ruhe auf und befahl ihr, nicht aus dem Haus zu gehen. Die Portugiesen entschieden anders, gingen auf die Straße und feierten die Befreier, und die Soldaten verbrüder-

ten sich mit ihnen. Gemeinsam skandierten sie einen Satz, der Jahrzehnte später auch von den Menschen in der damaligen DDR aufgegriffen wurde: »Wir sind das Volk.« Jetzt sollte eine neue Zeit anbrechen.

Die Nelkenrevolution, so genannt, weil die Soldaten und Offiziere rote Nelken in ihre Gewehrläufe gesteckt hatten, konnte nicht mehr gestoppt werden. Diktator Caetano ergab sich unter der Bedingung, dass nicht die Straße die Macht übernimmt, sondern General Spínola sein Nachfolger wird. Eher widerwillig stimmt die MFA dem zu: Das Ziel war ihnen wichtiger, das Ende der 48-jährigen Diktatur. Teo Ferrer de Mesquita, der aus dem Exil die Diktatur bekämpfte und mit seiner Lebensgefährtin Maria Eulalia de Brito die einzige portugiesische Buchhandlung in Frankfurt am Main besitzt, erinnert sich heute mit Wehmut an die Nelkenrevolution: »Das war ein Moment voller Hoffnungen. Alles war offen. Wir dachten, dass die Zukunft uns gehört und alles möglich ist. Wir schaffen das. Es war ein sehr glücklicher Moment für die Portugiesen.« Seine Lebensgefährtin unterbricht ihn und weist auf die heutige Situation hin: »Sie haben das Arbeitsrecht verändert. Der Mindestlohn soll gekürzt werden, um die Arbeitslosigkeit zu bekämpfen. Der Mindestlohn beträgt jetzt 480 Euro. Was soll man noch kürzen? Das ist der Gipfel. Der Kündigungsschutz ist praktisch aufgehoben worden.« Immer häufiger kommen in die kleine Buchhandlung junge, gut ausgebildete Portugiesen, die im Rhein-Main-Gebiet eine neue Arbeit zu finden hoffen.

Samuel Schirmbeck war einer der wenigen deutschen Journalisten, der sich damals wie Teo ebenfalls in Lissabon aufhielt und über die Nelkenrevolution nach Deutschland berichtete: »Es war ein seltener Vorgang in der Geschichte, dass die Menschen auf einmal angstfrei waren, sie erlebten einen der seltenen Momente des Glücks, frei zu sein.«

Zum ersten Mal in der portugiesischen Geschichte konnten freie Gewerkschaften gegründet werden. In den großen Fabriken bildeten sich Arbeiterkommissionen. Werke der reichen Clans wurden von den Arbeitern besetzt und in eigener Regie übernommen; die von Großgrundbesitzern ausgebeuteten Landarbeiter besetzten brachliegende Felder. Bewohner bildeten Stadtteilkomitees und funktionierten Herrensitze und Prunkbauten in Schulen und Kliniken um. Aus den überall gebildeten Einwohnerkommissionen erwuchs die organisatorische Basis einer sozialen urbanen Bewegung der Bürger, die selbst über ihr Schicksal bestimmen wollte.

Endlich hatten alle Portugiesen die Möglichkeit, Schulen und Universitäten zu besuchen. Das Familienrecht wurde geändert und ist bis heute fortschrittlicher als das deutsche. Richtungsweisend war auch die neue Verfassung, insbesondere die Präambel: »Die verfassungsgebende Versammlung bestätigt die Entschlossenheit des portugiesischen Volkes, die nationale Unabhängigkeit zu verteidigen, die Grundrechte der Staatsbürger zu garantieren, die wesentlichen Grundsätze der Demokratie festzulegen, den Vorrang der Rechtsstaatlichkeit zu sichern und den Weg für ein sozialistisches Gesellschaftssystem unter Beachtung des Willens des portugiesischen Volkes zu eröffnen, im Hinblick auf die Errichtung eines freien, gerechteren und brüderlichen Landes.« Diese Verfassungspräambel ist europaweit einzigartig, und der Verfassungsgerichtshof ist in Portugal heute die einzige Institution, die beharrlich den Beschlüssen der konservativen Regierung und der Troika Widerstand leistet. Aber vom Glück, frei zu sein und das eigene Leben ohne soziale Not selbst bestimmen zu können, ist wenig übrig geblieben. Das hatte verschiedene Ursachen und hängt eng mit dem Ziel eines demokratischen Sozialismus zusammen.

Das Ende des Traumes von Freiheit und Gerechtigkeit

Es dauerte nicht lange, da baute sich Widerstand gegen die Akteure der Nelkenrevolution auf. Kampflos wollte die bislang herrschende Oberschicht aus Konzernchefs, Militär und Kirchenvertretern nicht aufgeben. Während der Diktatur hatten die herrschenden Familienclans mit der politischen Polizei zusammengearbeitet, um die Proteste gegen Salazar zu unterdrücken. Nach der Nelkenrevolution waren viele von ihnen nach Brasilien geflüchtet und hatten die dortige Militärdiktatur unterstützt.

Ende 1974 geschah etwas, was diese Clans wohl befürchtet hatten. Die sozialistische Regierung unter Führung der MFA begann, die Großindustrie, Banken und Versicherungen zu verstaatlichen, Großgrundbesitzer wurden enteignet und ihr Grund und Boden teilweise von Kooperativen übernommen. Die bislang rechtlosen Arbeitnehmer hüllte man in einen dicken Kokon von Schutzgesetzen. In ihrem preisgekrönten Dokumentarfilm *Viva Portugal* schildern die Filmemacher Christiane Gerhards, Malte Rauch und Samuel Schirmbeck, dass auch die Angestellten der Banken die Revolution unterstützten, nachdem Mitarbeiter der Espírito-Santo-Bank herausgefunden hatten, dass zweckgebundene Kredite der portugiesischen Zentralbank von den Eigentümern zweckfremdet worden waren. Schon kurz nach dem Ende der Diktatur hatte die Familie Espírito Santo große Vermögenswerte außer Landes transferiert. Nach der Revolution war die Staatsbank angewiesen worden, umgerechnet 700 Millionen Euro an Handelsbanken wie die des Familienclans zu überweisen, um damit 164.000 neue Jobs zu schaffen.

Die Banker schufen jedoch keinen einzigen Arbeitsplatz, finanzierten dafür zwei neue konservative Parteien und einen gescheiterten Rechtsputsch im März 1975 mit. Mit ein Grund dafür, warum am 11. März 1975 die Espírito Santo sowie 14 weitere Banken verstaatlicht wurden. Sie wurden erst wieder geöffnet, nachdem die Angestellten ihre Forderungen durchsetzen konnten, die Kontrolle der Banken selbst zu übernehmen. Am 14. März 1975 standen die Angestellten vor ihrer Bank und übergaben den Vorbeigehenden ein Flugblatt, in dem sie die Verstaatlichung begründeten.[222] Auf einem Plakat vor der Bank war zu lesen: »Sie steht nun im Dienst des Volkes.«

Doch zuvor schon waren Milliarden von den Kreditinstituten ins Ausland verschoben worden, um die Bekämpfung der Nelkenrevolution zu finanzieren. Banker, Unternehmer und der konservative General Spínola hatten die revolutionäre Bewegung gewaltsam beenden wollen. Es war das zweite Mal, dass der General einen Militärputsch organisierte. Sein erster im September 1974 hatte zur Folge, dass er als Staatsoberhaupt seinen Abschied nehmen musste. Nach dem zweiten im März 1975 flüchtete Spínola in die Schweiz. Und wo fand er Freunde? Unter anderem in Deutschland bei der CSU und deren großem Vorsitzenden Franz Josef Strauß. Anfang Februar 1976 traf er sich mit ihm in München. »Spínolas Adjutant Luis Oliveira Dias hatte das Münchner Gespräch nicht nur generalstabsmäßig in Bonn vorbereitet, er reiste auch nach dem Treffen noch einmal von Genf an. Im Bonner Büro des CSU-Chefs übergab er dem Strauß-Referenten Friedrich Voss ein ›Strategiepapier‹, in dem der General seine politischen Vorstellungen erläuterte (…) Einzelheiten dieser Kontakte hält die CSU nach wie vor geheim wie ein Verschwörer-Treffen.«[223]

Nach dem Treffen versuchte Spínola, in Deutschland Waffen einzukaufen. Dabei fiel er auf den Journalisten Günter Wallraff herein, der sich als Unterstützer seiner rechtsterroristischen Bewegung und Vertrauter von Franz Josef Strauß ausgab und ihm bei einem Treffen im Düsseldorfer Lokal Schnellenburg NATO-Waffen anbot. Als Günter Wallraff den Putschplan und die Verbindungen zwischen Spínola und Franz Josef Strauß aufdeckte, empörten sich nicht nur die portugiesischen Bürger, sondern auch die internationalen Medien. In Deutschland sah das etwas anders aus. »So sah sich der Chefredakteur der Deutschen Presse Agentur (dpa) veranlasst, eigens von Hamburg nach Bonn zu fliegen, um zu verhindern, daß die Verbindungen von Strauß publik wurden..., die meisten Blätter empörten sich nicht so sehr über Spínola und Strauß als vielmehr über Günter Wallraff und seine Art der Recherche.«[224] Was nicht weniger skandalös war: »Der Rücktritt Spínolas vom Amt des Staatspräsidenten hatte im Westen unverhüllt feindselige Reaktionen ausgelöst: ›alle Anleihen und anderen Hilfsmaßnahmen, über die wir in Westeuropa und den Vereinigten Staaten verhandelten, wurde von der Tagesordnung gestrichen‹«,[225] beklagte sich der ehemalige portugiesische Präsident Francisco da Costa Gomes.

Und die deutsche Industrie, wie reagierte sie auf die Nelkenrevolution? Die Konzerne Grundig, Siemens oder Hoechst stoppten ihre Investitionen, weil der Mindestlohn angehoben und ein Urlaubsgeld eingeführt wurde. »Portugal verliert seinen Standortvorteil als Investitionsland weitgehend«, wurde der Leiter der Deutschen Entwicklungs-Gesellschaft in den Medien zitiert.[226] Auch die westlichen NATO-Staaten erhöhten den Druck, befürchteten sie doch bereits eine kommunistische Machtübernahme, nur weil es Anfänge einer Basisdemokratie gab und die Arbeiter ebenso wie die arme Landbevölkerung plötzlich selbst über ihr Schicksal bestimmen wollten. Immerhin war zur damaligen Zeit die DDR-Regierung in Portugal sehr präsent. Sie unterhielt in Lissabon eine Botschaft und unterstützte die Landkooperativen mit neuen Maschinen. Fast alle kritischen portugiesischen Schriftsteller publizierten die deutsche Übersetzung ihrer Bücher nicht etwa in der Bundesrepublik, sondern zuerst in der damaligen DDR. Und die Nelkenrevolution, dieses kurze Aufbäumen gegen das System der Unterdrückung, dieser Augenblick voller Hoffnungen, eine gerechte Gesellschaft im feindlichen Umfeld aufbauen zu können? Sie wurde spätestens 1976 zu Grabe getragen. Die wirtschaftliche Situation hatte sich durch einen gezielten Boykott der einflussreichen Familien und des Westens kontinuierlich verschlechtert. Hinzu kamen Terroranschläge gegen linke Gewerkschafter und zwei weitere Putschversuche rechter Kräfte, finanziert von den reichen Familien, die ehemals Portugal beherrschten und nach der Revolution ins Ausland geflüchtet waren.

Sozialdemokraten aus Deutschland und der Weg zurück

In dieser Phase, also zwei Jahre nach der Nelkenrevolution, spielte die neu gegründete Sozialistische Partei (PS) unter Führung von Mário Soares (und die Schwesterpartei SPD in Deutschland) eine unheilvolle Rolle. Soares hatte sich noch vor den Enthüllungen über António de Spínolas Putschaktivitäten im Frühjahr 1975 für dessen Rückkehr nach Portugal ausgesprochen und diffamierte Wallraffs Enthüllungen als Teil einer internationalen Verschwörung. Der rechtsradikale Putschgeneral Spínola wurde ausgerechnet durch den Sozialisten Mário Soares 1987 offiziell rehabilitiert. Soares zeichnete ihn mit einem der höchsten Orden aus, und zwar für seine »heroischen militärischen und zivilen Leistungen und als Symbol der Aprilrevolution und als erster Präsident der Republik nach der Diktatur.« Im August 1996 starb António de Spínola im Alter von 86 Jahren.

Und wer ist Mário Soares? Er und seine neu gegründete Partei sind eine Konstruktion der deutschen SPD, inhaltlich wie finanziell. Während der Salazar-Diktatur wurde Mário Soares verfolgt und musste ins Ausland flüchten. Nach der Revolution kehrte er mit zwei vorgefertigten Reden der SPD-nahen Friedrich-Ebert-Stiftung nach Lissabon zurück, »nachdem ihn seine Förderer in der Bundesrepublik seit langem auf die Aufgabe vorbereitet hatten, den Kommunisten, die wegen ihres opferreichen, antifaschistischen Kampfes hauptsächlich im portugiesischen Süden großes Ansehen genossen, politischen Einfluss streitig zu machen (...) und den Wunsch des portugiesischen Volkes nach Sozialismus auf sozialdemokratische Art und Weise zu kurieren«.[227] Der Journalist Samuel Schirmbeck erinnert sich daran, wie Mário Soares sich im Jahr 1976 in Frankfurt in einem Luxushotel aufhielt. »Ich habe das Doppelspiel von Soares mitbekommen. In Portugal hielt er radikale Reden, im Frankfurter Interconti erklärte er Unternehmern: Wir kriegen das schon hin.«

Die Kommunistische Partei Portugals, die gerade eine führende Rolle in der Nelkenrevolution gespielt hatte, wurde von der Führung der PS plötzlich beschuldigt, eine kommunistische Diktatur in Portugal errichten zu wollen. Dass die Selbstorganisationen der Arbeiter und Bauern, die die Nelkenrevolution maßgeblich bestimmten, von der Partei völlig unabhängig waren, kam nicht zur Sprache. Stattdessen präsentierte sich die PS als »diejenige Führung, die in der Lage ist, die Freiheit aus den Fängen der Kollektivierung, der Gewerkschaftskontrolle, des Anti-Katholizismus und der Mediendiktatur zu befreien und solchermaßen die Unterstützung der gemäßigten Bereiche der portugiesischen Gesellschaft zu sichern«.[228]

Dabei gibt es aufschlussreiche Reaktionen auf den Versuch, den demokratischen Sozialismus zu sabotieren. Schon wenige Tage nach der Nelkenrevolution, als der Revolutionsrat seinen Aktionsplan vorstellte, erklärte der SPD-Vorsitzende Brandt, die europäische Sozialdemokratie würde nicht zulassen, dass in Portugal ideologische Exportmodelle auf Kosten der pluralistischen Demokratie errichtet werden. »Und am 17. Juli 1975 lehnte der Europäische Rat der EG ein portugiesisches Ersuchen um Finanzhilfe faktisch ab, indem er Portugal ein ›buchstäbliches Ultimatum‹ präsentierte: ›Die Europäische Gemeinschaft (kann) aufgrund ihrer politischen und geschichtlichen Tradition nur einer pluralistischen Demokratie ihre Unterstützung geben‹.«[229] Alfred Moos, 1933 Mitstreiter von Willy Brandt in der Sozialistischen Arbeiterpartei (SAP), schrieb wegen dieses Verhaltens der deutschen Sozialdemokraten gegenüber den Repräsentanten der Nelkenrevolution einen Brandbrief an seinen alten Freund. »Bist Du Dir dessen bewusst, welche Schuld die SPD wieder einmal durch ihr Versagen auf sich lädt, und dass wieder einmal eine Hoffnung auf einen demokratischen Sozialismus, der modellhaft für die Entwicklung in den Ländern der Dritten Welt sein könnte, stirbt, wenn die Konterrevolution in Portugal siegen sollte? Soll nachher keiner kommen und sagen, dies und jenes sei nicht vorhersehbar gewesen! Es war vorhersehbar! Es grüßt Dich dein alter Genosse – Alfred Moos.« Eine Antwort hat er nicht erhalten. Er starb am 1. April 1997.

Die Historikerin Raquel Varela kommt aufgrund ihrer Forschungsarbeit zu folgender Analyse: »Soares hat die portugiesische Revolution buchstäblich zerstört. Er war dafür verantwortlich. Sie haben in Portugal realisiert, dass keine militärische Konterrevolution, sondern nur eine zivile demokratische Konterrevolution die Nelkenrevolution stoppen kann. Sowohl die Kommunisten wie Soares erhielten viel Unterstützung, nicht nur Geld, sondern auch Ausrüstung und Personal aus dem Ausland. Die einen aus der UdSSR, die anderen von der Friedrich-Ebert-Stiftung. Soares war der Führer einer zivilen Konterrevolution.« Die finanziellen Mittel, die von den europäischen Sozialdemokraten, insbesondere der SPD in Bonn, nach Portugal zu Mário Soares transferiert wurden, waren gewaltig. Manche erinnern sich noch, wie der damalige SPD-Mann Hans Matthöfer mit Koffern voller Bargeld nach Lissabon geflogen ist. Geschätzt wird, dass zwischen 10 bis 15 Millionen DM seinerzeit von der Friedrich-Ebert-Stiftung den Genossen in Portugal übergeben wurden, »dabei stammten allein 1977 2,9 Millionen DM aus Bundesmitteln.«[230]

Richtig ist, dass Mário Soares' Politik mitverantwortlich dafür war, dass die alten korrupten Eliten wieder die Macht an sich reißen konnten. Sie erhielten sogar hohe Entschädigungen für ihre 1975 verstaatlichen Betriebe. Mit diesem Geld wiederum wurden unter anderem über 300 Finanzfirmen gegründet, Banken und Finanzinstitute gekauft. 1985 erklärte Soares anlässlich der Privatisierung einer Bank, dass »dieser Schritt, den wir beschlossen haben, von großer Symbolkraft ist«. Da hatte er wohl recht. »Jetzt sind die Zeiten der nachrevolutionären Blütenträume in Portugal vorüber«, jubelten westdeutsche Medien. Inzwischen regierte eine Koalition aus Soares' PS und der konservativen Sozialdemokratischen Partei (PSD) mit absoluter Mehrheit. Sie waren und sind die größten Förderer dieser alten korrupten Eliten.

Vor Ostern 1988 streikte die Hälfte der drei Millionen portugiesischen Arbeitnehmer. Es war der größte Generalstreik seit

Jahren, der die Liberalisierung der Arbeitsgesetzgebung verhindern sollte. Diese Gesetze hatten die portugiesischen Gewerkschaften den ersten Regierungen nach der Revolution abgetrotzt und bis dahin erfolgreich gegen alle Angriffe verteidigen können. Sie machten es den Unternehmern fast unmöglich, einmal eingestellte Arbeitnehmer zu entlassen – selbst während der Probezeit oder im Rahmen einer Neustrukturierung des Unternehmens. Diese Situation müsse verändert werden, wolle man die Arbeitsgesetzgebung Portugals den EG-Gepflogenheiten anpassen, forderte die konservative Regierung. Damals wusste man noch nichts von der Troika.

Die wahren Herrscher in Portugal – gestützt von der Troika

Die rechtsradikalen Putschisten wurden geehrt, während die reichsten und mächtigsten Clans in Portugal mit Milliarden aus der Staatskasse für die Verstaatlichung von Unternehmen in den Siebzigerjahren entschädigt wurden. Finanzierten sie damals rechte Putschisten, stützten sie nun mit dem frischen Kapital die massive Privatisierung von öffentlichen Unternehmen und übernahmen wieder die Kontrolle der Banken. Durch die Privatisierungen verlor der Staat Milliardenbeträge, die nur durch höhere Abgaben für die Bevölkerung kompensiert werden konnten. Zwischen 2004 und 2010 erwirtschafteten die wenigen Konzerne, die noch unter staatlicher Kontrolle standen, Einnahmen von 3,4 Milliarden Euro, doch auch diese Firmen sollten ab 2011 auf Anordnung der Troika privatisiert werden. Und die konservative Regierung erfüllt diesen Wunsch gerne, weil er genau ihren Forderungen entsprach.

Tatsache ist, dass in Portugal heutzutage wieder die gleichen Familien die Wirtschaft beherrschen wie während der Diktatur Salazars. Sie verfügen über eine marktbeherrschende Stellung in strategisch wichtigen Sektoren wie den Finanzen, der Energie, der Kommunikation, der Zement-, Zellstoff- und Papierindustrie, dem Baugewerbe, dem privaten Gesundheitswesen und den Medien. Ihre Macht wurde noch durch Überkreuzbeteiligungen zwischen diesen ökonomischen Gruppen gestärkt. Häufig wechselten auch Regierungsvertreter nach Aufgabe ihrer politischen Ämter in die Verwaltungsräte der marktbeherrschenden Konzerne, oder deren Lenker wechselten in die Politik. Allein der Bereich der Finanzindustrie wird von fünf Gruppen kontrolliert, die 83,9 Prozent des gesamten Marktes beherrschen, der Gassektor von einer einzigen Gruppe mit einem Marktanteil von 100 Prozent.

Inzwischen operieren diese Konzerne global, orientieren sich ausschließlich am Shareholder-Value und haben wenig Interesse am Wirtschaftswachstum in Portugal selbst und der Entwicklung der nationalen Volkswirtschaft. Das Gleiche gilt für die ausländischen Unternehmensgruppen, die durch entsprechende Kapitalbeteiligungen immer häufiger die portugiesischen Konzerne kontrollieren.

Untersuchungen portugiesischer Wirtschaftswissenschaftler zeigen, dass »die Förderung eines besseren Lebensstandards für diese marktbeherrschenden Konzerne kaum noch eine Rolle spielt. (…) Ein schwacher Staat erzeugt zwangsläufig schwache Aufsichtsbehörden, die zu Geiseln dieser ökonomischen Gruppen geworden sind.«[231] Doch genau das scheint das strategische Ziel sowohl der portugiesischen Regierung als auch der Troika zu sein.

Was das bedeutet, demonstriert der Wiederaufstieg des De-Mello-Clans, benannt nach dem Gründer des Unternehmens

José Manuel de Mello. Ihm gehörten vor der Nelkenrevolution große Anteile der Companhia Uniao Fabril (CUF), einem der 200 größten Industriekonzerne Europas mit Banken, Brauereien, Reedereien, Werften, Hotels sowie Öl-, Kupfer- und Chemieindustrie. Nach der Revolution wurden seine Betriebe verstaatlicht. Immerhin war er einer der wichtigsten Stützen der alten Diktatur. Die De Mellos engagierten sich nun, abgesehen vom Bankgeschäft, in Bereichen mit staatlich garantierten Gewinnen: Autobahnen, Elektrizität, private Gesundheit –, immer unterstützt von wichtigen politischen Repräsentanten. Zu Beginn des Jahres 2000 erwirtschaftete der Clan bereits wieder Einnahmen, die 2 Prozent des gesamten portugiesischen Sozialprodukts ausmachten, ein Reichtum, den in den letzten 20 Jahren die Kooperation mit dem Staat ermöglicht hatte. In den Achtzigerjahren investierte die Gruppe in die Nahrungsmittelindustrie und erhielt Staatskredite über staatliche Banken, um zum Beispiel das bedeutendste Versicherungsunternehmen zu kaufen. Die Firmenzentralen befinden sich in Gebieten, in denen keine portugiesischen Steuern zu zahlen sind: in Irland. Ihr Vermögen heute wird auf knapp 500 Millionen Euro geschätzt.

Der Familie Champalimauds gehörten in den Zeiten der Diktatur die größten Papierfabriken Portugals, dazu Stahl- und Zementwerke sowie Banken. Die Diktatur hatte ihm dieses Monopol gesichert. Antónios Champalimauds Konzerne wurden nach der Nelkenrevolution verstaatlicht. Im größten Stahlwerk Portugals, das ihm bislang gehört hatte, bildeten sich im Jahr 1975 Arbeiterkommissionen. Sie forderten jetzt einen Tarifvertrag, einen Mindestlohn, Lohnfortzahlung im Krankheitsfall und einen 30-tägigen Urlaub, Forderungen, die alle erfüllt wurden.

Der Clanchef floh zuerst nach Frankreich und danach nach Brasilien. In Chile wurde er vom Diktator Pinochet empfangen, der ihm genehmigte, sein Kapital in die Zementindustrie zu investieren. 1992 kam er nach Portugal zurück und kaufte unter dubiosen Umständen seine alten Unternehmen zurück. Die Gruppe Champalimaud erhielt 17 Jahre, nachdem sein Zementunternehmen Cimpor und seine Bank Pinto & Sotto Mayor verstaatlich wurden, 50 Millionen Euro als Entschädigung. Der damalige Staatssekretär multiplizierte den Wert für diesen Zeitraum kurzerhand um das 50-fache. Seine Bank verkaufte Champalimaud dann an die spanische Santander-Gruppe. Er starb am 10. Mai 2004 als einer der reichsten Männer Portugals.

Zu denen gehört heute außerdem Américo Amorim, ebenfalls Spross einer der unter der Diktatur reich gewordenen Familiendynastien, die nach der Nelkenrevolution enteignet wurden. In der offiziellen Firmenbiografie erfährt man zwar, dass 1922 die zweite und 1953 die dritte Generation die Américo-Amorim-Gruppe übernahm, also in der Zeit der Diktatur, dann geht es jedoch erst 1981 weiter. Kein Wort über die Nelkenrevolution und die Verstaatlichung des Konzerns. Im Zuge von deren Rücknahme durch die Sozialistische Partei gründete die Familie wieder neue Unternehmen wie im Jahr 1981 die Banco Português de Investimento (BPI). Danach folgten ein Telekommunikationsunternehmen und eine Immobilienholding. Auf dem Energiesektor beteiligte sich die Gruppe mit 33,34 Prozent an GALP Energia und gründete in den Niederlanden Amorim Energy zusammen mit einem Partner aus Angola. Über dieses Unternehmen werden die Gewinne von GALP an die Aktieninhaber ausgeschüttet. Der GALP-Gewinn stieg im ersten Vierteljahr 2013 um 51 Prozent. Die Dividenden aus dem Gewinn von 75 Millionen Euro sind in den Niederlanden, der Fiskalheimat von Amorim, steuerfrei. In Portugal hat der Staat das Nachsehen. Im Jahr 2008 wurde der Tycoon Miteigentümer der Banco Internacional de Crédito (BIC), der einzigen angolanischen Privatbank in Portugal mit ausschließlich angolanischem Kapital, die er zusammen mit Isabel dos Santos, der Tochter des angolanischen Präsidenten gegründet hatte. Gemanagt wurde die BIC Portugal zeitweilig von Luis Mira Amaral von der konservativen PSD, von 1985 bis 1987 portugiesischer Minister für Arbeit und soziale Sicherheit und von 1987 bis 1995 Minister für Industrie und Energie. Amaral gilt aufgrund einer monatlichen Rente von 18.156 Euro, die er seit 2004 bezieht, weil er 18 Monate lang Manager der Bank gewesen ist, als einer der berühmtesten Ruheständler Portugals. 2011 kaufte Américo Amorim noch die Bank BNP für schlappe 40 Millionen Euro. Amorims Vermögen wird auf zwei Milliarden Euro geschätzt.[232] Dieses exemplarische Beispiel zeigt wieder einmal, wer in Wirklichkeit in Portugal durch die Troika gerettet wurde beziehungsweise gerettet wird.

Das promiskuitive Verhältnis zwischen Banken und Politikern und das Geld der Steuerzahler

Zum einen ist da die ultimative Forderung der Troika, dass der Staat Unternehmensanteile in Höhe von 5,5 Milliarden Euro verkaufen muss, um das vorgegebene Defizitziel einzuhalten. Und hier kommt die BPN (Banco Português des Negócios) wieder ins Spiel. Im Jahr 2008 wurde sie verstaatlicht, wobei die Regierung, also der portugiesische Steuerzahler, 2,4 Milliarden Euro investierte, um eine Pleite zu verhindern. Für die finanzielle und politische Misere in Portugal war die BNP nämlich von zentraler Bedeutung. Die derzeit regierende PSD war ihr dennoch wohlgesonnen, hielt die Bank doch auf Kosten der Steuerzahler lukrative Jobs für ehemalige Minister und Staatssekretäre bereit. Die normalen Arbeitnehmer, die die Hauptlast der Steuern tragen, dürfte das weniger gefreut haben.

Die Geschichte der BNP ist ein Musterbeispiel der freundschaftlichen Zusammenarbeit von Politik und Kapital in Portugal. Der starke Mann der Bank, José de Oliveira e Costa, wurde 1985 vom damaligen konservativen Regierungschef Cavaco Silva aus der Banco de Portugal geholt, um in seiner Regierung Staatssekretär für steuerliche Angelegenheiten zu werden. 1998 übernahm er nach einer Karriere in der Europäischen Investitionsbank und der Finibanco den Vorsitz der BPN. Ein anderer Sozialdemokrat mit Verbindungen zur Bank ist Duarte Lima, ehemaliger Fraktionsvorsitzender der PSD im Parlament, derzeit wegen schweren Betrugs in Höhe von 40 Millionen Euro und Geldwäsche in Untersuchungshaft.[233] Von der Bank soll er nach Medienberichten in der Zeit von 2001 bis 2005 zudem einen Kredit von 6,8 Millionen Euro erhalten haben.[234] Obwohl José de Oliveira e Costa in dem Prozess gegen Duarte Lima am 17. September 2013 vor dem Lissaboner Gerichtshof, dem Campus de Justiça, als Zeuge aussagen sollte, weigerte sich der ehemalige Präsident der BNP zu erscheinen. Denn seine rechte Hand in der Bank war Manuel Dias Loureiro, von 1985 bis 1995 Minister für Parlamentsangelegenheiten und Innenminister in zwei von Cavaco Silva geführten Regierungen. Auch ein weiterer ehemaliger Innenminister, Daniel Sanches, fand den Weg in die BPN.

Im Jahr 2008 quittierte Oliveira e Costa den Vorsitz der Bank, angeblich aus gesundheitlichen Gründen. Ersetzt wurde er durch Miguel Cadilhe, Finanzminister der elften Regierung von Cavaco Silva. Die BPN machte in dieser Zeit riesige Verluste, und die sozialistische Regierung unter Premierminister José Sócrates entschied im Jahr 2008, die Verluste der Privatbank zu »verstaatlichen«. Auf diese Weise übernahmen die Portugiesen die Schulden der Privataktionäre, die sich bislang eine goldene Nase verdient hatten. Die BPN wurde nun Teil der Caixa General de Depósitos (CGD, Allgemeine Sparkasse), die wiederum von einem Ex-Minister aus Cavaco Silvas Kabinett geleitet wurde.

Am 31. Juli 2011 verkaufte die Regierung die BPN für 40 Millionen Euro an die BIC Angola, also jene angolanische Bank, deren Eigentümer der Tycoon Américo Amorim und »Isabela, die Mächtige«, wie die Tochter des angolanischen Präsidenten genannt wird, sind.

Skandalös, aber unbeachtet geblieben ist, dass der portugiesische Staat nicht nur die Verluste der Privatbank bezahlte, sondern dass die Bank für ein Butterbrot verkauft wurde, während sie den portugiesischen Steuerzahlern noch mehr als 550 Millionen Euro kosten wird – zusätzlich zu den bereits investierten 2,4 Milliarden. Außerdem muss der Staat die Kosten der Entlassungen von mehr als der Hälfte der 1580 Angestellten (20 Millionen Euro) übernehmen. Immerhin wurden die persönlichen und parteilichen Beziehungen des derzeitigen Staatspräsidenten und ehemaligen Premierministers Cavaco Silva zu ehemaligen Geschäftsführern der BPN in den Medien heftig kritisiert. Er stehe mit der Bank auch in Geschäftsbeziehungen, von denen er unmittelbar profitiere. 2001 kauften er und seine Tochter 255.018 Aktien der BPN und stießen sie zwei Jahre später mit einem Gewinn von 140 Prozent wieder ab. Cavaco Silva besitzt zudem ein Ferienhaus bei Albufeira. Der angegebene Wert der Villa beträgt schlichte 199.469,69 Euro. Der Preis war günstig, weil es sich bei dem ehemaligen Hausbesitzer um einen Bauunternehmer und Aktionär der BPN handelte. Kritiker kommentierten, dass die Wähler einen der Verantwortlichen im BPN-Skandal als Präsidenten selbst gewählt hätten. Nun sollten sie sich auch nicht beklagen, wenn sie bezahlen müssen, was andere gestohlen haben. Die Vorgänge rund um die BNP beweisen, dass die Eigentümer Portugals weiter auf den Staat als ihren Beschützer und Garanten ihres Wohlstands zählen können.

Raquel Varela hat bei ihren Forschungen Folgendes herausgefunden: »Wichtige portugiesische Firmen haben Joint Ventures mit deutschem Kapital. Im Bereich der privaten Krankenhäuser gibt es zum Beispiel Joint Ventures zwischen den beiden größten Konzernen Portugals und Siemens.« Sicher ist jedoch, sagt sie, dass die Energieindustrie, auf deren Privatisierung die Troika besonders großen Wert legt, im Parlament viele Förderer hat, weil die Mitglieder der Troikakommission im Parlament in großer Zahl mit der Energieindustrie verbunden sind. Die wissen aus langjähriger Erfahrung, wie man von der Privatisierung profitiert, denn sobald sie das Parlament verlassen werden, warten dort lukrative Posten auf sie. Man kann es auch von Deutschland lernen nennen.

Immerhin meldete sich der mehrmalige Premierminister und Staatspräsident, der jetzt knapp 90-jährige PS-Politiker Mário Soares, im April 2013 wieder zu Wort. Er, der zusammen mit der konservativen Sozialdemokratischen Partei Portugals die Reprivatisierung aller zuvor verstaatlichten Unternehmen und Banken eingeleitet hatte, sagt heute: »Portugal wird niemals in der Lage sein, seine Schulden zu bezahlen, auch wenn das Land noch weiter in die Armut getrieben wird. Wenn du nicht zahlen kannst, ist die einzige Lösung, nicht zu bezahlen. Als Argentinien in der Krise war, zahlte es nicht. Passierte irgendetwas? Nein, nichts geschah.« Für Mário Soares ist die portugiesische Regierung ein Dienstbote der deutschen Kanzlerin Angela Merkel. Um ihr zu Diensten zu sein, habe die Regierung alles verkauft und dieses Land ruiniert.

Sein Aufruf kam eine Woche, nachdem das portugiesische Verfassungsgericht entschieden hatte, dass die Kürzung von Löhnen und Pensionen für öffentlich Bedienstete illegal sei. Es war das dritte Mal, dass das höchste Gericht die rigiden Spardiktate auf ihre Verfassungskonformität überprüfte. Die Regierung wollte diesmal Staatsangestellte, deren Arbeitsplätze gestrichen werden sollten, auf eine Warteliste setzen und nach einem Jahr entweder in eine andere Behörde versetzen oder endgültig entlassen. Der portugiesische Premierminister Pedro Passos Coelho schäumte. Er warf dem höchsten Gericht vor, die Umsetzung der Reformen zu gefährden.

Über die Wut, die Melancholie und die Ohnmacht

Lissabon, 12. März 2013, später Nachmittag. Der Praça do Comércio nahe des breiten Flusses Tejo, der zum Atlantik hinführt, ist eingerahmt von Gebäuden aus der Kolonialzeit. Hier stehen Tausende Demonstranten, die gegen die Troika und die Sparmaßnahmen der Regierung protestieren und singen ein Lied, das in seiner Melancholie vielen älteren Portugiesen Tränen in den Augen treibt. Sie singen wehmütig mit: »Grândola, braun gebrannte Stadt, Land der Brüderlichkeit. Es ist das Volk, das bestimmt in dir, o Stadt.« Es ist lange her, seit dieses Lied den Startschuss für die Nelkenrevolution gab. Jetzt ist *Grândola* die Hymne der Portugiesen, die gegen die Politik der Troika demonstrieren. Nicht nur in Lissabon, in ganz Portugal folgten bereits im November 2011 Hunderttausende dem Aufruf der unabhängigen Bewegung »Que se lixe a Troika« (Zur Hölle mit der Troika)[235] und forderten den

Rücktritt der konservativen Regierung. Lehrer, Krankenschwestern, Arbeiter, Rentner und Studenten, sie alle eint ihre Wut auf die Mitte-rechts-Regierung und die Wut auf die Troika. »Ich bin hier, um gegen die Regierung zu demonstrieren«, sagt ein Demonstrant mit einer roten Nelke am Revers seiner Jacke. »Sie lässt uns eine Rechnung bezahlen, die nicht unsere ist. Das ist kriminell und illegal und zwingt uns, von Brot und Wasser zu leben, um die Schulden zu bezahlen, die durch korrupte Politiker und Banker zustande gekommen sind.« Die Portugiesen machen eine einfache Rechnung auf. Auf der einen Seite wurden die Steuern auf Löhne und Gehälter, die Umsatzsteuer und Sozialversicherungsbeiträge massiv erhöht. Die Konzerne hingegen zahlen wenig Steuern. Die Einkommenssteuer, die von den 1000 größten Unternehmen gezahlt wird, liegt bei einem Prozent ihres Umsatzes, und die Banken werden mit einer Einkommenssteuer von 5 Prozent belastet. Es ist nicht bekannt, dass die Repräsentanten der Troika das ändern wollen, im Gegenteil.

Anfang August 2013. Es ist 23 Uhr in Lissabon. Ein frischer Wind vom Atlantik hat die Hitze des Tages weggefegt. Die Bar Pavilhão Chinês in der Rua Dom Pedro V. ist ein beliebter Treffpunkt junger Portugiesen. Von der Decke hängen Modellkampfflugzeuge, in den Holzvitrinen an den Wänden stehen unzählige kleine Ritterfiguren und Spielzeugsoldaten der diversen portugiesischen Waffengattungen. Weshalb Rui Araújo diesen Ort, in dem es überfüllt und laut ist, für ein Treffen ausgewählt hat, habe ich nicht verstanden. Araújo ist einer der erfahrensten und bekanntesten Journalisten Portugals, sein Gesicht spiegelt die wechselvolle Geschichte des Landes in den letzten 40 Jahren. Als junger Student war er Mitte der Siebzigerjahre an der Nelkenrevolution beteiligt, wollte etwas verändern, den Menschen in ihrer sozialen Not helfen – wie viele Tausende anderer junger Portugiesen, die ihre Hoffnungen auf Freiheit und demokratische Erneuerung mit dieser Revolution verbanden. Damals, als junger Student, ermöglichte er es Kindern aus den Elendsquartieren Lissabons, ans Meer zu fahren, damit sie zum ersten Mal in ihrem Leben den Atlantik kennenlernten, der ja nur wenige Kilometer von den Slums entfernt der Weg in die Weite und das Fremde ist. Danach ging er nach Paris und studierte an der Sorbonne Literatur. Er arbeitete für Radio France, war Korrespondent für das portugiesische Fernsehen und baute dort eine Abteilung »Grand Reportage« auf. Später war er Ausbilder von Journalisten in Lissabon, zwei Jahre Ombudsmann der Zeitung *Publico* und lehrte an verschiedenen Universitäten investigativen Journalismus. Er gewann insgesamt zehn Journalistenpreise. Seinem Sohn hat Araújo verboten, Journalistik zu studieren, weil das in Portugal heute Verbiegung und intellektuelle Prostitution bedeute. Jetzt studiert der Sohn Management und will nach Kanada auswandern. »Dieses Land bietet nur Elend und keine Perspektiven mehr«, sagt er.

»Wenn Sie die Situation nach der Nelkenrevolution und heute vergleichen, was hat sich verändert, abgesehen davon, dass es keine Diktatur mehr gibt?«, frage ich ihn. »In der Vergangenheit hatten wir Unterdrückung, eine Diktatur. Heute haben wir keine richtige Demokratie mehr, dafür jedoch Unterdrückung durch die Märkte, die Troika. Du wählst die Sozialisten oder Sozialdemokraten. Sie spielen im großen Spiel keine Rolle. Das ist vielmehr die Troika, der Finanzmarkt. Was ist denn das für eine Demokratie?«

Für ihn war Europa ein Traum. Und heute? »Heute wird Europa zum Albtraum. Die politischen Parteien sind Teil des Problems, nicht die Lösung. Das ist meine Erfahrung: Sie stehen für Korruption, Betrug, Lügen und Angst.« Dann steht er auf. Er muss zum Spätdienst in seine Fernsehredaktion.

Die sendet schon lange keine kritischen Berichte mehr wie in der Vergangenheit, als er gravierende Fälle von Korruption, Geldwäsche und Betrug aufdeckte. Es ist eine paradoxe Situation: Rui Araújo hat Arbeit und ist doch arbeitslos. »Ich versuche jetzt, einen Job im Ausland zu finden. Ich bin krank und müde« sagt er zum Abschied, greift nach seinem Rucksack und verschwindet in die Nacht.

Viele Portugiesen erinnern sich wegen der grenzenlosen Ohnmacht wieder an einen der Helden der Nelkenrevolution, den heute 76-jährigen Othelo de Carvalho. Er war Brigadier der Spezialeinheit COPCON, deren Aufgabe darin bestand, den Prozess der Freiheit und sozialen Gerechtigkeit zu fördern. Kurz nachdem im Jahr 2011 die portugiesische Regierung nach internationaler Hilfe rief, erklärte er in einem Interview: »Wenn ich gewusst hätte, was aus Portugal nach der Nelkenrevolution werden würde, hätte ich niemals die Revolution mitinitiiert.«[236] Und er fügte hinzu, dass das politische Programm der MFA sich nicht erfüllt hat: »Wir wollten sehr schnell die wirtschaftliche, soziale und kulturelle Entwicklung der Bevölkerung erreichen. Das ist nicht geschehen und verlief viel zu langsam. Was ist denn mit dem Volk? Wir haben mehr als zwei Millionen Portugiesen, denen es an allem fehlt, die in Armut leben, es gibt versteckten Hunger und immer mehr Menschen, die Lebensmitteltafeln in Anspruch nehmen müssen, um sich zu ernähren. Wo sind die Perspektiven hin, die sich mit dem April 1974 eröffneten? Wo diese riesige Hoffnung?«[237]

Die Hoffnungen sind bittern Enttäuschungen und zunehmendem Zorn gewichen. Am 18. Oktober 2013 demonstrierten wieder über 100.000 Portugiesen in Lissabon gegen neue massive Kürzungen im Staatshaushalt und forderten ein Ende von Ausbeutung und Verarmung. Die Regierung hatte beschlossen, Beamten, die mehr als 600 Euro im Monat verdienen, die Gehälter zwischen 2,5 und 12 Prozent zu kürzen, außerdem werden die Hinterbliebenenrenten und die Ausgaben für Gesundheit und Bildung nochmals deutlich gesenkt. Demonstrativ fuhren die Demonstranten in mehr als 400 Bussen über die Brücke des 25. April, benannt nach dem Tag der Nelkenrevolution.

METHODEN UND STRATEGIEN

Der Hauptvorwurf gegen Länder wie Griechenland, Spanien, Italien oder Portugal ist bekanntlich die Überschuldung, die daraus resultiere, dass sie über ihre Verhältnisse gelebt hätten – ein populärer Vorwurf, der gerne auch in Deutschland erhoben wird. Doch trifft dieser Vorwurf überhaupt zu? Und wenn, wer hat diese Schulden zu verantworten? Luis de Sousa ist der Vorsitzende von *Transparency International* in Portugal. Er, der nicht bekannt ist für besonders übertriebene Darstellungen der Situation in seinem Land, gibt einen Teil der Antwort: »Egal, wie viele schlaue Politiker in Deutschland und Finnland die fiskalische Verantwortungslosigkeit der überschuldeten Euroländer beklagen – Tatsache ist, dass von großen Teilen des in Portugal, Spanien, Italien oder Griechenland vergeudeten Geldes die Großindustrie in den sogenannten ›verantwortungsbewussten‹ Nationen profitierte. Die Finanzverbrecher der Verschuldung und Korruption hatten ihre Komplizen in den Ländern, die jetzt behaupten, geschockt zu sein über den schlechten Ruf ihrer Nachbarn. Aber in der Eurokrise gibt es keine Unschuldigen.«[238]

In einer Dokumentation für die Troika wird von *Transparency International Portugal* im Kapitel »Conflicts of Interest« festgestellt: »Das enge promiskuitive Verhältnis zwischen Politikern und privaten Geschäftsleuten ist einer der wichtigsten Gründe für die Verschwendung öffentlicher Gelder und das schlechte Management öffentlicher Angelegenheiten. Die Verbindung ist noch tiefer, wenn es um die profitabelsten Bereiche geht wie öffentliche Dienstleistungen, Gesundheit und Umwelt. Diese Promiskuität zeigt sich darin, dass viele Mitglieder des Parlaments gleichzeitig Partner in Anwaltskanzleien sind, was die Frage aufwirft, welche Interessen dieser Abgeordnete im Parlament unterstützt? Die der Öffentlichkeit oder die Interessen der Anwaltskanzlei, die ihn bezahlt?«[239]

In Deutschland wird hingegen offiziell verkündet und von den Boulevardmedien kritiklos wiedergekäut, dass der Hauptgrund für die Krise die öffentliche Verschuldung sei. Etwas anders sehen es die Bürger Portugals selbst. Sie machen ein korruptes politisches System dafür verantwortlich. »Wer immer aus der Regierung ausscheidet«, sagt die Studentin Sara Simões, »geht danach in die private Wirtschaft und erhält dort einen hohen, finanziell lukrativen Posten. Das ist seit zehn Jahren so, ist aber noch nie so sichtbar wie jetzt geworden. Sie verlassen die Regierung, und am nächsten Tag sind sie bei einem Konzern. Das ist Korruption.«

Richtig ist, dass ein sich in den letzten 20 Jahren entwickelndes Netzwerk von Politikern Teil des Big Business wurde. Fast alle bedeutenden portugiesischen Unternehmen rekrutierten Regierungsmitglieder aus den strategisch wichtigen Ministerien für hohe Posten oder sogar als Vorstandsmitglieder in ihren Konzernen, darunter auch diejenigen, die zuvor die Privatisierung durchführten. Regierungsmitglieder, die verantwortlich für die Vergabe öffentlicher Aufträge waren, wurden dann Vorstandsmitglieder der betreffenden Auftragnehmer.

Gerade die Praxis der Privatisierung von Staatsunternehmen hat gezeigt, wer zu den Profiteuren gehört. Der bekannte Wirtschaftsprofessor Francisco Louçã sagte mir dazu: »Der höchste Grad der Korruption steht im engsten Zusammenhang mit dem Privatisierungsprozess, seit die diversen Bieter (die chinesischen Firmen für Elektrizität, die Angolaner für Öl oder eine französische Firma für Flughäfen) ihre Verbindungen zu hochrangigen Mitgliedern der Sozialdemokraten und Sozialisten benutzt haben, um begünstigt zu werden. Dafür wurden die Repräsentanten dieser Parteien später in die Führungsebenen der privatisierten Firmen übernommen.« Ähnlich analysiert der Journalist Rui Araújo die Situation: »Die politische Elite ist so etwas wie eine Bande. Sie benutzt den Staat für ihre eigenen Interessen. Die großen wie die kleinen Verträge sind in diesem Land nicht sauber, und zwar auf allen Ebenen des Staates. Die Straflosigkeit ist eine Realität. Denn die Macht wird von zwei politischen Parteien geteilt, und die Sozialisten unterscheiden sich nicht besonders von den Sozialdemokraten. Die Politiker arbeiten letztlich für die Finanzindustrie. Sie werden feststellen, dass viele Abgeordnete Rechtsanwälte sind. Und wenn du einen guten Anwalt hast, kannst du ruhig schlafen, selbst wenn du ein Krimineller bist.«

Wenige wissen, dass in Portugal jene Gesetze, die starke Auswirkungen auf Unternehmen haben, vom Parlament nur noch durchgewunken werden. Die Regierung vergibt an einflussreiche Anwaltskanzleien als Subunternehmer den Auftrag, Gesetzestexte für Bereiche wie Städtebau, Stadterneuerung und öffentliche Auftragsvergabe, die von hoher wirtschaftlicher Relevanz sind, zu entwerfen. Die Kanzleien formulieren nicht nur die entsprechenden Vorlagen, sondern liefern später Gutachten darüber an große Unternehmen, um ihnen die darin enthaltenen Schlupflöcher aufzuzeigen. Das bedeutet, dass diese Anwaltskanzleien als Beauftragte der Regierung und durch das Formulieren von Gesetzen (eigentlich

Aufgabe der Parlamentarier) zugleich Einfluss auf die Legislative wie auf die Exekutive haben, was dem demokratischen Prinzip der Gewaltenteilung widerspricht.

Doch was hat die Korruption mit der Verschuldungsfrage zu tun? »Hauptgrund für 70 Prozent der privaten Verschuldung in Portugal, die schließlich zur Krise führte, ist die Korruption. Solange die nicht ernsthaft bekämpft wird, kommen wir nicht aus der Krise heraus. Ich verstehe nicht, dass es im Parlament, sogar bei den Parteien, die an der Macht sind, nicht eine Handvoll von Guten gibt, die sich gegen diese Situation auflehnen. Wenn der Filz dieses Niveau erreicht, ist es ein Problem des Regimes. Und das Regime, so wie es jetzt ist, ist korrupt.« Das beklagt der 50-jährige Paulo de Morais. Er sieht eigentlich wie ein braver Musterbürger aus, ist Mathematiker und Professor am Institut für Wählerstudien an der privaten Universidade Lusófona von Porto. In dieser Hafenstadt war er von 2002 bis 2005 stellvertretender Bürgermeister, verantwortlich für Städtebau, Soziales und Wohnen. Heute ist er Vizedirektor der *Associação Cívica Transparência e Integridade* in Lissabon, einer Tochterorganisation von *Transparency International*. Was er sagt, hat also Hand und Fuß. »Ich sage, dass die Krise in Portugal verschiedene Ursachen hat, aber die Hauptursache ist eindeutig die Korruption. Wenn wir die Krise, die wir derzeit in Portugal erleben, in zwei Bereiche zerlegen, öffentliche und private Verschuldung, sehen wir, dass die öffentliche Verschuldung, die sich heute auf 130 Prozent des Bruttoinlandsproduktes beläuft, auf vielfältigste Ursachen zurückzuführen ist.« Er spricht von der Korruption bei der Weltausstellung Expo 1998, der Korruption bei der Fußballweltmeisterschaft Euro 2004, der Korruption beim Kauf der Unterseeboote aus Deutschland, der Korruption im Fall der Banco Privado Português (BPP) und Banco Português de Negócios (BPN) und der systemimmanenten Korruption bei den unzähligen Public-private-Partnerships, der Zusammenarbeit von Staat und privaten Unternehmen bei bestimmten Projekten.

Für den portugiesischen Korruptionsexperten steht fest: »Wenn es im Laufe von 20 Jahren ständig eine Anzahl von Personen in der Politik und in der Verwaltung gab, deren Aufgabe es eigentlich sein müsste, die Interessen der Bevölkerung zu vertreten, die dann aber damit beschäftigt sind, Geldmittel in die ihnen nahestehenden Unternehmensgruppen zu pumpen, ist es offensichtlich, dass es dafür nur eine Bezeichnung gibt, nämlich Korruption. Wenn wir über all diese Fälle sprechen, sprechen wir über viele Milliarden Euro, die aus den öffentlichen Kassen in private Taschen geflossen sind. Bezahlen müssen das die Bürger, die die Löcher im Staatshaushalt stopfen.« Er errechnete zum Beispiel, welche Auswirkungen die Kosten des Korruptionsskandals um die Bank BPN auf die öffentliche Verschuldung hatten, und kam allein dort auf über 7 Milliarden Euro. Das sei ausreichend, sagt er, um ein Jahr lang die Löhne des gesamten öffentlichen Dienstes in Portugal zu bezahlen oder die Ausgaben im gesamten nationalen Gesundheitssystem. Nicht viel anders sieht es mit der privaten Verschuldung aus. Sie wird ja gerne als Argument dafür benutzt, dass der normaler Bürger über seine Verhältnisse gelebt habe. Doch so simpel ist es auch hier nicht.

Als die Krise Ende 2008, Anfang 2009 begann, waren 70 Prozent der privaten Verschuldung Portugals Immobilienschulden. Sie entstanden im Wesentlichen durch Spekulation, »die eine permanent abgekartete Sache zwischen Bauträgern und Repräsentanten der Kommunen war«, so die Analyse von Paulo de Morais. »Unterschiedslos bestand die Vorgehensweise vonseiten der Bauträger, die das politische Leben beherrschen (entweder über den Weg der Parteienfinanzierung oder über den Weg der Kontrolle der Stimmen der Parteien), im Kauf von landwirtschaftlichen Flächen oder von Flächen in ökologischen Schutzgebieten. Sie wurden dann als Bauland ausgewiesen, und die Verwaltung genehmigte dort hohe Geschossflächenzahlen. Dadurch stieg der Wert der Grundstücke um bis zu 800 Prozent. Ferner gab es eine Verfahrensweise, die ebenso systematisch praktiziert wurde: Von Planungsmaßnahmen für Flächen, bei denen eine Enteignung für öffentliche Bauvorhaben vorgesehen war, zum Beispiel für die Trasse des Hochgeschwindigkeitszugs TGV oder eine Autobahn, erfuhren einflussreiche Unternehmer aufgrund ihrer guten Kontakte in die zuständige Behörde sehr früh. Daraufhin verteuerten sich diese Flächen künstlich, was den Staatshaushalt mit vielen Milliarden Euro belastete. Dann bediente man sich noch einer anderen Praxis. Grundstücke wurden aufgewertet, indem Immobilienprojekte geplant, aber nie realisiert wurden. Was war das Ziel? Man ging für die Finanzierung des gesamten Projekts zu einem Bankier oder besser gesagt einem Mafioso und bot als Garantie etwas, das 50- oder 60-mal weniger werthaltig war als das gesamte Projekt. So entstand die Immobilienblase, die wir zum jetzigen Zeitpunkt in Portugal haben. Mit dieser Spekulationstätigkeit erhielten wir eine Situation, in der 70 Prozent der privaten Verschuldung im Immobilienbereich verursacht wurde.« Das korrupte System wurde durch zwei Probleme gefördert: Es fehlt eine funktionierende Justiz und die Gesetze enthalten viele Regeln und Ausnahmen. Sie ermöglichen einen großen Ermessensspielraum. »Dadurch kommt es zu Korruption. Außerdem gab es keinen Willen vonseiten der Staatsanwaltschaft, um systematisch gegen die sogenannte Weiße-Kragen-Kriminalität vorzugehen«, klagt Paulo de Morais.

Das schwarze Loch der Public-Private-Partnerships

Wenn von der Weiße-Kragen-Kriminalität die Rede ist, stößt man in Portugal unweigerlich auf die Public-private-Partnerships (PPP), die auch in Deutschland besonders favorisiert werden. »Die verhängnisvollen Verheißungen, trotz klammer Kassen weiter investitionsfähig zu sein, sind für viele Politiker der Hauptgrund, sich auf die PPP-Projekte einzulassen. Das böse Erwachen kommt meist erst viel später, und über die Folgekosten oder über auftretende Schwierigkeiten und Mängel oder über die schlechte Erfüllung der versprochenen Leistungen wird in der Öffentlichkeit kaum noch berichtet, weil die Dinge kaum jemand durchschaut.«[240]

Und das ist auch so gewollt. Bereits im Jahr 2010 gab es in Deutschland 150 PPP-Projekte mit einem Volumen von schätzungsweise 20 Milliarden Euro – genaue Summen sind wegen der Geheimhaltung der Verträge nicht bekannt –, und die Tendenz ist steigend.

Solche PPP-Projekte spielen in Portugal eine entscheidende wirtschaftliche Rolle. Was dabei auffällt, ist die geradezu symbiotische Beziehung zwischen privaten Unternehmern und den Repräsentanten des Staates – eine Beziehung, die den Steuerzahler in den letzten zehn Jahren nach vorsichtigen Schätzungen mindestens 20 Milliarden Euro gekostet hat. Die Konzessionäre bei den PPP, also die privaten Unternehmen, übernehmen höchstens kurzfristige Verpflichtungen. Die mittel- und langfristigen wie zum Beispiel die Instandhaltung, Erhaltung und Erneuerung einer Einrichtung bleiben in der Regel beim Staat, das heißt beim Steuerzahler, hängen.

Das erste PPP-Projekt in Portugal war die Vasco-da-Gama-Brücke, die den an dieser Stelle besonders breiten Fluss Tejo überspannt und Lissabon per Autobahn mit den südöstlich und südlich gelegenen Städten Montijo, Alcochete und Setúbal verbindet. Sie wurde vom damaligen Minister für öffentliche Arbeiten geplant. Die Beteiligung des Unternehmens Lusoponte war für den portugiesischen Staat ein ruinöses Geschäft. Die privaten Investoren brachten lediglich ein Kapital von 20 Prozent der Baukosten für die Brücke ein. Dafür erhielten sie vom Staat das Recht, die Einnahmen aus der Maut bis zum Jahr 2030 zu kassieren. Interessanterweise war João Ferreira do Amaral, der heutige Direktor des Unternehmens Lusoponte, Minister für öffentliche Arbeiten und verantwortlich für die Auftragsvergabe, als die Verträge mit dem privaten Investor abgeschlossen wurden.

Ein anderer Minister für öffentliche Arbeiten, Jorge Coelho, wechselte später zum Konzern Mota-Engil, dem größten Public-private-Partnership-Unternehmen im Bereich Straßenbau. Der Konzern ist außerdem führend im Bereich Umwelt, Transport, Immobilien und Tourismus.[241] Dann regierte in Portugal ab 2002 José Manuel Barroso von der konservativen PSD. Wer war sein Minister für öffentliche Arbeiten? Luís Valente de Oliveira, der bis heute Vorstandsmitglied der Mota-Engil-Gruppe ist.

Wohl keine Übertreibung ist es zu behaupten, dass jene Politiker, die in der portugiesischen Regierung Public-private-Partnerships in erheblichem Umfang förderten, nach ihrem Ausscheiden aus der Regierung in diesen Unternehmen hohe Posten übernahmen. Aber nicht nur sie. Zum gleichen Zeitpunkt, als die ruinösen PPP-Verträge in der parlamentarischen Kommission für öffentliche Aufträge beschlossen wurden, waren knapp die Hälfte der Parlamentsabgeordneten gleichzeitig Manager bei Bauunternehmen. Und die wiederum profitierten von den beschlossenen PPP-Projekten. Immerhin gab es sogar eine Kommission zum Kampf gegen die Korruption, die vom Chef der Sozialistischen Partei, José

Sócrates, eingesetzt wurde. Vorsitzender war der Parlamentsabgeordnete José Vera Jardim. Dazu Paulo de Morais: »Während er die Kommission für den Kampf gegen die Korruption leitete, wurde die ganze Korruption der PPP von einer Anwaltskanzlei ausgeheckt und geplant, der er selbst angehört und die damit wirbt, in Portugal die Kanzlei mit der größten Sachkompetenz für Public-private-Partnerships zu sein, die an der Mehrzahl der in Portugal entworfenen Public-private-Partnerships beteiligt war und die stolz darauf ist.«[242]

Die Korruption der Rüstungsindustrie am Beispiel Portugal

Korruption bei der Beschaffung von Waffensystemen ist fast etwas Selbstverständliches. Den portugiesischen Steuerzahler kostete das in der Vergangenheit Milliarden Euro, die mit zur erdrückenden Schuldenlast beitrugen. Ein Teil davon hängt mit der Lieferung von zwei U-Booten zusammen. Das deutsche Unternehmen Ferrostaal erhielt, zusammen mit HDW und den Thyssen Nordseewerken, im November 2003 den 880-Millionen-Euro-Auftrag.

Für Luis de Sousa, den portugiesischen Direktor von *Transparency International*, ist der Vorgang um die Beschaffung der beiden U-Boote ein geradezu klassisches Beispiel dafür, wie eine überschuldete Nation ihr Geld ausgegeben hat und insbesondere wer eigentlich davon profitierte. Und es ist ein Beispiel dafür, wie die Justiz reagiert beziehungsweise nicht reagiert. Aus den Ermittlungen der Münchner Staatsanwaltschaft ergab sich, dass ein portugiesischer Honorarkonsul bei der Anbahnung des Geschäfts behilflich war. Er vermittelte im Sommer 2002 ein direktes Gespräch zwischen einem Mitglied des Vorstands von Ferrostaal und dem damaligen portugiesischen Premierminister José Manuel Barroso. Durch Ermittlungen in Deutschland kam es im Jahr 2006 in München zu ersten Verfahren gegen die Verantwortlichen des Deals, und 2012 wurden zwei Mitarbeiter des Konzerns Ferrostaal wegen Bestechung zu einer Bewährungsstrafe von zwei Jahren verurteilt. Laut dem Urteil hatten ein MAN-Ferrostaal-Vorstand und ein Prokurist zweistellige Millionenbeträge zur Bestechung an »ausländische Entscheidungsträger« bezahlt. In seiner Urteilsbegründung erklärte der Vorsitzende Richter Joachim Eckert: »U-Boote werden nur von Politikern gekauft, nicht von Privatleuten.« Die Ferrostaal AG wurde zur Zahlung von 139,8 Millionen Euro verurteilt, um den illegal erzielten Gewinn abzuschöpfen. Das angeschlagene Unternehmen durfte die Geldbuße in Raten bis 2014 abstottern – es schreibt rote Zahlen und hat einen massiven Stellenabbau angekündigt.

Und was tat sich in Portugal? Wann der Prozess gegen die in das U-Boot-Geschäft involvierten Politiker dort beginnt, ist unklar. Der Staatsanwaltschaft fehlt das nötige Geld, um wichtige Dokumente aus dem Münchner Prozess gegen die Ferrostal-Manager vom Deutschen ins Portugiesische übersetzen zu lassen. Dazu Paulo de Morais: »Den portugiesischen Gerichten gelingt es trotz der nachgewiesenen Korruption beim Kauf der U-Boote nicht, konsequent zu sein. Denn die verdächtigen Personen sind offensichtlich diejenigen, die die Verantwortung trugen: die Ex-Verteidigungsminister der Regierungen, in diesem Fall Paulo Portas und Rui Pena sowie der Ex-Premier-Minister António Guterres und Manuel José Barroso selbst.«

Ein kurzer Rückblick: Im Jahr 2006 ermittelte erstmals die Lissaboner Staatsanwaltschaft wegen des Verdachts der Korruption, illegaler Absprachen, Geldwäsche und illegaler Parteienfinanzierung angeblich zugunsten der Partei, die von Paulo Portas geführt wurde und damals wie heute den Juniorpartner in der Regierungskoalition stellt. In den Medien wurde der zuständige portugiesische Staatsanwalt mit den Worten zitiert, er könne die wichtigen Dokumente im Zusammenhang mit den Transaktionen, die entscheidend für die Untersuchung seien, nicht finden beziehungsweise sie seien aus dem Verteidigungsministerium verschwunden. Diese wenig glaubwürdige Argumentation beleuchtet zugleich, auf welche Art und Weise überhaupt Aufträge des Verteidigungsministeriums vergeben werden. Die Regierung setzt dazu große Anwaltskanzleien als Berater bei den Verhandlungen ein. Das bedeutet, dass die entscheidende Dokumentation und Kommunikation zwischen den Vertretern des Staates und den Lieferanten unter das Anwaltsgeheimnis fällt. Daraus resultiert wiederum die fehlende Kontrolle des Parlaments, und selbst für die Staatsanwaltschaft ist es fast unmöglich, diese wichtigen Unterlagen einzusehen, ohne das Anwaltsgeheimnis zu verletzen.

Unabhängig davon gab es wie in vielen anderen Fällen auch überhaupt nicht den politischen Willen, die Bestechungsaffäre zu untersuchen. So ersetzte der Generalstaatsanwalt die Ermittlergruppe just zu dem Zeitpunkt, als ihr wichtige Fortschritte gelungen waren – insbesondere bei der Aufklärung, wer von den Bestechungsgeldern aus Deutschland profitierte. Die Ermittler hatten herausgefunden, dass Mitarbeiter der rechtskonservativen Partei CDS-PP auf das Bankkonto ihrer Partei über vier Tage verteilt über eine Million Euro einzahlten, und zwar in Beträgen unter 12.500 Euro, um damit nicht gegen das Geldwäschegesetz zu verstoßen. Diese Aktion fand Ende 2004 statt, nur wenige Monate nachdem der U-Boot-Deal zwischen den deutschen Unternehmen und dem Verteidigungsministerium in der Ägide Portas unterzeichnet worden war. Nach portugiesischem Recht wird der Generalstaatsanwalt vom Präsidenten auf Vorschlag der Regierung ernannt, was erklären würde, warum die Ermittler gestoppt wurden.

Ähnlich wie bei dem U-Boot-Skandal war Portas als Verteidigungsminister auch verantwortlich für die Beschaffung von 260 Pandur-Radpanzern im Wert von 344 Millionen Euro. Der Eigentümer der Firma Steyr Spezialfahrzeuge aus Wien ist der US-amerikanische Rüstungskonzern General Dynamics Corporation. Die Herstellung der Panzer sollte zum Teil an portugiesische Firmen ausgelagert und in Form von zusätzlichen Gegengeschäften abgewickelt werden.[243] Bis Mitte 2013 sind jedoch erst 13 Prozent der Kompensationsgeschäfte realisiert worden, und bei diesen profitierte insbesondere ein persönlicher Freund von Portas.

Der Ökonom Joaquim Ventura Leite, Abgeordneter der SP, leitete im Jahr 2008 im Lissaboner Parlament eine Untersuchungskommission zu den Rüstungsgeschäften. Sein Fazit: »Wir haben herausgefunden, dass die portugiesischen Behörden bei den Verhandlungen von Rüstungsimporten und Gegenleistungen entweder vollkommen inkompetent oder sehr nachlässig sind. Wenn sie nicht inkompetent oder nachlässig waren, haben sie sich mit hoher Wahrscheinlichkeit bestechen lassen.«[244]

Das griechische Drama
der systemimmanenten Korruption

Auch in Griechenland ist die Korruption (wie in fast allen europäischen Ländern einschließlich Deutschland) integraler Bestandteil des politischen Systems geworden. Den Steuerzahler kostet es Milliarden – Geld, das dem Haushalt entzogen wird und die Schuldenlast steigen lässt. Christon M. Zoakos ist ein amerikanischer Wirtschaftsexperte und Analyst und berät viele hochkarätige Investoren. Er sagt: »Wenn die deutschen Steuerzahler sich darüber empören, dass sie heute die Schulden Griechenlands mit ihren hart erarbeiteten Euro bezahlen müssen, sollten sie bedenken, dass ihre hart erarbeiteten Euro in den letzten Jahren die Korruption in Griechenland finanziert haben.«[245]

Und wie in Portugal ist auch in Griechenland das Verteidigungsministerium samt den verantwortlichen Politikern ein geradezu klassischer Sumpf der Korruption. »Fast während des gesamten letzten Jahrzehnts zählte Griechenland – mit einer Bevölkerung von gerade einmal elf Millionen Menschen – zu den fünf größten Rüstungsimporteuren der Welt. Die meisten der völlig überteuerten U-Boote, Panzer und Kampfflugzeuge einschließenden Waffensystemen wurden in Deutschland, Frankreich und den USA produziert.«[246] Beim europäischen Raumfahrt- und Rüstungskonzern European Aeronautic Defence and Space Company (EADS) kaufte Griechenland 20 der neuen NATO-Transporthubschrauber ebenso wie Jagdbomber und Panzer, alles vom Feinsten und Teuersten. Da müssen im Laufe der letzten Jahre Hunderte Millionen Euro Schmiergelder nach Griechenland transferiert worden sein. Und wenn dort gleichzeitig insbesondere im sozialen Bereich radikal gekürzt wurde – der griechische Verteidigungshaushalt blieb weitgehend verschont. Hier machte die Troika, welch ein Wunder, kaum Druck, denn natürlich wollen Deutschland wie Frankreich weiterhin Rüstungsgüter verkaufen, um die damit verbundenen Arbeitsplätze zu sichern. Im Etat für 2012 sind dem griechischen Sozialhaushalt weitere 9 Prozent gestrichen worden, also 2 Milliarden Euro. Die Beiträge für die NATO hingegen stiegen um 50 Prozent, die laufenden Ausgaben für den Verteidigungshaushalt um 200 Millionen auf 1,3 Milliarden Euro: ein Plus von 18,2 Prozent. Darüber empörte sich zumindest Daniel Cohn-Bendit, Vorsitzender der Grünen im Europaparlament: »Von außen greifen die EU-Länder in praktisch alle Rechte Griechenlands ein. Krankenschwestern wird der Lohn gekürzt, und alles Mögliche soll privatisiert werden. Nur beim Verteidigungshaushalt heißt es plötzlich, das sei ein souveränes Recht des Staates. Das ist doch surreal.«[247] Nicht weniger surreal, sondern von geradezu perfidem Zynismus ist, dass gleichzeitig die Troika im September 2013 die Regierung in Athen ultimativ aufforderte, die letzten kärglichen Reste der eigenen Rüstungsindustrie zu liquidieren. Das würde knapp 2200 Arbeitsplätze in Griechenland kosten – dafür die in Deutschland sichern. Dazu erklärte ein hoher Militärexperte aus dem Verteidigungsministerium, der nicht genannt werden will: »Es gab keine wichtigen nationalen Rüstungsprodukte, die exportiert wurden. Dabei haben wir exzellente Voraussetzungen aufgrund der Qualität unserer Militärs. Trotzdem wird alles importiert. Milliarden gehen ins Ausland. Dafür erhält die politische Elite hier Bestechungsgelder.«

Die Waffenindustrie –
Deutschlands Erfolge in Griechenland

Die Beschaffung des Eurofighter ist ein Musterbeispiel dafür, wie politische Entscheidungsträger aus Deutschland sich für ihre Rüstungsindustrie starkmachen und dafür andere Länder, in diesem Fall Griechenland, in die Schuldenfalls locken. Denn nach wie vor besteht vonseiten unserer Regierung wie auch beim Rüstungskonzern EADS großes Interesse, die Kampfflugzeuge an Griechenland zu verkaufen. Weil sie extrem teuer sind, konnte sich die griechische Regierung bislang nicht so richtig dazu entschließen. Doch glücklicherweise gibt es eine fürsorgliche deutsche Bundesregierung, die natürlich der eigenen Rüstungsindustrie etwas Gutes tun will.

Wie geht das heutzutage, wenn ein Land wie Griechenland gerade von Deutschland finanzielle Hilfen in Anspruch nehmen will? Am 2. Februar 2010 kam der damalige FDP-Außenminister Westerwelle zu seinem Antrittsbesuch nach Athen. Darüber ist auf der Webseite des Auswärtigen Amtes zu lesen, dass Westerwelle »zuversichtlich und davon überzeugt (ist), dass das Konsolidierungs-, dieses Reform-, dieses Wachstumsprogramm eine Chance verdient hat und wirken wird«. Dies sei auch ein Grund, warum er in Athen sei: »Wir stehen solidarisch an der Seite Griechenlands.« Der Zeitung *Kathimerini* gab er am gleichen Tag ein Interview, das ebenfalls auf der Webseite des Auswärtigen Amtes zu finden ist. Demnach dränge man die Athener Regierung natürlich nicht zum Kauf der Eurofighter – wenn sie aber, »zu welchem Zeitpunkt auch immer, eine Entscheidung zum Kauf von Kampfflugzeugen trifft, wollen die Eurofighter-Länder, die hier durch Deutschland vertreten werden, bei der Entscheidung berücksichtigt werden«.[248] Er folgte damit einer klaren Linie Deutschlands, was den Rüstungsexport angeht: Geschäft und

Gegengeschäft. Bundeskanzlerin Merkel mahnte bereits im Sommer 2007 bei einem Athen-Besuch den konservativen Parteifreund und damaligen Premierminister Kostas Karamanlis, endlich die bereits seit 1996 diskutierte Bestellung über 60 Eurofighter zu unterschreiben. Aktionäre der EADS sind der Allianz-Konzern, die Commerzbank, Credit Suisse, Deutsche Bank, Goldman Sachs, Morgan Stanley sowie verschiedene deutsche Landesbanken.

Noch Anfang November 2011 sollen Kanzlerin Merkel und der französische Präsident Nicolas Sarkozy den damals regierenden sozialistischen Premierminister Giorgos Papandreou gedrängt haben, im Gegenzug für weitere Hilfskredite an beide Länder Rüstungsaufträge für Flugzeuge und Kriegsschiffe zu vergeben. Das wurde, nachdem griechische Zeitungen darüber berichteten, sowohl von Paris wie Berlin heftig dementiert. Delikat dabei ist, dass gerade die Beschaffung der Eurofighter in der Vergangenheit regelmäßig im Zusammenhang mit Korruption bei verschiedenen europäischen Staatsanwaltschaften aufgefallen ist. Üblicherweise wurden »Provisionen« von EADS an Briefkastenfirmen in London, auf der Isle of Man, auf den British Virgin Islands und auf den Bahamas versteckt, damit die Empfänger des Schmiergeldes unerkannt blieben.

Im November 2012 zum Beispiel durchsuchten Staatsanwälte drei EADS-Standorte im Raum München, darunter die Deutschlandzentrale. Beschuldigt wurden Waffenhändler, windige Anlageberater sowie frühere und aktuelle EADS-Manager. Dass auch politische Entscheidungsträger in Wien bestochen wurden, wird in Österreich stark vermutet. Im Durchsuchungsbefehl der Staatsanwaltschaft München stand: »Tatsächlich handelte es sich jedoch um vereinbarte Bestechungsgelder, um Entscheidungsträger (Beamte) bei der Vergabe des Vertrags zur Lieferung von Kampfflugzeugen an die

Republik Österreich zu beeinflussen beziehungsweise die zugunsten der Eurofighter GmbH getroffene Auftragsvergabe absprachegemäß zu honorieren und um Unternehmer bei dem Abschluss von Gegengeschäften zu beeinflussen.« Beim Verkauf des Eurofighters an Österreich sollen in den Jahren 2003 bis 2005 viele Millionen Euro als Dankeschön für die Auftragsvergabe in ein verdecktes Netz von Briefkastenfirmen geflossen und am Ende als Schmiergeld verwendet worden sein.

Geradezu typisch für die Korruption an der Spitze des Verteidigungsministeriums in Athen ist der heute 73-jährige Ex-Verteidigungsminister Akis Tsohatzopoulos, bekannt für seinen ausgesprochen prunkvollen Lebensstil. Er ist der einzige hochkarätige Politiker, der bislang in Athen wegen Korruption angeklagt wurde. Ein Bauernopfer, sagen viele Griechen. Man wolle der Troika demonstrieren, dass man ernsthaft gegen die Korruption vorgehe. Akis Tsohatzopoulos war einst Gründungsmitglied der PASOK und von 1981 bis 2004 unter anderem Minister für Verkehr, Bauwesen und eben Verteidigung. In seiner Amtszeit als Verteidigungsminister soll er horrende Bestechungsgelder für den Kauf von vier U-Booten (Lieferant war der deutsche Konzern Ferrostaal) im Wert von 1,4 Milliarden Euro angenommen haben. Auch bei der Beschaffung des Anti-Raketen-Systems Tor-M1 von der russischen Firma Antei, Wert 81 Millionen Euro, flossen nach Angaben der Staatsanwaltschaft 25 Millionen Euro direkt in die Taschen von Akis Tsohatzopoulos. Das Geld habe er über Offshorekonten gewaschen, um unter anderem Immobilien zu kaufen. In einer Erklärung nannte er die Vorwürfe haltlos. Doch ein Zeuge hatte ausgesagt, dass er seinem Freund Akis manchmal wöchentlich 100.000 bis 150.000 Euro übergeben habe. Im März 2013 wurde der Ex-Politiker zu acht Jahren Gefängnis wegen Steuerhinterziehung verurteilt. Er ging in

Berufung, weil nach seinen Worten die Wahrheit vertuscht werde und er das Urteil daher nicht akzeptieren könne. Nach Angaben der zuständigen Staatsanwältin Georgia Adilini haben die Ermittler bisher nur einen Teil der Bestechungsgelder entdeckt. Anfang Oktober 2013 verurteilte ihn das Athener Oberlandesgericht zu einer 20-jährigen Haftstrafe wegen Geldwäsche. Nur hinsichtlich seiner Verurteilung ist Tsohatzopoulos ein Einzelfall, ansonsten bestenfalls die Spitze des Eisbergs.

Michas Zacharias, ehemaliger strategischer und internationaler Sicherheitsanalyst für das *Defence Analyses Institute* (DAI) im Verteidigungsministerium, hält zwar Korruption und Nepotismus in Griechenland für allgegenwärtig, aber er hat aufgrund seiner Erfahrungen insbesondere das Verteidigungsministerium im Blick. »Das Verteidigungsministerium ist ein schwarzes Loch. Die Korruption war dort an der Tagesordnung, von den politischen Entscheidungsträgern bis nach unten zu den Beamten. Für jede Unterschrift wurde bezahlt. Das System hat sich bis heute nicht radikal verändert.« Er weiß, wovon er spricht, denn er untersuchte offiziell ein Beschaffungsprogramm für das griechische Verteidigungsministerium. »Das ermöglichte mir, das große Spiel zu erkennen, bei dem viele Leute viel Geld bei der Beschaffung von Waffensystemen aus Deutschland kassiert haben. Deutschland wollte seine Waffen verkaufen, um Arbeitsplätze zu sichern. Sie waren darauf angewiesen zu verkaufen, also zahlten sie die verdeckten Provisionen, und zwar jeder aus Deutschland.«

Vielleicht lassen sich das Ausmaß des Korruptionsproblems und die Aussichtslosigkeit seiner Bekämpfung nur verstehen, wenn man weiß, dass Bestechlichkeit sämtliche Bereiche des Alltags durchdringt und deshalb für die Griechen fast selbstverständlich ist. Auch wenn die sogenannten Falaki, wie die »Spenden« genannt werden, die bezahlt werden müssen, um zum Beispiel beim Arzt behandelt zu werden, natürlich kleinere Dimensionen haben. Aber obwohl sich die griechische Bevölkerung längst an Falaki gewöhnt hat, spüren viele Bürger erst seit der Krise die fatalen Konsequenzen. Die Journalistin Helen Skopis weiß aus ihrer eigenen Familie, wie das abläuft. »Meine Mutter besitzt eine Wohnung. Sie brauchte einen Elektrizitätsanschluss. Die Angestellten der Stadtwerke kamen zu ihr und fragten zuerst nach Falaki. ›Nein, ich gebe Ihnen nichts‹, antwortete sie ihnen und hatte dann monatelang keinen Strom. Im öffentlichen Sektor glauben die Angestellten, dass sie mächtig sind und sich alles erlauben können, weil sie politische Rückendeckung haben.« Das sei selbst beim Finanzamt so. »Wenn die Finanzbeamten in ein Geschäft kommen, schauen sie sich die Unterlagen an. ›Hm, okay, Sie müssen 100.000 Euro Strafe zahlen, denn die Rechnung hier und hier ist fehlerhaft. Aber wenn Sie mir 500 Euro geben, dann ist alles in Ordnung.‹ Der öffentliche Dienst ist sehr korrupt. Je höher es geht, um so mehr steigt die Korruption und beim Minister endet es. Die Troika weiß das genau, stört sich daran aber nicht.«

Ähnlich sieht es Alexander Theodoridis von der Hilfsorganisation *Boroume*, der Erfahrungen bei der Europäischen Kommission gesammelt hat. »Korruption gibt es überall, auch bei der EU. Der Unterschied ist, dass man dort noch funktionierende Strukturen hat, die Korruption geht nicht bis in die letzte Stelle. Hier in Griechenland hast du Korruption auf jedem Level. Bei den Beamten im Bauamt genauso wie beim Arzt, der sagt, wenn ich deine alte Mutter operieren soll, gib mir 2000 Euro.« Das ist immer noch der Alltag in Griechenland – Troika hin, Troika her. Korruption ist seit Jahrzehnten ebenso Teil des politischen Systems wie des täglichen Lebens, und das will niemand in Frage stellen.

Der Fall Siemens –
Deutschlands Beitrag zur Schuldenkrise

Im Januar 2000 räumte der damalige CDU-Fraktionsvorsitzende Wolfgang Schäuble die Mitverantwortung an der Parteispendenaffäre ein. Er habe 1994 vom bekannten Waffenhändler Schreiber 100.000 Mark in bar entgegengenommen und das Geld an die CDU-Schatzmeisterin weitergegeben. Das liegt lange zurück. Aber in dieser Periode war auch Siemens in der Bestechung von Politikern aktiv. Der Name zog sich in der Vergangenheit gar wie ein roter Faden durch alle Korruptionsfälle, ob in Portugal, Griechenland oder Spanien. In Spanien zum Beispiel wurden mehrere Ermittlungen eingeleitet, doch jahrelang keine zu Ende geführt. Justizbeamte in Madrid hatten zugegeben, dass Richter politisch unter Druck gesetzt wurden. Das Druckmittel Siemens zählte in allen Ländern zu den wichtigsten Instrumenten der Beeinflussung. So wanderten die belastenden Dossiers lange Zeit von einem Staatsanwalt zum anderen.

In Spanien kam es dann doch zu Gerichtsverfahren, nachdem Paul Perraudin, ein Genfer Untersuchungsrichter, 1000 Seiten Verhörprotokolle und Bankunterlagen ausgewertet und Zeugen vernommen hatte. Der Genfer investigative Journalist Frank Garbely hatte im Jahr 1999 die Ermittlungen begleitet. »Einer dieser Zeugen, der Angestellte einer Treuhandfirma, verriet Richter Perraudin: Einer unserer spanischen Kunden verfügte über eine größere Menge Bargeld: 318 Millionen Peseten, die er nicht versteuern und ins Ausland bringen wollte. Er wandte sich an einen Geldwechsler, der ihm einen Termin bei Siemens vermittelte. Am Hauptsitz von Siemens in Madrid tauschte er sein Schwarzgeld gegen Bankschecks.« Tatsache ist, wie Frank Garbely recherchierte, dass über »geheime Siemens-Konten riesige Summen verschoben wurden, in knapp fünf Jahren 600 Millionen Franken. Die Gelder stammten aus Deutschland. Zuerst wurden sie durch mehrere Schweizer Banken geschleust, zuletzt zur Migros Bank, um schließlich bei der UBS zu landen.«

In Griechenland ist Siemens seit 1990 aktiv »und hat in allen Bereichen wichtige Beiträge zum Aufbau und zur Modernisierung der Infrastruktur des Landes geleistet«, steht auf der offiziellen Webseite von Siemens Global. Dabei wird vornehm unterschlagen, dass Siemens in Griechenland eine etwas längere Geschichte hat. In den Zwanzigerjahren heiratete Ioannis Voulpiotis, ein griechischer Ingenieur, die Tochter von Werner von Siemens und wurde Chef des Athener Büros von AEG-Siemens-Telefunken. Während der Naziherrschaft von 1941 bis 1944 war Voulpiotis verantwortlich für alle deutschen Geschäfte in Griechenland. Er wurde von einem Sondergericht für Nazikollaborateure verurteilt und floh nach Deutschland. 1950 kam er als Repräsentant von Siemens nach Griechenland zurück. Am 3. April 1954 trat der damalige Minister für wirtschaftliche Koordination zurück, nachdem bekannt geworden war, dass er ein Geschäft für die Modernisierung des Telefon- und Radionetzwerks abgelehnt hatte. Monate später drängte die deutsche Regierung Griechenland dazu, den Vertrag zu erfüllen, ansonsten würde es keine finanziellen Hilfen geben.[249]

Das Korruptionssystem Siemens zeichnete sich durch systematisch angelegte und getarnte schwarze Kassen aus, »und man durfte erstaunt vernehmen, dass zur Verschleierung der Korruptionszahlungen bei Siemens sogar eine eigene verschlüsselte Sprache entwickelt wurde«.[250] In München wollte das Referat für organisierte Kriminalität (OK) im Landeskriminalamt in seinem Jahresbericht 2007 die Schmiergeldaffäre bei Siemens als Fallbeispiel für OK aufführen. Im Innenministerium wurde diese Passage jedoch kurzerhand aus dem jährlichen Rechenschaftsbericht gestrichen. Josef Geißdörfer war in dieser Zeit noch der zuständige Dezernatsleiter im Münchner Landeskriminalamt. Heute genießt er seine Pension. Er steht nach wie vor bei seinen damaligen Erkenntnissen: »Das ist für mich organisierte Kriminalität gewesen«, erklärte er mir.

Der Würzburger Wirtschaftskriminalist Uwe Dolata sieht das ähnlich: »Es gibt verschiedene Tatbestandsmerkmale, die eine kriminelle Vereinigung kennzeichnen und die erforderlich sind, um unter den Gesichtspunkten der organisierten Kriminalität zu ermitteln. Im Fall Siemens ist zumindest allein unter dem Gesichtspunkt der Subsumtion der Tatbestandsmerkmale der Anfangsverdacht der organisierten Kriminalität begründbar. Sie finden bei Siemens den typischen hierarchischen Aufbau der Organisation, den man im Allgemeinen den mafiösen Strukturen unterstellt, verbunden mit der entsprechenden Abschottung und dem offensichtlichen ›System‹, das dahintersteht: Der Verlauf der Geldtransfers und das Anlegen schwarzer Kassen wurde geschickt verschleiert. Eine Organisationsebene wusste definitiv nicht, was die andere machte. Selbst die interne Revision blickte nicht mehr durch. Ganz wichtig: Sie finden bei Siemens auch die starke Einflussnahme auf die Politik.«[251] Letzteres ist bis heute der Fall.

Im August 2012 verabschiedete das griechische Parlament ein Gesetz, wonach keinerlei juristische Schritte gegen Siemens eingeleitet werden. Im Ausgleich zahlte Siemens 200 Millionen Euro. Danach erhielt das Unternehmen weitere Aufträge. Der Grund für diese Ausgleichszahlungen war die flächendeckende Korruption in den letzten 20 Jahren, als der deutsche Konzern mindestens zwei Milliarden Schmiergeld an die entscheidenden Politiker und Parteien, an die Konservativen genauso wie an die Sozialisten der PASOK zahlte. Dabei ging es unter anderem um Aufträge für die Modernisierung des Telekommunikationsnetzes und ein Überwachungssystem für die Olympischen Sommerspiele 2004. Der anfängliche Etat der Spiele belief sich auf 1,3 Milliarden US-Dollar, endete dann mit 20 Milliarden US-Dollar. »Deutschland war in die Spiele mit Siemens und dem Sicherheitssystem C4i involviert, das übrigens niemals in Betrieb genommen wurde (die Schmiergelder beliefen sich damals auf 10 Mio. Euro).«[252] Wie hoch die Summe ist, die von Siemens bis mindestens 2005 für Schmiergeldzwecke bezahlt wurde, ist offiziell nicht ermittelt worden.

Der Schaden für den griechischen Staat, das stellte hingegen ein Untersuchungsausschuss des Parlaments in Sachen Siemens fest, wurde auf insgesamt 2 Milliarden Euro geschätzt. Als die griechische Justiz die Korruptionsvorgänge mit Nachdruck untersuchen wollte, passierte Folgendes: Die griechische Presse berichtete, gestützt auf unterschiedliche Quellen aus dem Parlament, dass die deutsche Regierung auf diplomatischem Weg Athen sehr massiv beeinflusst habe, damit der skandalöse Vorgang so schnell wie möglich beendet werde. Immerhin erklärte sich Siemens bereit, unter anderem 100 Millionen Euro für den Kampf gegen die Korruption auszugeben. Und der Konzernvorstand drückte sein tiefes Bedauern über die Schmiergeldaffäre aus. »Zum Dank dafür bescheinigen Parlament und Regierung in Athen der Siemens AG, dass diese nun ein sauberer Konzern sei. Das ist wegen des europäischen Vergaberechts wichtig. Wer in einem Land der EU als Firma eingestuft wird, die gegen Gesetze verstößt, wird im schlimmsten Fall nicht nur dort, sondern auch in anderen Staaten von öffentlichen Aufträgen ausgeschlossen.«[253] So etwas wie Verständnis für die deutschen Firmen zeigt ein Unternehmer aus Athen: »Es gab bei Siemens eine tiefe Verstrickung mit dem politischen Establishment. Aber was ist daran so merkwürdig? Sie wollten korrumpiert werden. Die Spielregeln wurden vom Staat gemacht.«

Der in Griechenland bekannte Medizinprofessor Dimitris Antoniou lebt in Chalkika, dem Ort, in dem der griechische Philosoph Aristoteles 322 v. Chr. starb. Seine Wohnung ist so mit Büchern überladen, dass wir uns auf den kleinen Balkon setzen müssen. Seine Frau bringt Getränke und Keftedes, Fleischbällchen mit Joghurt, dazu Salat und verzieht sich gleich wieder. »Ich war eine der prominentesten Figuren im Widerstand gegen die Junta. Ich wurde gefoltert, ich wurde angeklagt und verfolgt, ich weiß also, wovon ich rede.« Dann fragt er mich, ob ich denn wisse, wer in den letzten Jahren zur Regierung gehörte und während der Zeit der Junta politisch verfolgt wurde. Ich weiß es nicht.

»Ich war ein Freund von einem der wichtigsten Mitarbeiter von Andreas Papandreou. Wir waren jeden Tag zusammen. Er gehörte später zu den korruptesten Unternehmern im Land und arbeitete mit einer deutschen Firma zusammen, mit Hochtief, baute viele große Projekte. Er erhielt Milliarden an Bestechung und wurde nie angeklagt. Später wurde er immerhin entlassen.« Doch darüber will er eigentlich überhaupt nicht mit mir sprechen. Vor ihm liegt ein Stapel von Dokumenten, die sich alle mit Siemens beschäftigen. »Den Fall Siemens will ich aufklären, weil ich die politische Elite bekämpfe.«

Die Namen der Verantwortlichen in der Bestechungsaffäre sprudeln geradezu aus ihm heraus. »Der eine ist Christoforakos. Er war bis 2007 Chef von Siemens Griechenland und lebt heute unbehelligt in München. Christoforakos' Vater war in den Vierzigerjahren Arzt und aktiver Kollaborateur der deutschen Wehrmacht und wurde nach dem Krieg verurteilt, doch nach sechs Monaten kam er aus dem Gefängnis, und alle Ermittlungen wurden gestoppt. Sein Sohn besuchte die deutsche Schule. Seine Freunde haben bis heute großen Einfluss, und er hat hier immer noch eine große Lobby.« Michael Christoforakos wurde zwar im Juni 2009 auf Betreiben der griechischen Staatsanwaltschaft in München festgenommen, aber die Unterlagen der griechischen Justiz reichten nicht für ein Verfahren.

Sein Anwalt erklärte: »Wenn mein Mandant auspackt, geraten ein paar Politiker unter Druck. Deswegen gehen wir davon aus, dass er kurz nach Betreten griechischen Bodens in höchster Lebensgefahr schwebt. Und er hat Angst um seine Kinder, die noch dort sind.«[254] Anfragen bei seinem Rechtsanwalt, was er genau damit meine, blieben unbeantwortet. Die Ängste dürften indes nicht unbegründet sein. In Griechenland sagen selbst couragierte Journalisten, dass sie sich hüten werden, die Namen der von Siemens bestochenen griechischen Politiker zu nennen. Sie fürchten um ihr Leben. Zumindest ist aus den Vernehmungen der Siemens-Repräsentanten in München bekannt, nach welchem Tarif Siemens Beamte und politische Entscheidungsträger sponserte: 2 Prozent der Auftragssumme für die zuständigen Beamten im Ministerium und 8 Prozent für die politisch Verantwortlichen, also Parteiführer und Minister. Und die werden in der Tat vieles tun, damit ihr Name nicht genannt wird.

Besonders kritisch sieht Dimitris Antoniou Volker Jung, kurzfristigen Chef von Siemens in Griechenland, der jedoch von seinem Posten zurücktrat und Mitglied des Aufsichtsrats einer Holding des Unternehmers Kokkalis wurde. Er folgte 2009 einer Aufforderung zum Verhör nach Athen und wurde für eineinhalb Jahre unter Hausarrest gestellt. Trotzdem gelang ihm die Ausreise nach Deutschland. Der Haftbefehl der griechischen Justiz wurde in Deutschland nicht vollzogen. »Übrigens: Griechische Staatsbürger wurden in der Angelegenheit bisher nicht verfolgt.«[255]

Kassiert hatte nach Angaben von Dimitris Antoniou nicht nur der offizielle Finanzchef der PASOK. »Vor dem griechischen Parlament hat er ausgesagt, Geld im Koffer für die Finanzierung des Wahlkampfes der PASOK erhalten zu haben, und er hat erklärt, das Geld der Partei gegeben zu haben. Oder der ehemalige Minister für Transport und Kommunikation Tassos Mandelis von der PASOK, der 200.000 Euro für seine Wahlkampfkosten erhalten hatte.« In der griechischen Presse wird seine Aussage vor einem parlamentarischen Untersuchungsausschuss zitiert. »Ende Oktober 1998 rief mich ein Mitarbeiter von Siemens an und sagte mir auf Englisch: ›Wir möchten Ihnen bei Ihrem Wahlkampf helfen.‹ ›Über wie viel reden wir‹, fragte ich ihn. Und er antwortete: ›So viel, wie wir üblicherweise ausgeben.‹«[256] Er wurde inzwischen zu einer dreijährigen Gefängnisstrafe verurteilt. Eng war auf jeden Fall auch die Beziehung zwischen Siemens und dem Multimillionär Sokratis Kokkalis.

»Dann gibt es einen Vizepräsidenten des griechischen Parlaments. Er ist Vorsitzender des Komitees, das die Lagarde-Liste untersucht«, erzählt er weiter. »Er war einer von denen, deren Name im Zusammenhang mit dem Siemens-Skandal genannt wurde. Er weigerte sich, seine eigenen Konten offenzulegen – aus verständlichen Gründen.«

Im Jahr 2010 übergab die damalige französische Finanzministerin Christine Lagarde ihrem Amtskollegen Giorgos Papakonstantinou eine brisante Liste, die später unter dem Namen Lagarde-Liste nicht nur in Griechenland für große Empörung sorgte. Sie enthielt die Namen griechischer Staatsbürger, die Bankkonten in der Schweiz besitzen: prominente Herausgeber von Zeitungen, superreiche Geschäftsleute, Reeder, Politiker, alles, was Rang und Namen hat. Bei den deponierten Beträgen handelte es sich zum großen Teil um Schwarzgeld, das heißt unversteuertes Geld oder solches, das gewaschen werden soll zum Beispiel durch den Kauf von Immobilien in Deutschland. Viele in Griechenland wussten von der Existenz der Liste. Weder der Finanzminister Papakonstantinou, der übrigens für die Umsetzung der Troikabestimmungen zuständig war, noch sein Nachfolger Evangelos Venizelos unternahmen etwas gegen die auf der Liste aufgeführten Persönlichkeiten des öffentlichen Lebens. Deshalb berichtete die kritische Zeitschrift *Hot Doc* aus dem Dossier und nannte die Namen der 2059 Griechen. Der Bericht in der Zeitung führte zu einem politischen Strohfeuer der Empörung, das jedoch schnell wieder erlosch. Papakonstantinou beteuerte vergessen zu haben, wem er die Liste gegeben hatte. Nachdem im Dezember 2012 bekannt wurde, dass drei seiner Verwandten von der Liste getilgt wurden, schloss man ihn aus seiner Partei PASOK aus. Sein Amtsnachfolger Evangelos Venizelos, auch von der PASOK, erklärte, die Liste verloren zu haben. Kostas Vaxevanis, der Journalist, der sie veröffentlicht hatte, schildert das weitere Vorgehen der Justiz folgendermaßen: »Der Athener Staatsanwalt ließ mich wegen Verstoßes gegen den Datenschutz und die Persönlichkeitsrechte sofort festnehmen. In Wirklichkeit wurden aber gar keine persönlichen Daten offengelegt, nur die Tatsache, dass bestimmte Personen ein Konto bei einer bestimmten Bank hatten. Wir haben diesen Personen auch keine Straftaten unterstellt, sondern nur ein Ermittlungsverfahren gefordert. In dem Land, in dem die Demokratie entstanden ist woran wir uns gern erinnern, ist sie zu einer Worthülse verkommen. Und die Justiz bleibt der Politik hörig.«[257]

Sokratis Kokkalis – der griechische Milliardär, der die DDR gut kannte

»Der viertreichste Mann Griechenlands, mit geschätztem Vermögen von zwei Milliarden Dollar und schillernder Vergangenheit, lässt auch in Politik und Wirtschaft etliche Akteure nach seiner Pfeife tanzen.«[258] Zu Sokratis Kokkalis' Imperium gehören neben dem Fußballklub Olympiakos Piräus der Rundfunksender Flash sowie Beteiligungen am Fernsehkanal Mega Channel und dem Mobilfunkbetreiber Panafon-Vodafone. Der Unternehmer betätigt sich daneben als Mäzen. Seine Kokkalis-Stiftung vergibt Stipendien für die Harvard-Universität, und er sponsert großzügig kulturelle Veranstaltungen. Besonders interessant in seiner Lebensgeschichte sind zwei historische Verbindungen nach Deutschland: einmal zur ehemaligen DDR und dann zu Siemens.

Die Jahre der Militärdiktatur verbrachte der Grieche im DDR-Exil, studierte in Leipzig und Moskau Physik. Nach dem Sturz der Junta im Jahr 1974 kehrte er nach Griechenland zurück und gründete die Firma Intracom. Sie entwickelte sich zum führenden Telekommunikationskonzern des Landes. Da er während des DDR-Exils kaum Reichtümer angehäuft haben dürfte, liegt der allerdings nie bewiesene Verdacht nahe, dass das Startkapital für sein Unternehmen aus dem Ministerium für Staatssicherheit (MfS) gekommen ist, zumal er in der DDR die Firma Integra gegründet hatte – angeblich auf Geheiß der Stasi. Gegen diesen Vorwurf hat er sich immer vehement gewehrt. »Bis zu seiner Rückkehr nach Griechenland im Jahr 1965 berichtete Kokkalis regelmäßig über seinen Bekanntenkreis bzw. knüpfte im Auftrag des MfS auch gezielt Kontakte«, schrieb der Bundestagsuntersuchungsausschuss DDR-Vermögen in dem 1998 erschienenen Abschlussbericht.[259] Kokkalis sah sich damals als Opfer einer

Verschwörung. »Die Verleumder«, so warnte er, »werden zur Verantwortung gezogen.« Was wenig daran ändert, dass er im Bundestagsuntersuchungsausschuss zum Stasivermögen mehrfach erwähnt wird. »Der AHB Elektrotechnik Export-Import war der wichtigste Geschäftspartner der Integra und der Intracom in der DDR. Für die vermittelten Geschäfte erhielt Kokkalis vom AHB Elektrotechnik je nach Art und Umfang der Aufträge Provisionen in Höhe von fünf bis zehn Prozent des Auftragswertes, die auf das hierfür eingerichtete Konto 709 bei der Deutschen Handelsbank gezahlt wurden. Von dort aus transferierte Kokkalis die Gelder auf Konten im westlichen Ausland, insbesondere in der Schweiz.«[260] Einige der aus der DDR überwiesenen Beträge auf Schweizer Bankkonten waren offensichtlich zweckgebunden. »Zum Teil dienten sie auch als Marktpflege innerhalb Griechenlands, um die Vergabe öffentlicher Aufträge positiv zu beeinflussen, da die veraltete DDR-Nachrichtentechnik unter normalen Marktbedingungen in einem westlichen Land nicht konkurrenzfähig gewesen wäre.«[261]

Offenbar hatte der Unternehmer gleichzeitig ein lukratives Verhältnis zu Siemens aufgebaut. Sein Name tauchte im Skandal um die schwarzen Kassen des Münchner Multis auf, und zwar unter der Bezeichnung »Mister K«. So sei Kokkalis konzernintern genannt worden, weil kaum jemand bei Siemens gewagt habe, seinen vollen Namen auszusprechen. Das gab Siemens-Finanzexperte Michael Kutschenreuter bei der Staatsanwaltschaft München zu Protokoll. Das 28 Seiten lange Vernehmungsprotokoll vom Dezember 2006 (Geschäftszeichen 563Js45415/05) diente als eine der zentralen Grundlagen für die Ermittlungen gegen Siemens. Darin schildert Michael Kutschenreuter den Münchner Staatsanwälten die engen Verbindung zwischen Kokkalis und Volker Jung. Letzterer verantwortete bis 2003 als Siemens-Zentralvorstand das

Griechenland-Geschäft – und wechselte gleich nach seiner Verrentung in den Aufsichtsrat der Kokkalis-Firma Intracom. 1996 ermittelte die Athener Staatsanwaltschaft gegen Intracom, da bei der Vergabe eines Großauftrags der staatlichen Fernmeldegesellschaft Hellenic Telecom Schmiergelder geflossen sein sollen. Es kam damals zu keiner Anklage. Im Jahr 2011 gab es dann erneut ergebnislos gebliebene Ermittlungen, diesmal im Zusammenhang mit Kokkalis' Unternehmen Intralot und der staatlichen Lottogesellschaft OPAP.[262] Letztere wurde inzwischen privatisiert – ebenfalls ein etwas undurchsichtiges Privatisierungsgeschäft.

DIE BILANZ

Der große Räumungsverkauf – staatliche Einrichtungen zum Schleuderpreis

»Die Verpflichtung, Staatsbesitz zu privatisieren, gehört zu den wesentlichen Elementen der Sanierungspläne, welche die Troika aus IWF, EZB und Europäischer Kommission Ländern des Eurogebietes bei Inanspruchnahme von Hilfen der Euro-Rettungsschirme auferlegt«, schreibt die Deutsche Bank in ihren Beiträgen zur europäischen Integration.[263] »Verkauft doch eure Inseln, ihr Pleite-Griechen«[264], lautete die hetzerische Schlagzeile der *Bild*-Zeitung, die trefflich den Geisteszustand des deutschen Stammtisches widerspiegelt. Staaten, Länder und Gemeinden sollen also ein Eigentum, zum Beispiel Wasser- oder Elektrizitätswerke, verkaufen, das in den vergangenen Jahrzehnten von den Steuerzahlern finanziert wurde und folglich Gemeineigentum ist. Selbst dem politisch Blinden müsste klar sein, was die Troika hier betreibt: eine besonders perfide Form der Erpressung. Wer Schulden macht, der ist erpressbar, eine Binsenweisheit. Denn eigentlich ist das nichts anderes als ein großer Raubzug, bei dem die Putschisten Kasse machen können. Wie das abläuft, dokumentiert ein Brief, der eigentlich nie an die Öffentlichkeit gelangen sollte. Darin schreiben EZB-Präsident Jean Claude Trichet und sein Nachfolger Mario Draghi am 5. August 2011 an den damaligen italienischen Regierungschef Silvio Berlusconi: »Der EZB-Rat ist der Ansicht, dass von den italienischen Behörden dringende Maßnahmen zur Wiederherstellung des Anlegervertrauens notwendig sind.« Weiter heißt es: »Wir fordern eine umfassende, radikale und glaubwürdige Strategie für Reformen, insbesondere die vollständige Liberalisierung der lokalen öffentlichen Dienstleistungen (…) Dies gilt insbesondere für die Bereitstellung von Dienstleistungen für die Bevölkerung durch Privatisierungen in großem Umfang. Es besteht auch die Notwendigkeit, das System der Tarifverhandlungen und Tarifverträge zu reformieren und die Löhne und Arbeitsbedingungen den speziellen Bedürfnisse der Unternehmen anzupassen.«[265]

Klarer und eindeutiger sind politische Erpressungen durch demokratisch nicht legitimierte Machtzirkel kaum zu formulieren. Was in diesem Brief steht, ist nur der Vorgeschmack darauf, was in Zukunft allen europäischen Ländern droht.

Im Jahr 2010 wurde beschlossen, dass die griechische Regierung bis 2015 insgesamt 50 Milliarden Euro durch Privatisierungen einnehmen müsse, um finanzielle Hilfen aus Europa zu bekommen. Nachdem ihr das nicht gelungen ist, erwartet die Troika, dass die Regierung in Athen bis 2014 5,9 Milliarden durch Privatisierungen, bis 2016 10,5 Milliarden und bis 2020 25,6 Milliarden Euro aus dem Verkauf von staatlichem Eigentum erzielt.[266] Und in Griechenland erklärte der Chef der Privatisierungsorganisation, dass sein Land für Investoren eine Goldgrube werden würde. Verantwortlich für die Privatisierungen ist der griechische Vermögensentwicklungsfonds HRADF, der dem Finanzministerium untersteht. Seine Aufgabe ist es, den maximalen Wert beim Verkauf von staatlichen Vermögenswerten zu erreichen.[267]

Angeboten werden unter anderem der Internationale Flughafen Athen sowie zehn regionale Flughäfen, vier Airbus 340-300, Autobahnen, zwölf Häfen und zahlreiche Jachthäfen, die Lizenzen für Mobiltelefone, ein Energieversorgungsunternehmen mit 7,5 Millionen Kunden, die griechische Post und die Wasserversorgung von Athen und Thessaloniki, außerdem Immobilien und Ländereien.

Die deutsche Treuhand als Vorbild für das Privatisierungsdiktat der Troika?

Das Vorbild für die griechische Privatisierungsagentur ist die deutsche Treuhand, die ab 1990 das einstige DDR-Volksvermögen verscherbelte und deren Tätigkeit als Vereinigungsbeziehungsweise Regierungskriminalität in die jüngere Geschichte der Bundesrepublik einging. »Ich habe in den Abgrund geschaut«, wurde einst der SPD-Bundestagsabgeordnete Horst Jungmann zitiert, als er über seine Erkenntnisse aus einem Bonner Untersuchungsausschuss berichtete, dessen Mitglieder, die Arbeit der Berliner Treuhand zu bewerten versuchten. »Wir sind bei der Untersuchung in einen Sumpf der Korruption geraten. Westdeutsche Konjunkturritter haben sich goldene Nasen verdient und Millionen gemacht.« Nicht einmal ansatzweise aufgeklärt ist, was mit den SED-Geldern geschehen ist. Millionen sind zum Beispiel bei der Telekom Griechenland gelandet, erzählte mir einer, der mit dem Aufklärungsversuch beauftragt wurde. »Als wir das ermittelt haben, sagte man uns bei der Treuhand, ›sofort in den Reißwolf‹.«

Und damit ist man wieder bei der griechischen Version der Treuhand, dem Fonds für Verwertung staatlichen Vermögens. In einem Interview mit der *Zeit* wurde der Chef dieser Behörde darauf hingewiesen, dass »doch eine goldene Regel für Verkäufe lautet: Verkaufe nie, wenn du mit dem Rücken zur Wand stehst. Das ist genau das, was Sie tun.« Er antwortete: »Stimmt. Man sollte nie mit dem Rücken zur Wand verkaufen – außer man braucht das Geld.«[268] Doch er tröstet sich damit, »dass Arbeitsplätze und Wachstum generiert werden«. Im Frühjahr 2013 trat er wegen eines vermuteten Dienstvergehens zurück. Sein Nachfolger Stelios Stavridis gab wenige Monate später auf – aus »ethischen Gründen«, wie er betonte. Er reagierte damit auf einen Bericht der Zeitung *Proto Thema*. Sie hatte enthüllt, dass Stavridis vom griechischen Milliardär Dimitris Melissanidis, Spitzname Tiger, im Privatjet zu dessen Feriensitz auf der Insel Kefalonia geflogen worden sei. Zuvor hatte Melissanidis ein Drittel des staatlichen Lottokonzern OPAP erworben, der weit unter seinem eigentlichem Wert privatisiert wurde.

Unter diesen Umständen in der Privatmaschine eines solchen Krösus mitzufliegen, das ist zwar nicht sauber, wäre jedoch nicht einmal in Deutschland ein Grund zurückzutreten. »Ich habe die Einladung sorgfältig abgewogen und angenommen«, erklärte Stelios Stavridis später gegenüber den Medien. Ob er den Flug denn im Nachhinein bereue, wurde er gefragt. »Überhaupt nicht, ganz im Gegenteil«, antwortete er selbstbewusst. Was andere für anrüchig halten, sehe er als »ein Beispiel von Transparenz«. Die Alternative sei ein Linienflug am Dienstag früh um fünf Uhr gewesen. So habe er dank der Einladung von Dimitris Melissanidis fast einen ganzen Urlaubstag dazugewonnen. »Nur weil er Chef einer staatlichen Behörde sei, müsse er doch ›nicht leben wie ein Mönch‹.«[269] So gesehen illustriert dieser Fall einmal mehr die Komplizenschaft zwischen Troika, korrupten Regierungsstrukturen und Krisenprofiteuren.

Dimitris Melissanidis, dessen Karriere im Jahr 1975 mit einer kleinen Fahrschule begann, gilt heute mit seinen über 60 modernen Tankern als der weltweit größte Lieferant von Heizöl. In Griechenland besitzt er über 600 Tankstellen. Schon immer gab es Gerüchte in den griechischen Medien, dass er sein Vermögen auch mit Ölschmuggel vermehrt habe.[270] Bislang konnte ihm jedoch nichts nachgewiesen werden. Seit die Preise in astronomische Höhen geklettert sind, floriert in Griechenland der Schmuggel mit Benzin und Heizöl insbesondere. Die Steuern auf Heizöl wurden um das Sechsfache erhöht, sodass Heizöl inzwischen fast so teuer wie Diesel ist. Die Regierung kündigte zwar den Kampf gegen den Schmuggel an, ging jedoch nur gegen die kleinen Tankstellenbesitzer vor. Im Zuge der Ermittlungen fiel den Zollbehörden auf, dass die Exporte von Diesel in die Türkei oder nach Mazedonien um ein Vielfaches höher waren als die dort deklarierten Importe. Als Erklärung stellte sich heraus, dass der verschwundene Sprit in griechischen Tankstellen landete, mit legal versteuertem Kraftstoff gemischt und mit großem Gewinn an die Kunden verkauft wurde. Das garantierte den Big Bossen der Schmuggler Einnahmen zwischen 500 Millionen bis 2 Milliarden Euro jährlich, so die Schätzungen. Am 28. Januar 2013 kontrollierte die Küstenwache einen Tanker, in dem 43.467 Liter für den Export deklarierter Brennstoffe fehlten. Ins Visier geriet daraufhin der Konzern Aegean Oil, den der Ölbaron Melissanidis gegründet hat. Er beliefert unter anderem die US-Flotte im Mittelmeer mit Treibstoff.

Über diesen Vorgang und über die enge Verstrickung von Politik, Finanzamt, Justiz und Schmugglern berichtete der Journalist Lefteris Charalampopoulos in dem Magazin *Unfollow*.[271] Einen Tag nach der Veröffentlichung erhielt er einen Anruf – von Dimitris Melissanidis höchstpersönlich. »Ich könnte jemanden schicken, um dich zu töten, ohne dich vorher zu warnen. Ich bin aber ein Mann. Ich werde dich, deine Frau, Kinder und alles, was du hast, in die Luft sprengen, während ihr alle friedlich schlaft.« Der Anruf dauerte insgesamt 20 Minuten. Mitgehört hatte das Gespräch der Chefredakteur der Zeitschrift. Der Ölbaron dementierte später, den Journalisten angerufen und bedroht zu haben. Weder die Polizei noch die Justiz oder die Regierung reagierten auf die Drohung.[272] Dann legte die Zeitschrift nach.

Darüber war in der *Frankfurter Allgemeinen Zeitung* zu lesen: »So weise eine frühere, schon 1995 in Insolvenz gegangene Firma von Melissanidis immer noch Schulden gegenüber dem klammen hellenischen Fiskus von aktuell mehr als zehn Millionen Euro auf. Milliardär Melissanidis ein dreister Steuerschuldner?«[273] Lefteris Charalampopoulos sagte in einem Interview: »Jemand wie Melissanidis ist offenbar unantastbarer Geschäftspartner von Politikern. Er hat nicht nur mir gedroht, sondern ebenso einem mir bekannten Parteiführer einer im Parlament vertretenen Partei.« Den Namen wollte er nicht nennen, weil auch dessen Kinder betroffen seien.[274] Abgeordnete der linken Partei *Syriza* beschuldigten im Parlament die amtierende Regierung, den Konzernchef Melissanidis zu schützen. Der Anwalt des umstrittenen Milliardärs ist Berater und langjähriger Freund des Premierministers Samaras. Es ist der gleiche einflussreiche Anwalt, der über die Neonazipartei Goldene Morgenröte sagt, »das sind hauptsächlich unsere Leute«.[275]

Wie jedoch sehen kritische Politiker, Ökonomen und Soziologen in Athen die Privatisierung staatlicher Einrichtungen? Ein Wirtschaftsberater der PASOK, der nicht mit Namen zitiert werden will, sagte mir: »In Griechenland erleben wir eine außergewöhnliche Situation, in der die Staatsschulden zum Vorwand genommen werden, um öffentliche Güter und Dienstleistungen zu privatisieren. Der griechische Staat und die Troika sind nicht wirklich interessiert, das Privatisierungsprogramm voranzutreiben.« Der Journalist Yannis Moutsos: »Sie benutzen Griechenland wie Portugal als Experiment für den ökonomischen Wandel. Wenn sie die Privatisierung durchführen, kassieren sie zwar einige Milliarden Euro. Aber das ist nicht genug. Dann wird klar, dass das Programm ein Fehler war. Seit drei Jahren stagniert die Situation in Griechenland – es geht nicht vorwärts und nicht zurück.« Eine andere Stimme, weitaus kritischer: »Es ist für die internationalen Konzerne wichtig, dass Griechenland bankrott geht und die Staatsbetriebe dann noch billiger werden und zu einem Fünftel ihres derzeitigen Wertes verkauft werden können.« Alexander Theodoridis von der Hilfsorganisation Boroume formuliert es ebenfalls drastisch: »Was im Moment passiert, ist Erpressung, ist Wucher. Die guten Firmen sind so billig wie nie. Und das ist für mich Wucherei. Eine simple Logik. Aber so funktioniert die Welt.« Und Andreas Banoutsos, der ehemalige Direktor der Vereinigung griechischer Industrieller in Athen und Ex-Regierungsberater, sagt: »Die Europäer sind in Wirklichkeit an der Privatisierung überhaupt nicht interessiert, sondern mittel- und langfristig an der Konfiszierung der griechischen Vermögenswerte zu einem symbolischen Preis, um keine Unruhen zu erzeugen.« Damit dürfte er nicht falschliegen.

In der Tat ist das Diktat der Troika nichts anderes als Erpressung unter gnadenloser Ausnutzung der prekären Situation der Schuldnerländer. Erst werden sie dazu genötigt, Sozialleistungen radikal zu kürzen, Arbeitnehmerrechte auszuhebeln und die Löhne radikal zu senken – dann naht die Stunde der Investoren. Bei einer von der Wirtschaftstreuhand Investment Greece GmbH organisierten Informationsveranstaltung für potenzielle Investoren und Anleger am 25. Oktober 2013 in

Stuttgart sagte man das auch ganz offen. Geworben wurde mit solchen Aussagen: »Durch die stark gefallenen Arbeitskosten, Immobilienpreise usw. ergeben sich zahlreiche Chancen für Anleger, Investoren und Unternehmen. Die Situation auf dem griechischen Arbeitsmarkt und die anhaltend hohe Arbeitslosigkeit in Griechenland bieten für deutsche Unternehmen Chancen vor Ort, aber auch in Deutschland.«[276]

Eine Studie der Deutschen Bank mit dem Titel *Erlöse, Wettbewerb, Wachstum – Möglichkeiten der Privatisierung im Eurogebiet* fragte: »Warum Privatisierung«? Die Antwort könnte aus dem Lehrbuch des klassischen Neoliberalismus stammen: »Privatisierung eröffnet verschuldeten Ländern die Chance auf eine mehrfache Dividende. Mit Privatisierungen können verschuldete Staaten auch die Glaubwürdigkeit ihrer Programme zur Haushaltssanierung dokumentieren und damit ein wichtiges Signal für internationale Anleiheinvestoren setzen. Denn der Staat eignet sich nicht als Unternehmer.« Außerdem steht in dem Papier der Deutschen Bank: »Vorfahrt für private Tätigkeit gilt daher nicht nur für den großen Bereich der privaten Güter, sondern prinzipiell auch für Felder wie Infrastruktureinrichtungen und die so genannte Daseinsvorsorge, die weithin als staatliche Domäne betrachtet werden. Vorteilhaft ist prinzipiell auch die Privatisierung staatlicher Leistungen der Daseinsvorsorge, also etwa der Wasserversorgung und -entsorgung, von Einrichtungen des Gesundheitswesens und von nicht hoheitlichen staatlichen Verwaltungsaufgaben.«[277]

Verschwiegen wird, dass Privatisierungen öffentlicher Einrichtungen fast immer zu Entlassungen, Lohndumping und prekären Arbeitsverhältnissen geführt haben, ebenfalls in Deutschland. Die Privatisierung der Deutschen Post ist dafür ein gutes Beispiel. Die Dienstleistungen wurden massiv eingeschränkt, Postämter in ländlichen Regionen geschlossen und die Arbeiter und Angestellten in den privatisierten Unternehmen mit Hungerlöhnen vor die Alternative gestellt: Friss oder stirb. Auch der Verkauf staatlicher Wohnungen an private Investoren führte unweigerlich zu Mietsteigerungen und Mietkündigungen, weil die Bewohner die erhöhten Mieten nicht mehr bezahlen können.

Größte Einnahmequelle aus den Privatisierungen soll die Veräußerung von Immobilien im Wert von mindestens 30 Milliarden Euro werden. Der griechische Staat besitzt etwa 70 Prozent des Landes. Dessen Verkauf beziehungsweise langfristige Verpachtung verspreche hohe Erlöse, schwärmen Finanzinstitute. Über 300 private Inseln werden angeboten. Einige davon, ihr Wert wird zwischen 1,3 Millionen und 150 Millionen US-Dollar geschätzt, haben sich bereits arabische Scheichs und reiche Russen gesichert. Die griechische Anwaltsgesellschaft KPAG bietet auf ihrer Webseite Immobilien wie Hotels, Naturhäfen und Campingplätze in Griechenland zum Verkauf an.

Die Journalistin Helen Skopis, die die Privatisierung seit Langem beobachtet, stellt die Sinnfrage: »Es gibt Ministerien wie das Außenministerium, die ihre Gebäude verkaufen, um dann dem neuen Besitzer hohe Mieten zu zahlen. Warum das? Dem Staat gehört das Gebäude, warum soll er dann Miete zahlen? Wo ist die Logik? Und wer bestimmt, was mit dem Geld aus der Privatisierung geschieht? Auf jeden Fall nicht die Griechen.«

Dem Investmentfonds NCH Capital wurden 17 Hektar Land in der Gegend von Kassiopi auf Korfu verpachtet. NCH Capital war der einzige Bieter. Das Unternehmen mit Sitz in den USA wurde bereits 1991 in der ehemaligen UdSSR aktiv und ist heute der größte westliche Finanzinvestor in Osteuropa. Die Regierung verpachtete das Land an NCH Capital für 99 Jahre und erhielt als Gegenleistung 23 Millionen Euro. Die

Investoren sagten darüber hinaus zu, 75 Millionen Euro in der Region zu investieren. Das Gebiet ist bekannt für seine Naturschönheit mit Wald, See, historischen Gebäuden und einem breiten Strand. Die Investoren wollen hier eine private Stadt mit Golfplatz und Jachthafen bauen, ein großer Plan mit eher dürftigen Erfolgsaussichten. Doch das Geld ist sicher trotzdem gut angelegt. Denn der Konzessionsvertrag sieht vor, dass der Investor das Land weiterverpachten darf und Steuervergünstigungen genießt. Die neuen Besitzer können zudem angrenzende private Grundstücke enteignen lassen, wenn sie der Ansicht sind, dass das für ihre geplanten Investitionen notwendig ist. Umwelt- und Bürgerinitiativen hatten vergeblich Einwände gegen den Verkauf erhoben. Die Bedenken bezogen sich auf die Risiken, die durch die Erweiterungspläne für die Umwelt in der Region entstehen, und den geringen Nutzen für den Staat und die Gemeinden. Vergeblich.

Verschleudert wurden inzwischen noch andere attraktive Objekte. Das nationale Gasnetz (DESFA) wurde an den aserbaidschanischen staatlichen Ölkonzern Socar zu einem Preis verkauft, den die Aserbaidschaner innerhalb nur eines Jahres allein aus der Nutzung der vorhandenen Infrastrukturen tilgen werden. Da ist es dann auch schon egal, dass hinter den Eigentümern von Socar die Familie des diktatorisch regierenden Staatschefs steht. Private Investoren erwarben für 171 Millionen Euro das Braunkohlevorkommen in Vevi, dessen realer Wert auf über 3 Milliarden Euro veranschlagt wurde. Und so jubelte bereits die Regierung in Athen, dass sie einen Haushaltsüberschuss erwirtschaftet habe. Einen mit vielen Fragezeichen allerdings. »Für die griechische Regierung ist es sehr einfach, einen primären Überschuss zu schaffen. Es reicht aus, die Verpflichtungen des Staats nicht zu erfüllen (bzw. nicht zu bezahlen) und das öffentliche Vermögen auszuverkaufen. Ist dies jedoch die Mission einer Regierung?«, fragte der griechische Blogger Dimitris Malakas.[278]

Wie in Griechenland musste auch in Portugal Gemeineigentum privatisiert werden, um finanzielle Hilfe aus Brüssel zu erhalten. »Das politische Ziel«, so die portugiesische Historikerin Raquel Varela, ist die »Übertragung staatlicher Aufgaben auf den privaten Bereich, der damit dann natürlich Geld verdienen will. Lebenswichtige Bereiche wie Erziehung, Gesundheit und Wohlfahrt müssten privatisiert werden.« Da steht jetzt nicht nur die Post (Correios de Portugal) zur Privatisierung an, sondern desgleichen die staatliche Krankenversicherung und ein ihr angeschlossenes Versicherungsunternehmen, die Caixa Seguros, die von der Lebens- bis zur Autoversicherung alles anbietet. Veräußert werden soll die Eisenbahnfrachtgesellschaft CP Carga oder der Fernsehsender RTP. Die Deutsche Bank betrieb auch den Verkauf der umstrittenen Bank BPN. Zudem beriet sie den chinesischen staatlichen Netzbetreiber China Grid bei der Übernahme des portugiesischen Energieversorgers Redes Energéticas Nacionais und das staatliche chinesische Energieversorgungsunternehmen Three Gorges Corporation beim Erwerb des portugiesischen Stromkonzerns EDP. Das Ergebnis der Privatisierung, abgesehen vom Verscherbeln des Volksvermögens, sei Korruption, bilanziert der Wirtschaftswissenschaftler Francisco Louçã.

Europa rüstet auf – gegen die Bürger

Der griechische Premierminister Antonis Samaras bezog nach dem Verbot der Goldenen Morgenröte in einer Rede im Oktober 2013 im Parlament die gleichen Argumente, die er gegen die Neonazis ins Feld führte, auch auf jegliche Opposition. Für ihn ist jeder Bürger, der gegen seine soziale Kahlschlagpolitik opponiert, eine Gefahr für die Staatssicherheit.[279] Ähnlich argumentierte sein Amtskollege in der Türkei. Nach den wochenlangen Demonstrationen gegen die autoritäre Politik von Ministerpräsident Erdoğan, bei denen die Polizei für Tausende von Verletzten und mindestens vier Tote verantwortlich war, erklärte der Regierungschef die Demonstranten kurzerhand zu »Terroristen«. In Madrid liegt ein Gesetzentwurf vor, wonach friedliche Demonstrationen und Protestlager als Anschlag auf die Staatsgewalt gelten. Anlass dafür war ein Generalstreik. Verantwortlich für das Gesetz ist der konservative Innenminister Jorge Fernández Díaz, zugleich ein Mitglied der rechtskatholischen Institution Opus Dei. Die leistete bereits dem spanischen Diktator Generalisimo Franco geistlichen Beistand. Nach dem Gesetz wird derjenige, der im Internet, über Facebook oder Twitter zu Protestaktionen aufruft, als Mitglied einer kriminellen Organisation für mindestens zwei Jahre in Haft genommen, sollten die Proteste zu Sitzblockaden oder gewaltsamen Auseinandersetzungen führen. Für Fernández Díaz ist das Gesetz »notwendig«, um den »neuen sozialen Realitäten« entgegenzutreten. Er betonte, dass Spanien mit Ländern wie Frankreich oder Großbritannien gleichziehe. Im November 2013 arbeitete er ein neues Gesetz aus. Wieder geht es um die Bekämpfung der Proteste spanischer Bürger gegen die sozialen Spardiktate. Wer vor dem spanischen Parlament demonstriert, muss für diese schwere Ordnungswidrigkeit mit 30.000 bis 600.000

Euro Strafe rechnen. Die Opposition spricht von einem Gesetz gegen die »Bewegung der Empörten« (15-M). Die Sprecherin der sozialistischen PSOE, Soraya Ródriguez, sieht Spanien auf dem Weg von einem autoritären zu einem totalitären System.[280]

»Die Menschen sollen mehr Angst vor dem System haben«, verkündete Felip Puig, Innenminister der Autonomieregierung in Katalonien. Er ist spanienweit dadurch bekannt geworden, »dass er gezielt Zivilpolizisten in Demonstrationen einschleuste, die dann gewalttätige Aktionen anzettelten, nur damit die Polizei dann mit aller Härte gegen die echten Demonstranten vorgehen konnte. Beweisvideos auf YouTube ließ man löschen.«[281] Um den zunehmenden Widerstand und wütenden Protest der Bürger in Europa zu neutralisieren, wird die Polizei überall aufgerüstet und unter gewissen Umständen sogar das Militär mobilisiert.

Dazu könnte ja die Europäische Gendarmerietruppe (Eurogendfor) eingesetzt werden. Ihr Motto im Wappen lautet *Lex paciferat* – »Das Gesetz wird den Frieden bringen« – und betont »das Prinzip der strengen Beziehung zwischen der Durchsetzung der Rechtsgrundsätze und der Wiederherstellung einer sicheren und geschützten Umgebung«. In Artikel 4 des Gründungsvertrages heißt es zu den Einsatzaufgaben: »Schutz der Bevölkerung und des Eigentums und Aufrechterhaltung der öffentlichen Ordnung beim Auftreten öffentlicher Unruhen.«[282]

Der Führungsstab dieser über 3000 Mann starken Sondereingreiftruppe sitzt im italienischen Vincenzo. Die frühere französische Verteidigungsministerin Michèle Alliot-Marie war ihre Initiatorin, nachdem es in Frankreich immer öfter zu Unruhen zugewanderter muslimischer Jugendlicher mit Straßenschlachten und Plünderungen gekommen war. Beteiligt haben sich bisher Frankreich, Italien, Portugal, die Niederlande, Rumänien und Spanien. Die Soldaten dieser paramilitärischen Truppe müssen sich zwar an das geltende Recht des Staates halten, in dem sie eingesetzt und stationiert werden, aber: Alle Gebäude und Gelände, die von Truppen in Beschlag genommen werden, sind immun und selbst für Behörden des Staates, in dem die Truppe tätig wird, nicht zugänglich. Nationales Recht kann also außer Kraft gesetzt werden. Eurogendfor ist Polizei, Kriminalpolizei, Armee und Geheimdienst in einem und unterliegt keiner parlamentarischen Kontrolle. Die Kompetenzen sind praktisch unbeschränkt. Die Einheit soll in enger Zusammenarbeit mit europäischen Militärs die »Sicherheit in europäischen Krisengebieten« gewährleisten. Ihre Aufgabe ist es vor allem, Aufstände niederzuschlagen. Über die Einsatzstrategie entscheidet ein Ausschuss, der sich aus den Verteidigungs- und Innenministern der teilnehmenden EU-Mitgliedsstaaten zusammensetzt. Die Truppe kann auf Anfrage und nach Beschluss der EU in Marsch gesetzt werden. Sie vereinigt alle militärischen, polizeilichen und nachrichtendienstlichen Befugnisse und Mittel, die sie mit dem Mandat eines ministeriellen Krisenstabs an jedem Ort zur Bekämpfung von Unruhen, Aufständen und politischen Demonstrationen im Verbund mit nationalen Polizei- und Armeeverbänden ausüben darf.[283]

Zivile Unruhen in den Griff zu bekommen, dafür könnte auch das europäische Forschungsprojekt INDECT (*Intelligent information system supporting observation, searching and detection for security of citizens in urban environment* – Intelligentes Informationssystem zur Unterstützung von Überwachung, Suche und Ortung für die Sicherheit von Bürgern in städtischen Räumen) eingesetzt werden. INDECT soll verschiedene Systeme, Daten und Informationen vernetzen, um laut EU-Projektbeschreibung von 2010 »Sicherheitsinformationen über Bürger in Städten« zu beschaffen, zu verarbeiten und zu verteilen. Im Rahmen von INDECT wird ein Verbundsystem aus Videokameras, Datenbanken, spezialisierten Internetsuchmaschinen, biometrischer Gesichtserkennung, Drohnen und Sensorsystemen für Europas Polizeikräfte entwickelt. De facto ist man dabei, ein militärisches C4-System – eine vernetzte Gefechtsfeldzentrale – für den Einsatz gegen Zivilisten im urbanen Raum zu »erforschen«. »Das System soll automatisch Alarm schlagen, wenn irgendwie Verdächtiges entdeckt wird.«[284] Verräterisch ist ein Satz des Ethikrats von INDECT: »›Wenn du nichts falsch gemacht hast, hast du nichts zu befürchten‹ ist nur wahr, wenn jeder Aspekt der Strafjustiz bei jeder Gelegenheit perfekt funktioniert. Durch das INDECT-Forschungsprojekt werden die EU-Mitgliedsstaaten eine Technologie zur Verfügung haben, die sicherstellt, dass Entscheidungen in Bezug auf die öffentliche Sicherheit auf einer maximalen Menge an relevanten Informationen basieren.«[285]

Besondere Lösungen, auf die die Bürger nur gewartet haben, bietet das vom Bundesverteidigungsministerium mitfinanzierte Frauenhofer-Institut für Chemische Technologie. Es entwickelt »Lösungen« inmitten einer Idylle mit vielen Wäldern, Wiesen, Obst- und Weinberghängen im Pfinztal bei Karlsruhe. Hier organisierte das Institut Anfang Juni 2013 ein Symposium über nichttödliche Waffen. Bei der Veranstaltung ging es um die Frage, ob sich Blendschockgranaten oder Reizgas im Rahmen von militärischen und polizeilichen Operationen als »wirksam« erwiesen haben – etwa zur Bekämpfung ziviler Unruhen im Westen oder bei militärischen Interventionen in Ländern Afrikas oder Asiens. Zivile Unruhe ist, wie die Erfahrung zeigt, ein dehnbarer Begriff, der natürlich soziale Protestbewegungen einschließt.

Eigentlich ist es wenig wahrscheinlich, dass die Millionen enttäuschter europäischer Bürger einmal nach Brüssel marschieren, um gegen Korruption, Verelendung und Nepotismus in ihrer Heimat zu demonstrieren. Dieses Brüssel, über das der Kolumnist Henryk M. Broder schrieb, dass hier »wie früher in Rom, per Daumenzeichen über das Schicksal von Menschen entschieden wird, die Tausende von Kilometern entfernt erst dann merken, wie machtlos sie sind, wenn es zu spät ist«.[286] Was würden die demonstrierenden Bürger in Brüssel sehen und auf wen würden sie stoßen, der ihre Ängste und Wut versteht? Sie würden Abgeordnete des Europäischen Parlaments treffen, die immer noch zu machtlos sind. Es handelt sich allerdings um eine finanziell gut ausgepolsterte Machtlosigkeit. Die Parlamentarier erhalten monatlich 7956,87 Euro als Diäten sowie eine allgemeine Kostenvergütung in Höhe von 4299 Euro. Hinzu kommen monatlich 21.209 Euro, um notwendige Mitarbeiter in Brüssel, Straßburg oder in seinem Heimatland zu beschäftigen.[287] Jedem Parlamentarier steht zudem ein Tagegeld von 304 Euro (neben dem Grundgehalt) zu für jeden Tag, an dem er sich in Brüssel oder Straßburg in die offizielle Anwesenheitsliste einträgt (und auch teilnehmen sollte).

Zweifellos gibt es viele Parlamentarier, die alles in ihrer Macht Stehende tun, um den Putschisten, die den europäischen Sozialstaat zertrümmern, Widerstand zu leisten. Leider sind sie in der Minderheit. Über die anderen lästerte der konservative *Spiegel*-Kolumnist Jan Fleischhauer: »Wer im europäischen Parlament arbeitet, ist so daran gewöhnt, andere für sich zahlen zu lassen, dass er gar nicht auf den Gedanken käme, selber die Rechnung zu übernehmen. Viele Abgeordnete haben angeblich gar kein Portemonnaie mehr dabei, wenn sie sich mit Leuten von außerhalb zum Essen verabreden.«[288] Und so wächst die Kluft zwischen den Bürgern, die für soziale Gerechtigkeit kämpfen, und ihren Repräsentanten in Brüssel. Die Folgen sind schon jetzt offensichtlich. Es wachsen auf der einen Seite rechtsradikale und rechtspopulistische Bewegungen und auf der anderen Seite wächst die Wut. Der Jurist Wolfgang Hetzer spricht davon, dass die »Schwelle zum Bürgerkrieg dann überschritten wird,« wenn die Leute begreifen, was mit ihnen passiert. Wenn sie erkennen, wer die Rechnung bezahlt für diese misslungene Politik und die Anmaßung der Finanzindustrie.«[289]

Davor haben die Regierenden am meisten Angst, und so bereiten sie sich in den europäischen Ländern darauf vor, den Zorn ihrer Bürger zu bändigen. Schließlich hat die Wirtschaft sie schon gewarnt. »Auf den Finanzmärkten geht ein Gespenst um: Was, wenn das Heer von Arbeitslosen und Armen die Politik der Mächtigen nicht mehr abnickt«, fragt Stephan Kaufmann. »Allzu viel Demokratie wollen deshalb weder Politiker noch Wirtschaftsbosse wagen.«[290]

In Portugal, Italien, Spanien oder Griechenland kommt es bereits jetzt immer wieder zu massiven Demonstrationen und Streikaktionen, und natürlich enden die Proteste nicht immer mit friedlichem Händchenhalten. Wer mag es den Demonstranten angesichts ihrer erbärmlichen Lebensumstände und ihrer Ohnmacht verdenken? In einem Hintergrundpapier der Internationalen Arbeitsorganisation (ILO) für die Europäische Regionalkonferenz in Oslo im April 2013 wurde festgestellt, dass die europäische Wirtschafts- und Währungskrise die Gefahr für soziale Unruhen in den Mittelmeerstaaten Zypern, Griechenland, Spanien und Italien erhöhen werde. »Die hohe Arbeitslosigkeit in Verbindung mit zunehmender Unsicherheit der Beschäftigung und Kürzung von Löhnen und Sozialleistungen im Zusammenhang mit Sparmaßnahmen hat ein Gefühl der Ungerechtigkeit ausgelöst und zu friedlichen Demonstrationen ebenso wie zu weniger friedlichen Ausbrüchen von sozialen Unruhen geführt. (…) Unter solchen Umständen sind Ansteckungseffekte in anderen europäischen Ländern nur eine Frage der Zeit.«[291]

DER WIDERSTAND

Zweifellos wächst in Europa auf unterschiedlichste Art und Weise der Widerstand sowohl gegen die Privatisierungsorgie und die Korruption der politischen Elite als auch gegen die Spardiktate, die die normalen Bürgern treffen. Besonders deutlich wird das bei den Plänen, die kommunale Wasserversorgung zugunsten multinationaler Konzerne zu privatisieren. Dies war ja nicht nur ein Plan der Europäischen Kommission, sondern ist seit geraumer Zeit auch die Forderung internationaler Finanzinvestoren, die Wasser nicht als öffentliches Gut sehen, es vielmehr als Ware betrachten, die profitabel verkauft werden kann. Während die Pläne der Finanzinvestoren bereits seit 2011 aktenkundig sind, folgten die daraus abgeleiteten Vorschläge der Europäischen Kommission erst ein Jahr später. In Griechenland traf die Stadtverwaltung von Pallini die Entscheidung, die Privatisierung der regionalen Wasserversorgung zu verbieten. In Portugal sammelte die Initiative »Água é de todos« (Wasser gehört allen) in kurzer Zeit 40.000 Unterschriften gegen die Privatisierung der Wasserversorgung. Sie hatten ein gutes Argument. In der Gemeinde Pacos de Ferreira in Portugal sahen sich die Menschen nach der Privatisierung mit um 400 Prozent gestiegenen Wasserpreisen konfrontiert. In London wurde das Wassernetz bereits in den Achtzigerjahren privatisiert. Investiert wurde in der Folge so wenig, dass heute die Leitungen und Kanäle in katastrophalem Zustand sind und ein regelrechter Wassermangel herrscht. Der Einsatz von Gartenschläuchen und Autowaschen sind inzwischen verboten. Bei den Maikundgebungen 2013 in Griechenland hielten die Arbeitnehmervertreter der Wasserbetriebe Plakate mit der Aufschrift in der Hand: »München, Stuttgart, Wien und andere Städte Europas sagen NEIN zur Privatisierung der Wasserversorgung – folge ihrem Beispiel.«

Wasser für alle – oder Profite für wenige

Beispielhaft für den Protest der Bürger ist die Bewegung 136 in Thessaloniki. Unter der Ägide des Internationalen Währungsfonds und der Europäischen Kommission hatte die Regierung, neben vielen anderen Maßnahmen, die Teilveräußerung der Wasserversorgungs- und Kanalisationsgesellschaft der griechischen Stadt Thessaloniki, EYATh, öffentlich ausgeschrieben, obwohl es ein effektives und profitables Unternehmen ist, das hochwertige Wasserdienstleistungen zu erschwinglichen Preisen bietet. Die EYATh erwirtschaftete in den letzten Jahren 75 Millionen Euro Gewinn, während der Verkaufspreis nach dem Zusammenbruch der Aktie den Wert von 55 Millionen Euro Gewinn nicht überschreitet. Im Jahr 2010 betrug der EYATh-Gewinn 12,4 Millionen Euro, im Jahr 2011 dann 20,18 Millionen Euro.

Gegen den Plan der Regierung bildete sich eine Bürgerinitiative, die Bewegung 136. Sie forderte ein soziales Management der Wasserversorgung durch Genossenschaften auf nachbarschaftlicher Ebene. »Wieder einmal erblicken wir die Umsetzung des Modells ›Privatisierung der Gewinne, aber

Sozialisierung der Verluste«. Wasser ist das höchste Gut, das uns von der Natur gegeben ist, und die Vereinten Nationen haben erkannt, dass der Zugang zu sauberem Trinkwasser ein Menschenrecht ist. Neben der Verteidigung der Wasserversorgung in unserer Stadt Thessaloniki wollen wir darüber hinaus die Alternativen fördern, die die Bürger der Stadt und die griechischen Menschen unter den gegenwärtigen Bedingungen einer allgemeinen Krise ergreifen können, um ihr Schicksal in die Hand zu nehmen.«[292] Und zwar dadurch, dass die Bürger 40 Prozent, also den Anteil der Wasserwerke, der privatisiert werden soll, selbst übernehmen, um damit die soziale Kontrolle der Wasserqualität in der Stadt in der Hand zu haben. Um das Ziel zu erreichen, hat die Bürgerinitiative alle Bürgerinnen und Bürger von Thessaloniki eingeladen, sich aktiv zu beteiligen, und alle Bürgermeister und Gemeinderäte der Stadtteile von Thessaloniki sowie viele Sozial- und Berufsverbände wurden kontaktiert. Die große Mehrheit unterstützte die Bewegung, die sich am 28. November 2011 erstmals öffentlich präsentierte. Seitdem haben sich viele Genossenschaften in der Region gebildet, sich Tausende von Mitgliedern eingetragen. Den Bürgern wurde klar, so die Bürgerinitiative, »dass der einzige Weg, um die Gemeingüter zu verteidigen, der des gesellschaftlichen Managements und der Solidarität ist. Der Plan der Bürgerinitiative geht inzwischen weit über die Verhinderung der Privatisierung hinaus. Sie fordert ein produktives und wirtschaftliches Modell mit einer Kombination von kollektivem Eigentum und Anreizen für den Einzelnen. Das nachhaltige Wassermanagement ist der Kern einer solchen Initiative, die durch öffentliche, gemeinnützige, demokratische Nutzung unter sozialer Kontrolle die Umwelt respektiert und natürliche Ressourcen schont.«

Das gleiche Bild ist in Italien zu beobachten. Die Regierung in Rom wollte auf Druck der Troika und der Finanzindustrie ebenfalls die Wasserversorgung privatisieren. Dagegen wehrte sich die Bevölkerung durch ein Referendum mit dem Namen »quattro Si«. In einem Aufruf der Initiative heißt es: »Zweimal ›Ja‹, um das Trinkwasser als Dienstleistung für die Bürger zu retten. Das erste ›Ja‹ hebt das Gesetz auf, das die Kommunen verpflichtet, das Wasser den multinationalen Konzernen zu verkaufen; das zweite ›Ja‹ hebt das Gesetz auf, das den Privaten 7 Prozent Rendite auf Kosten der Bürger garantiert. Das Trinkwasser ist ein Gemeingut und darf nicht privatisiert werden! Das dritte ›Ja‹ verhindert den Bau von Atomkraftwerken in Italien. Wollen Sie Italien vor Katastrophen wie in Fukushima schützen? Wählen Sie ›Ja‹! Das vierte ›Ja‹ hebt das Gesetz auf, das es dem Ministerpräsidenten und den Ministern ermöglicht, nicht vor Gericht zu erscheinen.« Das Votum der italienischen Bevölkerung, keine weiteren Privatisierungen kommunaler Aufgaben zu akzeptieren, war eindeutig: 27 Millionen Italiener votierten zu 94 Prozent für das Referendum – bei einer Beteiligung von 56 Prozent.[293] »Niemand hat diesen historischen Erfolg vorhergesehen. Wähler stimmten fast einstimmig gegen die Privatisierung ohne jegliche Aufmerksamkeit von den Medien oder Parteien«, freute sich Ugo Mattei, Rechtsprofessor an der Turiner Universität. »Viele Parlamentsmitglieder versprachen sich politische oder persönliche Gewinne aus den Privatisierungen«, erklärt der Jurist den Dissens zwischen Volk, Medien und Politik.

Doch die Regierung dachte nicht daran, auf das Referendum einzugehen, zumal bis heute massiver Druck von der Troika kommt, die Wasserversorgung auch gegen den Willen der Bevölkerung zu privatisieren. Das italienische Verfassungsgericht zwang die Regierung allerdings zum Einlenken, denn nach seinem Urteil ist das Vorgehen der Regierung verfassungswidrig. »Die Commons-Bewegung feierte diese Gerichtsentscheidung als großen Erfolg für den Schutz von Gemeingütern, längst nicht nur des Wassers.«[294] Sie wird in Deutschland von der engagierten Berliner Journalistin Anja Humburg unterstützt, die davon überzeugt ist, dass das, was in Italien und Griechenland möglich ist, auch in Deutschland möglich sein muss, zum Beispiel in Berlin. Dort wurden im Jahr 1999 die Wasserbetriebe an den Energiekonzern RWE und den französischen Wasserkonzern Veolia verkauft. Damals war es die größte Privatisierung eines kommunalen Wasserversorgers in der Europäischen Union. Dann wachten die Berliner auf und wehrten sich gegen die Geheimverträge und die ständig steigenden Gebühren. »So entstand«, schreibt Anja Humburg, »rund um den Berliner Wassertisch ein lebendiges lokales Netzwerk von Initiativen und Bürgern, das für eine transparente und demokratische Mitgestaltung der öffentlichen Wasserversorgung streitet.«[295] Im Jahr 2011 setzten die Berliner mit einem Volksentscheid die Offenlegung der Kaufverträge durch, in deren Folge sich der Senat zum Rückkauf bereit erklärte. Die RWE-Anteile erwarb die Stadt bereits 2012 für 218 Millionen Euro zurück, und im September 2013 einigte sich der Senat auch mit dem französischen Konzern auf den Rückkauf von dessen Anteilen.

Nun wäre Berlin nicht Berlin, will heißen der bekannte Berliner Politsumpf, wenn nicht die alte Geheimhaltungspolitik weiter fortgesetzt worden wäre. Also hatten die Bürger keine Möglichkeit, den Rückkaufvertrag einzusehen. Rainer Heinrich von der Bürgerinitiative Berliner Wassertisch klagt deshalb: »Es ist wieder das Schlimmste zu befürchten! Als Vertrauensperson des Volksbegehrens UNSER WASSER fordere ich erneut ein Moratorium des Rückkaufs!«[296] Außerdem beschloss der Senat, ein neues Stadtwerk zu gründen, als Tochtergesellschaft der Berliner Wasserbetriebe. Deren Vorstände vertraten in der Vergangenheit die Interessen von RWE und

Veolia. Schon allein aus diesem Grund hält der Berliner Wassertisch das Stadtwerkkonzept des Senats für verfehlt. Wolfgang Rebel, Sprecher des Berliner Wassertischs, der den Widerstand für den Rückkauf der Wasserwerke organisiert hatte, sagt: »Es ist vollkommen absurd: Das kommunale Stadtwerk soll von Veolia und RWE geführt werden! Das beweist erneut, dass die SPD-CDU-Regierung ihre Konzernlobbyistenpolitik der Neunzigerjahre konsequent fortsetzt. dass die Gefahr einer Re-Privatisierung gegeben ist, dass Konzerne und die Regierungsparteien von SPD und CDU mit dem übereilten und überteuerten Rückkauf versuchen, die Vorgänge um die BWB-Teilprivatisierung von 1999 zu vertuschen, dass die verfassungswidrigen Grundlagen dieses Geschäfts gedeckelt und stillschweigend beerdigt werden sollen.«[297]

Gold für die Investoren – Gift für die Bürger

»Man könnte meinen, diese Geschichte spielt in Lateinamerika«, kommentierte die griechische Bürgerrechtsorganisation Kinisi136, die sich dem Kampf gegen den Ausverkauf öffentlicher Güter verschrieben hat, schwere Auseinandersetzungen zwischen Bürgern und einem privaten Konzern. Es geht um das Verschleudern von Schürfrechten für Gold im nördlichen Griechenland, auf der Halbinsel Chalkidiki, einer der grünsten und waldreichsten Landschaften Griechenlands. »Was ist der Unterschied zu ähnlichen Vorgängen in Bolivien, Argentinien und Mexiko? Wir sagen: keiner. Es ist der gleiche Kampf, den wir mit den Menschen teilen, die ihre natürlichen Güter gegen die Ausbeutung durch Privatfirmen verteidigen.«[298] Schon seit Jahrtausenden ist Chalkidiki wegen der reichen Bodenschätze berühmt: Kupfer, Silber, Zink und vor allem Gold. Heute verspricht der Abbau der reichhaltigen Goldvorkommen riesige Gewinne. Mit der Genehmigung zur Goldförderung setzt die griechische Regierung ein Zeichen für westliche Investoren, dass sie bereit ist, alle Hindernisse aus dem Weg zu räumen, selbst wenn dadurch die Umwelt zerstört wird. Dafür kann, nach Angaben der Nachrichtenagentur Bloomberg, Griechenland innerhalb von vier Jahren größter Goldproduzent Europas werden. Zu diesem Zweck haben die zuständigen griechischen Behörden Vereinbarungen »deblockiert«, die in der Vergangenheit wegen der Umweltbestimmungen auf Eis lagen.

Seit Herbst 2012 darf das kanadische Unternehmen Eldorado Gold in drei Gebieten Chalkidikis sowohl in den Minen als auch im offenen Tageabbau Gold fördern und es verwerten. In seinem Auftrag sprengt die Förderfirma Hellas Gold oberhalb des Küstenortes Olympias einen Stollen ins Bergmassiv, und im nahe gelegenen Skouries wurden uralte Wälder abgeholzt, um Gold zu gewinnen. Zugesagt wurden, wenn die Produktion ungestört verläuft, dass insgesamt 5000 Jobs im Umkreis der Minen geschaffen werden.[299] Ein Geldregen also und ein Segen für die dort lebenden Menschen, die von hoher Arbeitslosigkeit betroffen sind. »›Wir haben insgesamt nachgewiesene Vorkommen von 230 Tonnen reinem Gold, 1500 Tonnen Silber, 740.000 Tonnen Kupfer und 1,5 Millionen Tonnen Blei und Zink‹, sagt Firmensprecher Kostas Georgantzis. Nur schon das Gold hat nach aktuellen Marktpreisen einen Wert von fast 10 Milliarden Euro. Und es könne gar sein, dass im Verlauf der Förderung weitere Vorkommen entdeckt würden, frohlockt er.«[300]

Bereits in den Neunzigerjahren gab es in der Region Chalkidiki Pläne, Gold abzubauen, und zwar durch das kanadische Unternehmen TVX Gold. Damals wehrte sich die Bevölkerung so massiv, dass zeitweise der Ausnahmezustand ausgerufen wurde. Wenn sich mehr als drei Personen in den Dörfern, in denen das Gold gewonnen werden sollte, versammelten, wurden sie verhaftet, eine Ausgangssperre verhängt. Das Unternehmen machte bankrott, nachdem es bereits über Monate hinweg die Löhne der Arbeiter nicht bezahlt hatte. Dann kaufte der griechische Staat im Dezember 2003 die Goldminen von TVX Gold auf und noch am gleichen Tag an den Investor Hellas Gold weiter, und zwar ohne jegliche Ausschreibung. Der Preis belief sich auf 11 Millionen Euro. Hinter Hellas Gold stand der griechische Baukonzern Aktor, der zur Bobolas-Gruppe gehört, dem mächtigsten griechischen Bau- und Medienkonzern. Kurz danach beteiligte sich an Hellas Gold der rumänische Investor Frank Timis mit seinem kanadischen Unternehmen European Goldfield. 11 Millionen Euro waren für die Investoren Peanuts, denn der Wert des Geländes und der Goldvorkommen lag nach Schätzungen bei mindestens 16 Milliarden Euro. Hellas Gold wurde von jeglichen Reparationsauflagen befreit, die im Zuge der Umweltschäden bei der Gewinnung von Gold verursacht werden, und erhielt das uneingeschränkte Recht, alle nachgewiesenen Goldvorkommen auszubeuten. Sechs Monate nach der Transaktion stieg der Wert der Minen bereits auf 408 Millionen Euro, also das 36-Fache des Preises, den der griechische Staat gefordert hatte. »Der größte Skandal hier in Griechenland ist nicht Siemens. Der größte Skandal in den vergangenen Jahren ist die Übereignung der Region an Hellas Gold«, beklagte sich Lazaros Toskas, Mitglied einer Bürgerinitiative, die gegen die Inbetriebnahme der Minen und den offenen Tageabbau kämpft.

Es lohnt sich, in diesem Zusammenhang einen Blick auf die Biografien der beiden Investoren von Hellas Gold zu werfen, den Griechen George Bobolas und den Rumänen Frank Timis von European Goldfield.

Die Geschichten, die sich mit Frank Timis verbinden, lassen nicht unbedingt auf einen besonders seriösen Unternehmer schließen. In Bukarest bringen ihn Ermittlungsbehörden mit dem organisierten Verbrechen in Verbindung, Nachweise oder gar Verurteilungen gibt es jedoch nicht.[301] Das Vermögen des 1963 in Borsa/Rumänien geborenen Frank Timis wird auf 300 Millionen Euro geschätzt. Er absolvierte eine Ausbildung zum Kfz-Mechaniker und verließ 1980 seine Heimat. In den folgenden Jahren kam er in Australien wegen Drogendelikten mehrfach mit dem Gesetz in Konflikt. 1995 gründete er die Gabriel Resources NL Australien und ging ein Joint Venture mit dem rumänischen staatlichen Bergbauunternehmen Regia Autonoma a Cuprului din Deva (RAC) für den Abbau von Edelmetallen (Gold) in Rosia Montana und Gurabarza-Brad ein. Maßgeblichen Anteil an diesem Geschäft hatte ein enger Freund von Frank Timis, der Zugriff auf verschiedene Datenbanken der rumänischen Forschungsinstitute für Mineralogie und somit konkurrenzlos Daten über das betreffende Gebiet zur Verfügung hatte. Nachdem die Akademie der Wissenschaften in Bukarest im April 2003 in einem Bericht die beabsichtigte Anwendung von Zyanidlauge beim Abbau von Gold in der Rosia Montana anprangerte und auf die zu erwartenden Umweltschäden hinwies, regte sich in Rumänien massiver Widerstand gegen das Projekt. Das hatte zur Folge, dass Frank Timis aus dem Unternehmen ausschied und seine Anteile in Höhe von 14 Prozent verkaufte. Es ist offiziell nicht bekannt, wer der Käufer dieser Anteile ist.

Das Unternehmen des griechischen Multimillionärs George Bobolas, der zusammen mit Frank Timis das profitable Geschäft mit den Goldminen abschließen konnte, hat seinen Sitz in einem nördlichen Vorort von Athen. Von dem Gebäude schaut man auf die Ringstraße, größtenteils mit Steuergeldern finanziert. Trotzdem verlangt Bobolas' Baukonzern Ellaktor, der am Bau beteiligt war, hohe Mautgebühren. 2,80 Euro kostet das Befahren der Ringstraße, auf der täglich über 250.000 Autos unterwegs sind. Daneben verläuft die neue Eisenbahnstrecke zum Flughafen, an deren Bau ebenfalls das Familienunternehmen beteiligt war. Darüber hinaus gehören die Bobolas zu den wichtigsten Medienbesitzern, ob Zeitungen, Zeitschriften oder Fernsehen. In diesen Publikationen konnte man übrigens nichts Ausführliches über den Widerstand gegen den Goldabbau lesen. Auch nicht, dass Kritiker, gestützt auf wissenschaftliche Untersuchungen, erklärten, dass in den vom Abbau betroffenen Gebieten die Umwelt und das Meer kontaminiert würden und ein unkalkulierbares Risiko für die Trinkwasserversorgung drohe. Wenn die Goldreserven in zehn oder fünfzehn Jahren ausgebeutet sind, werde ein vergiftetes Land übrig bleiben.[302]

Jetzt schon wurden in Wasserläufen bei dem Ort Olympiada auf der Halbinsel Chalkidiki große Mengen an Schwermetallen wie Arsen, Blei und Zink festgestellt. Bei Messungen in Wasserläufen, die in geringer Entfernung von Fischzuchtanlagen und Muschelfarmen in den Golf Strymonikos münden, wurden demnach große Schwermetallkonzentrationen verzeichnet, die die vorgesehenen Werte bei Arsen um das 49.000-Fache, bei Mangan um das 2660-Fache, bei Blei um das 169-Fache überstiegen. Damit habe man nichts zu tun, das seien alles alte Geschichten, erklärte dazu das Unternehmen.[303]

Im Jahr 2008 hinterfragte in Brüssel die EU-Kommission den Deal mit Bobolas und Timis. Sie beschuldigte die Regierung, die Minen im Jahr 2003 weit unter dem Marktpreis verkauft zu haben. Außerdem kritisierte sie, dass Hellas Gold mit geschätzten 15,3 Millionen Euro vom Staat subventioniert worden sei. Die Kommission forderte daher die Regierung in

Athen auf, dass diese Summe von Hellas Gold an die Regierung zurückgezahlt werden müsse. Dagegen wehrte sich insbesondere der damalige Umweltminister Giorgos Papakonstantinou. Er forderte nicht nur Hellas Gold auf, das Geld nicht an den Staat zurückzuzahlen, sondern genehmigte den Betrieb von zwei Bergwerken in Olympias und Skouries. Im Juli 2013 hob das griechische Parlament die Immunität des Ministers auf. Die Staatsanwaltschaft hatte gegen ihn im Zusammenhang mit der bereits erwähnten Lagarde-Liste wegen Veruntreuung und Dokumentenfälschung Ermittlungen aufgenommen. Der Minister bestreitet alle Vorwürfe.

Im Frühjahr 2012 verkauften Bobolas und Timis ihr Unternehmen an den kanadischen Konzern Eldorado Gold für 2,5 Milliarden US-Dollar. Eine 5-prozentige Beteiligung hält dabei noch der Bobolas-Clan über Hellas Gold, das auch für die praktische Umsetzung der Pläne des kanadischen Mutterkonzerns in Griechenland zuständig ist. Seit drei Jahren protestieren die Bürger gegen den Goldabbau, insbesondere in den Dörfern rund um die Mine Skouries. Sie liegt inmitten einer wunderschönen Landschaft mit vielen alten Buchen und Eichen. Die 300 bis 400 Jahre alten Bäume haben alle Brände der letzten Jahre überstanden. 340 Hektar davon werden abgeholzt, um den Tageabbau von Gold zu ermöglichen. Es werde später wieder aufgeforstet, versprach Hellas Gold, wohl wissend, dass ein solcher alter Baumbestand unersetzbar ist.

Zum einen ist die Goldförderung auf der Halbinsel Chalkidiki ein Symbol dafür, wie der Widerstand von großen Teilen der dort lebenden Menschen gegen den Goldabbau, trotz aller vollmundiger Versprechungen auf künftigen Wohlstand, mit polizeistaatlichen Methoden unterdrückt wird. Zum anderen spaltet die Auseinandersetzung die Menschen in der Region. Die einen erhoffen sich sichere Arbeitsplätze, die anderen befürchten die Zerstörung ihrer Umwelt. Die in Brüssel ansässige Umweltorganisation *Environmental Justice Organisation, Liabilities and Trade* (Ejolt) berichtete, dass Hellas Gold Arbeitslose aus der Region angeworben habe, denen man angeblich 1600 Euro pro Kopf zahle. Ihre erste Aufgabe sei es gewesen, die Demonstranten zu vertreiben, die den Wald und die Wasserreserven schützen wollten, berichtete Ejolt. In dem beeindruckenden Dokumentarfilm *Golden Times – Cassandra's Treasure* von Yorgos Avgeropoulos, der sich mit den Protesten in Chalkidiki auseinandersetzt, wird ein älterer, schon grauhaariger Bauer interviewt. Yorgos Kalivas pflegt und erntet, wo bald gerodet werden wird, die Kastanien-, Walnuss-, und Kirschbäume wie einst seine Eltern und Großeltern. Für ihn ist das, was hier stattfindet, »ein postmoderner Krieg auf lokaler Ebene. Es ist eine Invasion, die das Kapital und die Gesetze benutzt, um die Rohstoffe wegzunehmen, und die uns die Vergiftung zurücklässt.«

Theodora Oikonomides, die die Vorgänge in Chalkidiki seit einigen Jahren verfolgt, ist entsetzt über das, was sie in den Dörfern erlebte, deren Bewohner gegen den Konzern und den Goldabbau protestierten: »Ganze Dörfer wurden von der Aufstandspolizei besetzt. Sie schlugen die Bürger, verhafteten die Leute ohne jeglichen Grund, brachten sie auf die Polizeistation und nahmen DNA-Proben. Niemand kann sich vorstellen, dass so etwas in Europa geschieht.« Inzwischen werden sogar Bürger einfach nur deswegen angeklagt, weil sie im Internet Informationen in Zusammenhang mit den Protesten der lokalen Bevölkerung gegen den Minenbetrieb verbreiteten. Anlässlich des Muttertages im Jahr 2013 demonstrierten Hunderte alter wie junger Frauen gemeinsam gegen das Minenprojekt. Ihre Demonstration wurde von der Polizei mit Reizgas, Gummigeschossen und Blendgranaten attackiert. In einem offenen Brief schrieben sie: »Bis zu diesem Tag wussten wir nicht, was Tränengas bedeutet, wir wussten nicht, wie die Polizei vorgeht. Wir glaubten bis jetzt, dass der griechische Staat da ist, um die Interessen der Bürger zu schützen und ihre Rechte zu sichern. Doch sie griffen uns mit Tränengas und Chemikalien an, sie traten nach uns, sie schlugen uns, sie verhafteten uns, sie durchsuchten unsere Wohnungen und die Schulen. Sie beschuldigten uns, die Gesetze nicht zu respektieren. Sie nannten uns ungebildete, uninformierte und ungehorsame Frauen, Lügner und sogar Terroristen.«[304]

Die Umweltorganisation Ejolt fasste die Situation folgendermaßen zusammen: »Man glaubt in Syrien, Peru oder der Türkei zu sein, aber es ist ein verborgener Krieg im Nordosten von Griechenland. Hellas Gold, eine Tochter des kanadischen Minenunternehmens Eldorado Gold, unterstützt von den staatlichen Sicherheitskräften, hat die Gegend um Chalkidiki in einen Polizeistaat verwandelt.«[305] Der anhaltende Widerstand stört zwangsläufig die Investoren. »Die Frage ist, ob wir als Land eine reine und methodische Investitionslandschaft gestalten. Wenn es diese gibt, wird die Firma bleiben«, erklärte Petros Stratoudakis, geschäftsführender Vorstand von Hellas Gold. Und fügte hinzu: »Das Land und die Regierung streben nach Investitionen. Ich habe jedoch Vorbehalte, ob sie Investitionen, und zwar einer solchen Größe, handhaben können.«[306]

Bislang ist der Widerstand gegen den Goldabbau nicht gebrochen, trotz aller Repressionen der Regierung und trotz aller vollmundiger Versprechen, dass nicht nur Gold gefördert, sondern ein Geldregen auf die Region niederprasseln werde, wenn die Produktion zu 100 Prozent läuft. Der Geldregen ist schon geprasselt: in die Kassen der Investoren. Der Staat, der so dringend auf Einnahmen angewiesen ist, erhält von den Erträgen des Goldabbaus keinen einzigen Cent. Und ob tatsächlich so viele Arbeitsplätze geschaffen werden, wie vom Konzern und der Regierung versprochen wurde, das steht in den Sternen.

Regierungen, Parteien, Unternehmen haben die Menschen in ganz Europa immer wieder enttäuscht. Deshalb engagieren sich die Bürger, ob in Griechenland, Portugal, Italien oder Deutschland, zunehmend außerhalb der etablierten Parteien in sehr speziellen Bereichen, die jedoch von gesellschaftspolitischer Relevanz sind oder ein alternatives Lebensmodell entwickeln. Dazu gehört die Commons-Bewegung, also Bürgerinitiativen, die zum Beispiel fordern, Infrastrukturen wie Wasserversorgung oder Elektrizität von den Bürgern selbst verwalten zu lassen. Teilweise entsteht, wie in Griechenland, eine parallele Gemeinschaft mit einer alternativen Währung. In Thessaloniki beschlossen die Bauern, die Kartoffeln nicht mehr dem Supermarkt zu verkaufen, sondern direkt an die Konsumenten.

In ganz Europa lehnen sich die Menschen auf gegen Spardiktate, Korruption der Eliten und die wachsende Entdemokratisierung. Am 14. November 2012 fand der erste europäische Streik- und Aktionstag statt, der unterstützt wurde vom Europäischen Gewerkschaftsbund. Dessen Generalsekretärin Bernadette Ségol warnte: »Die Löhne werden abgesenkt, Das ist ein Angriff auf den sozialen Frieden. Wir wissen, dass der Streik das letzte und schärfste Mittel ist. Wir setzen Streiks nicht einfach so ein. Aber es gibt Zeiten, wo die soziale Notlage so groß ist, dass man Stärke zeigen muss.«[307] Hunderttausende folgten dem Aufruf zum Aktionstag. In Madrid gingen allein 800.000 Menschen auf die Straßen, in Frankreich über 10.000, in Portugal waren es gar mehr als 100.000, und es kam zu zahlreichen Streikaktionen. Nur in Deutschland war der Protest, obwohl auch hier die Gewerkschaften sowie kritische Nichtregierungsorganisationen und die Linkspartei dazu aufgerufen hatten, eher zurückhaltend.

Auffallend wenig ist in Deutschland auch über die gewaltigen sozialen Proteste in Italien zu erfahren. Organisiert werden sie zum Beispiel vom *Movimento dei Forconi* (Mistgabelbewegung)[308], so benannt in Anlehnung an die Proteste sizilianischer Bauern Ende des 19. Jahrhunderts gegen die feudalen Großgrundbesitzer und die Hungersnot. Diesmal sind die Initiatoren wieder sizilianische Bauern, denen sich Fischer und Lkw-Fahrer angeschlossen haben. Bereits im Jahr 2012 gingen sie mit Mistgabeln bewaffnet auf die Barrikaden, weil sie, durch die hohen Steuerbelastungen in den Ruin getrieben, von der Regierung in Rom Unterstützung einforderten. Einige Mafiaexperten sagen, dass die *Forconi* im mafiaverseuchten Sizilien von bestimmten Interessengruppen funktionalisiert wurden.

Ende 2013 schwappte die sizilianische Bewegung unerwartet auf ganz Italien über. Kleinunternehmer, Arbeiter, Arbeitslose und Studenten schlossen sich der Mistgabelbewegung an. Was alle Protestierenden unabhängig von ihrer ideologischen Richtung vereint, das ist Wut auf die italienische Regierung, das Spardiktat der Troika, die Privatisierungen öffentlicher Einrichtungen und die hohen Steuerbelastungen. Hinzu kommt die grenzenlose Verachtung aller politischen Parteien. Da wird, ob in Palermo, Catania, Bologna, Neapel, Turin oder Mailand, von Tausenden Demonstranten der Verkehr auf den Straßen und Bahnhöfen lahmgelegt, die Autobahn blockiert, der Zugang zu Geschäften und Supermärkten kurzerhand versperrt, und es fliegen Molotowcocktails. Einer der Demonstrationsteilnehmer in Rom, der Rentner Giorgio Benvenuti, bringt die Stimmung auf den Punkt: »Wenn einer arbeitet, darf er nicht so mit Steuern belastet werden, dass ihm nichts mehr bleibt. Man wird gezwungen zu stehlen. Unsere Politiker dagegen setzen ihren Kaffee und sogar ihre Unterwäsche auf das Spesenkonto. Die müssten verschwinden. Aber nein: Die bleiben und klauen weiter.«[309] Schon warnt Innenminister Angelino Alfano davor, dass sich diese sozialen Proteste in eine Revolte gegen nationale und europäische Institutionen ausweiten könnten.[310] Das wäre nicht das Problem. Aber, so der Ökonom Heiner Flassbeck, undifferenzierte Angriffe auf die Politik »sind der Nährboden für radikale Bewegungen, die dem Volk versprechen, ein für alle Mal mit ›denen da oben‹ abzurechnen. Die Weimarer Republik lässt grüßen.«[311]

Über Macht und Ohnmacht in einer Bankenmetropole

Unter dem Motto »Europa kaputt sparen? Nicht mit uns!« wollte Mitte Mai 2012 ein breites Bündnis kritischer Organisationen und Bürger in der Bankenmetropole Frankfurt gegen die Spar- und Bankenrettungspolitik demonstrieren. Die empörten Bürger und Bürgerinnen planten ein deutliches Zeichen zu setzen: »Gegen die Verwüstung Griechenlands und anderer Länder, gegen die Verarmung und Entrechtung von Millionen Menschen und gegen die faktische Abschaffung demokratischer Verfahren.« Und sie forderten deshalb: »Anstelle einer Diktatur der Finanzmärkte brauchen wir ein starkes Europäisches Parlament. Die Kommission muss demokratisch gewählt, die EZB öffentlich kontrolliert und Gemeinwohlzielen verpflichtet werden.«

Doch sämtliche Demonstrationen und Informationsveranstaltungen wurden aus Angst vor Ausschreitungen, die zuvor von der Polizei und manchem Politiker systematisch geschürt wurde, schlichtweg verboten. Selbst die alljährliche Kranzniederlegung anlässlich des Gedenkens an die homosexuellen Opfer der Nazis wurde vom Frankfurter Ordnungsamt verboten. Innenminister Boris Rhein (CDU) sagte, man habe sich die Abwägung zwischen Demonstrationsfreiheit und Schutz der Bevölkerung nicht leichtgemacht, was ihm wirklich nicht jeder Bürger glaubte. SPD, Grüne und FDP betonten zwar das Grundrecht auf Demonstrationen, wollten die Verbotsentscheidungen aber nicht kritisieren. Einzig die Linken protestierten vehement gegen die Verbotsorgie. Selbst das Präsidium der Uni Frankfurt warnte in vorauseilendem Gehorsam vor »gewalttätigen Demonstranten« und ließ eine Mail mit dem folgenden Text an die Mitarbeiter der Universität versenden. »Liebe Kolleginnen und Kollegen, wie Sie bereits den Medien entnommen haben werden, stehen der Stadt Frankfurt von heute an die ›Blockupy-Aktionstage‹ bevor. Auf dringendes Anraten der Behörden sieht sich das Präsidium deshalb gezwungen, vom 17. bis 20. Mai die Universitätsgebäude geschlossen zu halten. Leider ist es anders nicht möglich, lhren Schutz zu gewährleisten, nachdem gewaltsame Ausschreitungen im Stadtgebiet nicht auszuschließen sind. Wir bitten daher um lhr Verständnis.«

In einer Presseerklärung nahm das Netzwerk Attac dazu Stellung: »Damit beteiligt sich die Uni-Leitung an der Kriminalisierung aller Menschen, die ihren friedlichen Protest gegen die Finanzkrise und deren Verantwortliche auf die Straße tragen wollen. Dass infolge der Finanzkrise auch weniger Geld für die Bildung vorhanden ist, sollte die Uni-Leitung doch wohl wissen und deshalb die Demonstrationen eher begrüßen.« Ein Unternehmer begrüßte hingegen die Verbote, schließlich würde es nicht nur zu Verkehrsbehinderungen kommen. »Wenn man als Arbeitgeber Verantwortung für Mitarbeiter trägt, kann man ein erhöhtes Gefahrenpotenzial durch eine Minderheit gewaltbereiter Demonstranten nicht hinnehmen – das ist keine Paranoia. Blockaden in Inbesitznahme (*oc-*

cupy) bedeuten immer Konflikt- und damit auch Gewaltpotenzial. Das hat nichts mit einer gewöhnlichen Demonstration zu tun.« Ganz anders sah es hingegen ein anderer Bürger der Stadt. »Hier verabschieden sich Grundrechte und kaum einer regt sich auf. Jede Nazidemo wird mit Hinweis auf die ›wehrhafte Demokratie‹ zugelassen – wollen Gruppen wie Attac, die Linkspartei, die Grüne Jugend und andere gegen die aktuelle Krisenpolitik demonstrieren, wird die Verbotskeule rausgeholt (…) Hier stimmt doch etwas ganz gewaltig nicht.«

Ähnlich sah es der Liedermacher Konstantin Wecker. Er wollte am Frankfurter Paulsplatz vor der historischen Paulskirche eine Rede halten, wurde aber von der Polizei daran gehindert. »So wie es aussieht, erleben wir hier den Anfang eines Begräbnisses demokratischer Rechte. Es gibt meines Erachtens überhaupt kein Argument, alle Demonstrationen und Veranstaltungen zu verbieten«, empörte er sich auf dem Paulsplatz. »Wenn ich überlege, wie vielen Nazis in den letzten Jahren genehmigt wurde zu demonstrieren, dann frage ich mich, warum man gerade denen, die immer gegen die Nazis vorgegangen sind, nun auch jede Form von Demonstrationsrecht verweigert.«

Während einer Demonstration des *Occcupy*-Bündnisses am 1. Juni 2013 wurden knapp 1000 Demonstranten mehr als neun Stunden von der Polizei eingekesselt, weil sie Regenschirme und Sonnenbrillen mit sich führten, also gegen das Vermummungsgebot verstießen. Gleichzeitig wurde der Protest von über 10.000 weiteren Demonstranten »mit überzogener Härte und Aggression der Polizei unterdrückt«, wie es der Beirat der IG Metall in einer Presseerklärung beschrieb. Über 5000 Polizeibeamte waren im Einsatz. Busse, die Demonstrationsteilnehmer nach Frankfurt fahren wollten, wurden auf bloßen Verdacht hin kontrolliert. Da zeichnete sich, schrieb Katharina Iskandar von der *FAS*, »schon ab, dass die

Polizei diesmal ihre Präventivrechte bis zum Äußersten ausschöpfen würde – bis in rechtliche Grauzonen hinein«.[312] Es war eine Kriegserklärung des Wiesbadener Innenministeriums gegen weit über 10.000 Bürger und Bürgerinnen, die stellvertretend für viele andere dem Sozialdarwinismus der Regierenden den Kampf angesagt hatten. Sie wollten gegen die Zerstörung der existenziellen Lebensgrundlagen von Millionen europäischer Bürger und gegen die verantwortlichen Banken, insbesondere die EZB, demonstrieren.

So nebenbei wurde ein weiteres Verfassungsprinzip, das der Pressefreiheit, massiv verletzt, um die Bankenwelt zu schützen. In einem offenen Brief der Deutschen Journalistinnen- und Journalisten-Union (dju) in der Gewerkschaft ver.di an den Innenminister Rhein steht: »Die dju ist entsetzt darüber, in welchem Ausmaß die Pressefreiheit in Hessen eingeschränkt oder sogar im wahrsten Sinne des Wortes mit Füßen getreten worden ist.« Journalistinnen und Journalisten hatten von Schlägen berichtet, von Pfeffersprayattacken, verbalen Entgleisungen der Beamten und Beschädigungen ihrer Arbeitsgeräte durch Polizeibeamte.[313] Reaktion: keine. Ein Kommentator der *Frankfurter Rundschau* schreibt über die Vorgänge in Frankfurt am Main: »Aus einer Behörde, die Gefahr verhindern soll, ist eine Truppe geworden, von der bei Demonstrationen oft die größte Gefahr ausgeht. Selbst Polizisten kritisieren inzwischen das Verhalten von Kollegen bei der Blockupy-Kundgebung.«[314] Der parlamentarische Geschäftsführer der hessischen CDU aus dem Hochtaunus-Wahlkreis (auch Champagner-und-Kaviargürtel genannt) dankte den Polizeikräften hingegen dafür, dass sie Frankfurt und seine Bürger vor größeren Schäden bewahrt hätten. Die CDU feierte übrigens, während die Polizei elementare Grundrechte missachtete, in der Fressgasse, zwei Kilometer weit entfernt in Sichtweite der EZB, ein Weinfest.

SCHLUSSBEMERKUNG

Wie zu Beginn des Buches gefragt: Werden die europäischen Bürger es hinnehmen, dass man sie zugunsten einiger weniger Profiteure ihrer bisher erkämpften sozialen und demokratischen Rechte beraubt? Nein, sie werden es nicht! Gerade weil, wie es Professor Alfred Grosser am 26. April 2013 in einem Vortrag in der Katholischen Akademie in Bayern ausdrückte, »wir offenbar in einer wirtschaftlichen und sozialen Lage sind, in der wir von Menschen und Institutionen abhängig sind, die wir nicht kontrollieren, und wo man anfängt, darüber nachzudenken, wie man sie kontrollieren könnte.«[315]

Planmäßig werden in Europa die sozialen und demokratischen Errungenschaften, die in den letzten Jahrzehnten in allen europäischen Staaten erkämpft wurden, wieder rückgängig gemacht. Die sozialstaatliche Vergangenheit soll ausgemerzt werden. Das Ergebnis beschreibt Jürgen Borchert, einer der profiliertesten deutschen Sozialexperten, im Titel seines Buches *Sozial Staats Dämmerung*. Und er bezieht das nicht etwa auf Griechenland oder Portugal, sondern auf Deutschland. Sozialstaatsdämmerung heißt für ihn: Abbau des Sozialstaats und Rückzug in vorsozialstaatliche Zeiten.

Oder wie es Wolfgang Streeck vom Max-Planck-Institut für Gesellschaftsforschung klarstellte: Der europäische Wohlfahrtsstaat ist Geschichte. »Aufgabe der Politik wird es, statt Schmerzmitteln bittere Pillen zu verabreichen«, resümierte er. »Statt Umverteilung gibt es ›Reformen‹, statt äußerer Abwertung durch Währungsschnitt die innere: ›Wettbewerbsfähigkeit‹ durch Lohnsenkungen, Rentenkürzungen, ›flexible‹ Beschäftigung jedweder Art – ein Fass ohne Boden, denn was immer in den internationalen Regeln steht, nach denen Wirtschaftspolitik fortan zu betreiben sein wird: Mindestlöhne, Mindeststeuersätze für Unternehmen und Besserverdienende, Tarifautonomie, Streikrecht und so weiter werden es gewiss nicht sein.«[316]

Und es droht noch größeres Unheil, falls das umstrittene Freihandelsabkommen TTIP zwischen Europa und den USA kommt. Dann wird zum ersten Mal jedem klar, dass nicht mehr gewählte Regierungen die Macht haben, in wirtschaftlichen Fragen zu entscheiden, sondern große Konzerne. Zur Besprechung dieses Abkommens mit Vertretern von US-Konzernen und dem Business Round Table hielt sich im Juni 2013 schon einmal Daniel Caspary (CDU) in Washington auf, der außenhandelspolitische Sprecher der EVP-Fraktion im EU-Parlament. Er erklärte, dass die »Mehrheit im Europäischen Parlament hinter der Idee eines transatlantischen Freihandelsabkommen stehe«.[317] Dabei gibt es zum TTIP eine Studie des Brüsseler *Ecologic Institut*. Es wurde vom Europäischen Parlament beauftragt, die möglichen Auswirkungen des Abkommens auf die europäische Umwelt- und Lebensmittelsicherheitspolitik zu untersuchen. »Die Autoren der Studie stellen fest, dass das Europäische Parlament die TTIP-Verhandlungen am wirkungsvollsten beeinflussen könnte, indem es die Zustimmung zu dem verhandelten Abkommen verweigert.«[318]

Zur Vorbereitung der Verhandlungen trafen sich nicht nur die Vertreter der Lobbyorganisation der europäischen Unternehmerverbände, von *BusinessEurope* – der Lobbyorganisation der europäischen Arbeitgeberverbände – und der US-Handelskammer, um ihre Interessen durchzusetzen. Bemerkenswert war auch, das enthüllte *Corporate Europe Observatory* am 4. September 2013, wen die EU-Kommission zu entsprechenden Treffen eingeladen hatte, nämlich die Netzwerker von Banken, Versicherungen und Konzernen. Sie waren es, die hinter verschlossenen Türen ihre Vorstellungen einbringen konnten. Die Repräsentanten der Zivilgesellschaft wie Gewerkschaften und NGOs waren die Ausnahme. 93 Prozent aller Treffen fanden mit Interessenvertretern der Industrie und Banken statt.[319]

Die größten Befürworter sind daher die europäischen Banken und die großen deutschen wie multinationalen Konzerne. »Von der Kommune bis hin zu europäischen Ebene sollen künftig – von hoheitlichen Dienstleistungen wie Polizei und Justiz abgesehen – Güter, Dienstleistungen oder Dienstleistungssysteme im Wettbewerbsverfahren ausgeschrieben werden. Dienstleistungsunternehmen in öffentlicher Hand, Hochschulen, selbst die Wasserversorgung, Häfen und Flughäfen könnten so dem schrankenlosen Wettbewerb mit privaten Anbietern unterworfen werden. Privat vor Staat heißt die Devise, und davon profitieren weniger der Handwerker oder private Busbetreiber als vielmehr große Konzerne diesseits und jenseits des Atlantiks.«[320] Damit nicht genug. Konzerne sollen das Recht bekommen, die Vertragsstaaten vor einem Schiedsgericht zu verklagen, wenn eine »direkte oder indirekte Enteignung« droht. Dadurch wird eine parallele Rechtsstruktur jenseits demokratischer Kontrolle geschaffen. Außerdem können solche Klagen demokratische Entscheidungsspielräume schmälern, wenn Konzerne entsprechende

Regulierungsmaßnahmen wie Umwelt- oder Sozialstandards wegklagen dürfen. Attac hat in einem Brief vom 8. November 2013 alle Bundestagsabgeordneten auf die Probleme aufmerksam gemacht und sie aufgefordert, der undemokratischen Praxis der TTIP-Verhandlungen zu widersprechen. Reaktionen gab es bis zum Abschluss dieses Manuskripts, von wenigen Ausnahmen abgesehen, nicht.

Und alles findet unter großer Geheimhaltung statt. Denn kein Bürger Europas soll mitbekommen, welche katastrophalen Folgen dieses Abkommen haben wird. »In diesem Abkommen werden auf diplomatischer Ebene ausgehandelte Gesetzesvorgaben festgeschrieben, die nach dem Wunsch der Unternehmer auch viele nicht handelsbezogene Bereiche beträfen: etwa die Sicherheit und Kennzeichnung von Lebensmitteln, die Grenzwerte chemischer und toxischer Belastung, das Gesundheitswesen und die Arzneimittelpreise, das Recht auf Privatsphäre im Internet, Energieversorgung und kulturelle ›Dienstleistungen‹, Patente und Urheberrechte, die öffentliche Auftragsvergabe und vieles andere mehr.«[321] Unberührt von dieser Kritik haben sich bei den Koalitionsverhandlungen zwischen SPD und CDU/CSU im November 2013 die Parteien bereits für das Freihandelsabkommen ausgesprochen.

All das führt zwangsläufig zu der zentralen politischen und gesellschaftlichen Frage: Wer ist eigentlich dafür verantwortlich, dass plötzlich wieder Deregulierung und Privatisierung öffentlicher Einrichtungen zum Allheilmittel gesellschaftlicher und wirtschaftlicher Krisen erkoren werden? Also die Politik, die im Jahr 2008 zur Weltwirtschaftskrise geführt hat. Vieles spricht dafür, dass es keine unsichtbaren, geheimnisvollen Monster sind, sondern ziemlich banal »nur« kapitalstarke Machtzirkel und ihre politischen Apologeten in Washington, Brüssel oder Berlin, die folgende Ziele haben: massive Lohn- und Rentensenkungen, die Einschränkungen von Arbeitnehmerrechten, tiefe Einschnitte in die Sozial-, Gesundheits- und Bildungssysteme und den Verkauf öffentlichen Eigentums an mehr oder weniger dubiose Investoren. »Wohlhabende Eliten weltweit beeinflussen die Politik zu ihren Gunsten und manipulieren wirtschaftliche Spielregeln in ihrem Sinne«, so die britische Nothilfe- und Entwicklungsorganisation Oxfam in einer Studie, die am 21. Januar 2014 veröffentlicht wurde. Nach Angaben von Oxfam besitzt ein Prozent der Weltbevölkerung fast die Hälfte des gesamten Weltvermögens in Höhe von 81 Billionen Euro.[322] Und dieser Reichtum musste und muss weiterhin unter allen Umständen und mit allen Mitteln der Einflussnahme gesichert werden. »Die Krise als Paradies für Marktliberale. In normalen Zeiten hätten sie für die minimalsten dieser Maßnahmen einen harten Kampf mit ungewissem Ausgang führen müssen. Jetzt kriegen sie alles auf einmal.«[323] Was ist das denn anderes als ein Putsch gegen den demokratischen Sozialstaat, eine nicht militärische Intervention, die alle europäischen Staaten, auch Deutschland, betrifft? Die Frage ist deshalb: Kann dieser stille Putsch wieder rückgängig gemacht werden, und wenn ja, von wem?

Am 7. und 8. Juni 2013 fand in Athen der große alternative Gipfel der europäischen sozialen Bewegungen statt – der Alter Summit. Eine Allianz von mehr als 150 Organisationen – Gewerkschaften, sozialen Bewegungen, NGOs und politischen Akteuren – aus allen Teilen Europas. In 15 Workshops wurde darüber diskutiert, wie die unterschiedlichen Aktivitäten miteinander verknüpft und gemeinsame Aktionen durchgeführt werden können. Geplant wurden Demonstrationen gegen den Fiskalpakt, die Politik der EZB, gegen die Privatisierung des öffentlichen Gesundheitswesens und gegen den Aufstieg neuer populistischer und neonazistischer Bewegungen.[324] Und man verabschiedete das *Manifest der*

Menschen in Europa. Es soll ein Meilenstein auf dem Weg zu einer paneuropäischen Bewegung gegen die neoliberale Zerstörung der Sozialstaaten und der Demokratie sein. In dem Manifest heißt es: »Demokratie und Frieden sind in Gefahr. Die religiös, rassistisch, homophob, sexistisch und nationalistisch motivierte Diskriminierung nimmt zu, und die Krise verschärft sich Tag für Tag. Während die Existenz der EU selbst auf dem Spiel steht, schwächt die gegenwärtige Politik die Solidarität zwischen den Menschen in Europa.« Und das Manifest schließt: »Alternativen sind vorhanden. Es liegt in unserer Verantwortung, die Machtverhältnisse zu ändern mit dem Ziel, eine echte politische, soziale und ökonomische Demokratie in Europa zu errichten.«[325]

Basisbewegungen, umwelt- und entwicklungspolitische Organisationen, Gewerkschaften und Menschenrechtsgruppen vernetzen sich immer mehr und versuchen gemeinsam, die Konzerne und damit die von ihnen abhängigen Politiker zu bändigen. Doch es geht nicht nur um die Kontrolle der Institutionen. »Der Weg Europas in den Ruin muss gestoppt werden durch mehr wirtschaftliche Vernunft, soziale Gerechtigkeit und demokratischen Mut. Europa braucht eine öffentliche Debatte über eine neue solidarische und demokratische Zukunft« steht in einem Aufruf der Aktion »Europa neu begründen«, den verd.di-Vorsitzender Frank Bsirske mitinitiiert hat.[326]

Der Abgeordnete Wolfgang Gehrcke von der Bundestagsfraktion der Linken fiel am 29. Juni 2012 mit einer bemerkenswerten Äußerung im Zusammenhang mit der Abstimmung über den Fiskalpakt im Bundestag auf: »Es wachsen in Europa die Spekulanten und die Betrüger zusammen – in Griechenland, in Deutschland und in Spanien –, und es wachsen die Menschen zusammen, die eine solche Politik nicht hinnehmen wollen.«[327] Der erste Satz ist keine politische Propaganda, sondern traurige Realität, wie in diesem Buch dokumentiert wurde. Der zweite Satz gibt jedoch, zumindest was Deutschland angeht, immer noch eine vage Hoffnung.

Vielleicht ist eine selbstbestimmte, sozial gerechte Gesellschaft eine illusionäre Vision. Aber, so sagt Bernd Klees, der ehemalige Professor für Arbeits-, Wirtschafts- und Sozialrecht: »Illusionäre Visionen können unter Umständen ihre volle Kraft und Macht dann unaufhaltsam entfalten, wenn ihre Zeit gekommen und die Verhältnisse sich als unrettbar verkommen und morsch erweisen sollten.«[328] Von diesem Zeitpunkt sind wir nicht mehr weit entfernt, wenn es so weitergeht wie bisher.

P.S.

Purer Zynismus war das, was Anfang Januar 2014 aus Athen und Brüssel zu vernehmen war. Demnach will nun das Europäische Parlament die Allmacht der Troika brechen. Nach Überzeugung der Parlamentarier sei die Troika möglicherweise unzureichend demokratisch legitimiert. Auf einmal erklärte Hannes Swoboda, der Fraktionsführer der Sozialdemokraten im Europaparlament, die Troika habe das gesellschaftliche Gefüge in den Ländern zerstört, in denen sie helfen sollte. Diese späte Einsicht ließ Bundesfinanzminister Wolfgang Schäuble jedoch kalt. Er hält eine demokratische Kontrolle der Troika für überflüssig.

Und Evangelos Venizelos, der PASOK-Vorsitzende und stellvertretende griechische Premierminister, kritisierte plötzlich, dass die Troika zwar die Zukunft der europäischen Bürger bestimme, aber keinem Parlament Rechenschaft ablegen müsse. All diese Bekenntnisse kommen zu einem Zeitpunkt, zu dem die Putschisten die Zerstörung des demokratischen Sozialstaates weitgehend erreicht haben. Tatsächlich geht es bei der Troika-Kritik, ob in Brüssel oder Griechenland, um nichts anderes als um schmierige Machtspiele. Im Mai 2014 wird ein neues Europäisches Parlament gewählt. Nur deshalb will man sich plötzlich nicht mehr mit dem identifizieren lassen, was über drei Jahre an sozialem und menschlichem Kahlschlag in Europa entweder stillschweigend geduldet oder sogar gefördert wurde. Denn die Bürger könnten bei den Europawahlen den Sozialdemokraten wie den Konservativen und Liberalen ja eine grandiose Abfuhr erteilen.

Und in Hamburg wurde Ende Dezember 2013 nach heftigen militanten Protesten junger kritischer Bürger demonstriert, wie soziale Konflikte in Deutschland gelöst werden. Knapp drei Wochen lang wurde die halbe Innenstadt Hamburgs kurzerhand zum Gefahrengebiet ausgerufen. Das bedeutete, dass die Polizei Personen und deren Taschen ohne Angabe von Gründen kontrollieren durfte. Außerdem konnte sie Platzverweise und Aufenthaltsverbote erteilen sowie Personen in Gewahrsam nehmen. Und genau das praktizierten die Beamten in voller Kampfmontur, angestachelt von ihrer Polizeiführung. »Die Hamburger Polizei führt sich auf wie eine Ordnungsmacht des finsteren Mittelalters«, beklagte sich deshalb Thomas Wüppesahl, der Vorsitzende der Bundesarbeitsgemeinschaft Kritischer Polizistinnen und Polizisten. Verantwortlich für diesen in Deutschland bislang beispiellosen Ausnahmezustand war übrigens der SPD-Senat unter Führung des 1. Bürgermeisters Olaf Scholz – einer der Hoffnungsträger der SPD.

DANKSAGUNG

Mein Dank und meine Bewunderung gelten Theodora Oikonomides, die selbstlos für die bedrohten elementaren Bürgerrechte in Griechenland kämpft, sowie Angeliki Karayiorgou, die mir die in jeder Beziehung verschlungenen Wege im griechischen Parlament gezeigt hat.

Dank auch an Alexander Theodoridis, Andreas Banoutsos, Michas Zacharias, Harry Karanikas, Ioannis Michaletos, Yannis Moutsos und Athanasios Drougos. Sie haben mir mit ihrem langjährigen politischen und ökonomischen Sachverstand als Journalisten und politische Analytiker wertvolle Ratschläge gegeben und meine Recherchen optimal unterstützt.

Besonders bedanke ich mich bei dem furchtlosen portugiesischen Journalisten Rui Araújo, der mir tiefe Einblicke in die fatalen Auswirkungen der Troikapolitik ermöglichte.

Die Erkenntnisse über die Zusammenhänge der skandalösen Machenschaften der portugiesischen Elite ermöglichte mir der portugiesische Gewerkschafter Ulisses Garrido, der sich trotz der Hektik in Brüssel viel Zeit genommen hat. Ebenso Raquel Varela, die Hintergründe und Konsequenzen der Troikapolitik untersucht und mir in ihre neuesten Studien Einblick gewährte. Dank auch an Stephen Grey, Lorenzo

Bodrero, Nicolas Giannakopoulos, Paulo Onofre und Teo Ferrer de Mesquita.

Nicht zu vergessen Wolfgang Hetzer, dessen klare Worte in Berlin und Brüssel nicht gerne vernommen werden, und die vielen Inspirationen durch Werner Rügemer. Sie alle kämpfen seit Jahren für unabhängige Aufklärung, um die soziale Demokratie in Europa irgendwie doch noch am Leben zu erhalten.

Der siebenjährige Emil und die fünfjährige Clara, die mich beim Schreiben des Manuskripts immer wieder unterbrochen haben, führten mir vor Augen, dass es um ihre Zukunft geht, die momentan von der herrschenden Politik bedenkenlos verspielt wird. Und schließlich gilt mein Dank Andrea Kunstmann, der äußerst kritischen Redakteurin, ohne deren Hilfe vieles für den deutschen Leser weniger verständlich gewesen wäre.

Blog: www.juergen-roth.com
Twitter: @mafialand

ANMERKUNGEN

Alle wörtlichen Zitate ohne Quellennachweis stammen aus persönlichen Gesprächen des Autors mit den zitierten Personen.

Wo nicht deutschsprachige Zitate vom Autor übersetzt wurden, ist das beim jeweiligen Quellennachweis vermerkt.

1 http://www.europarl.europa.eu/charter/pdf/text_de.pdf; Abruf 2.8.2013
2 International Federation of Red Cross and Red Crescent Societies: Think differently. Humanitarian impacts of the economic crisis, Genf, 2013, S. 9
3 Augustinus: »Remota itaque iustitia quid sunt regna nisi magna latrimonia?«, De doctrina christiana 1, S. 3, zit. nach Jürgen Borchert: Sozial Staats Dämmerung, München, 2013, S. 15
4 Europäische Sozialcharta, Turin, 18. Oktober 1961, http://conventions.coe.int/treaty/ger/treaties/html/035.htm; Abruf 21.11.2013
5 Safeguarding human rights in times of economic crisis, Council of Europe, Commissioner for Human Rights, Brüssel, November 2013, S. 7, https://wcd.coe.int/ViewDoc.jsp?id=2130915; Abruf 7.12. 2013 (Übers. d. A.)
6 Ebd.
7 Ioannis Michaletos: The Rich List 2005: Top Ten Wealthiest Dynasties in Greece and Turkey, www.balkanalysis.com/?s=Latsis; Abruf 2.8.2013

8   http://www.tagesschau.de/wirtschaft/latsis100.html; Abruf 4.10.2013
9   André Gorz: Arbeit zwischen Misere und Utopie, Frankfurt, 2000, S. 76
10 Oliver Marchart: Die Prekarisierungsgesellschaft. Politik und Ökonomie im Zeichen der Prekarisierung, Bielefeld, 2013, S. 7
11 Bernadette Ségol: Europäisches Sozialmodell bedroht, Interview, Deutsche Welle vom 13. November 2012
12 http://de.wikipedia.org/wiki/Perikles; Abruf 8.8.2013
13 Zit. nach Serge Halimi: Der wahre Skandal, Le Monde diplomatique, Mai 2013, S. 22
14 The Wealth Report 2012. A Global Perspective on Prime Property and Wealth, S. 9; http://www.knightfrank.com/wealthreport/; Abruf 8.10.2013
15 Wolfgang Streeck: Das Ende der Nachkriegsdemokratie, Süddeutsche Zeitung, 27. Juli 2012
16 Wolfgang Hetzer: Das Spektakel der reinen Unvernunft, Berliner Republik 3+4/2013, S. 19
17 Geoffrey Geuens: Das Gesicht der Märkte. Die Krisenmacher, Le Monde diplomatique, Dezember 2012, S. 47
18 http://berggruen.org; Abruf 18.10.2013
19 Silvio Duwe: Es muss ein großer Unmut aufkommen, Telepolis, 14. April 2012,
20 http://berggruen.org/councils/the-future-of-europe; Abruf 4.9.2013
21 Oliver Marchart, a.a.O., S. 109
22 http://www.bundesbank.de/Redaktion/DE/Reden/2012/2012_06_14_weidmann_rolle_geldpolitik.html; Abruf 12.9.2013
23 Forschungsprojekt »Krise, Staat und Arbeitsbeziehungen«, Forschungsinstitut für Arbeit, Technik und Kultur an der Universität Tübingen, 2013
24 Wolfgang Hetzer: Kriegserklärung der Finanzmafia?, Kriminalistik, Nr. 8-9/2013
25 Thorsten Schulten: Angriff auf den Flächentarifvertrag, Arbeitnehmer. Zeitschrift der Arbeitskammer des Saarlandes, Heft 6/September 2013, S. 10
26 Presseerklärung der IG Metall vom 27.3.2012
27 Diário de Notícias, Lissabon, 10. Januar 2012
28 Publico, Lissabon, 5. November 2002

29 Diário de Notícias, Lissabon, 6. September 2013
30 Citizens' Audit on Public Debt Initiative, http://auditoriacidada.info/node/35; Abruf 25.11.2013 (Übers. d. A.)
31 Hellenic Statistical Authority: Labour Force Survey: Mai 2013, Piraeus, 8. August 2013
32 Alex Rühle: Antigone und der Stromkonzern, Süddeutsche Zeitung, 25. Juni 2013,
33 http://mki-ellinikou.blogspot.gr/; Abruf 20.9.2013
34 Michael Stolpe: Zeit für öffentliche Investitionen. Gesundheitsforschung schafft Wirtschaftswachstum, Institut für Weltwirtschaft Kiel, IfW Fokus 145, 13. August 2013
35 http://www.theguardian.com/society/2013/may/15/recessions-hurt-but-austerity-kills; Abruf 3.9.2013
36 http://www.griechenland-blog.gr/2012/11/1000-tote-wegen-fehlender-krankenhausbetten-in-griechenland/10308/; Abruf 6.9.2013
37 Thorsten Schulten, www.gegenblende.de
38 Manager Magazin, 12/2004, S. 25
39 Barbara Heitzmann: Die Genese der »Eigenverantwortung« in modernen Managementkonzepten, Normative Orders Working Paper 05/2011, Institut für Sozialforschung an der Goethe-Universität Frankfurt am Main
40 Frankfurter Allgemeine Zeitung, 26. Juni 2006
41 Süddeutsche Zeitung, 22. Mai 2000
42 Süddeutsche Zeitung, 17. Mai 2010
43 Stefan Kühl: Ein letzter kläglicher Versuch der Verdrängung, Frankfurter Allgemeine Zeitung, 8. Mai 2013, S. N4
44 http://www.bbug.de/de/ueber-uns/der-verein.php; Abruf 18.11.2013
45 Frank Seidlitz: Baden-Baden: Sprungbrett für die Karriere, Die Welt, 3. Juni 2010
46 Klaus Werte: Nur für Mitglieder, Manager Magazin, 4. Februar 2005
47 Karl-Ludwig Kley: Liebe Baden Badener, Palais Biron, Nr. 17/Sommer 2013, S. 3
48 Katharina Weinberger: Ungezügelte De-Regulierung und die Finanzkrise in Europa, Schriftenreihe Denkanstöße des Instituts Solidarische Moderne, 29. Juni 2010, S. 6
49 http://www.bilderbergmeetings.org; Abruf 14.11.2013
50 www.journaldunet.com/economie/magazine/salaires-patrons/henri-de-castries.shtml; Abruf 19.11.2013

51 http://www.taz.de/!118321/; Abruf 19.11.2013
52 http://www.europarl.europa.eu/sides/getAllAnswers.do?reference=E-2013-007204&language=EN; Abruf 4.8.2013
53 Andreas Bummel: Die Bilderberger und der (Alb-)Traum von einer Weltregierung, Telepolis, 31. Mai 2010, http://www.heise.de/tp/artikel/32/32720/1.html; Abruf 21.11.2013
54 Florian Hassel: Die globale Macht der Großkonzerne, Die Welt, http://www.welt.de/print/die_welt/wirtschaft/article13681201/Die-globale-Macht-der-Grosskonzerne.html; Abruf 22.11.2013
55 The Gulf Today, Sharjah, 25. Oktober 2012
56 http://www.spiegel.de/wirtschaft/gastarbeiter-in-dubai-luxuswelt-aus-sklavenhand-a-447509.html; Abruf 15.11.2013
57 Die Welt, 3. Mai 2013, http://www.welt.de/wirtschaft/article115866201/Ich-bin-stolz-darauf-ein-Banker-zu-sein.html; Abruf 20.11.2013
58 Weber, Rohner, Collardi, alle dabei im »Züri-WEF«, Inside Paradeplatz, Finanznews aus Zürich, 16. Januar 2013, http://insideparadeplatz.ch/2013/01/16/weber-rohner-collardi-alle-dabei-im-zueri-wef/. Abruf 19.11.2013
59 Bilanz, Zürich, 11/12, 5.6. 2012
60 http://insideparadeplatz.ch/2013/02/26/boris-collardi-der-vasella-der-banker/; Abruf 15.9.2013
61 http://www.bilanz.ch/machtnetz/machtnetz-von-boris-collardi-der-dealmaker; Abruf 20.10.2013
62 http://www.sonntagonline.ch/mobile.php?type=news&id=3226; Abruf 19.11.2013
63 JUVE. Neues aus dem Wirtschaftsanwaltmarkt, Köln, 29. Mai 2013,
64 Klaus Ott: HVB-Affäre erfasst Sarasin Bank, Süddeutsche Zeitung, 5. Dezember 2012
65 Ebd.
66 Klaus Ott: Schadenersatzklage plus Strafanzeige gegen Schweizer Bank, Süddeutsche Zeitung, 27. Mai 2013, S. 17
67 Klaus Ott: Projekt »Gipfelsturm«, Süddeutsche Zeitung, 6. November 2013, S. 20
68 Libor ist der durchschnittliche Interbankenzinssatz, zu dem eine ausgewählte Gruppe von Banken auf dem Londoner Geldmarkt bereit ist, einander Kredite zu gewähren. Den Libor gibt es in 15 Laufzeiten (Overnight bis 12 Monate) und in 10 verschiedenen Währungen. Die offiziellen Libor-Zins-

sätze werden an jedem Arbeitstag gegen 11.45 Uhr (London Time) von der British Bankers' Association (BBA) veröffentlicht.
69 http://www.stern.de/politik/deutschland/joerg-asmussen-und-jens-weidmann-wer-uns-wirklich-regiert-1501813.html; Abruf 19.11.2013
70 Süddeutsche Zeitung, 12. Dezember 2006, S. 4
71 Günter Lachmann: Warum Ernst Welteke ein armer Wicht ist, Die Welt, 13. Dezember 2006, http://www.welt.de/politik/article715326/Warum-Ernst-Welteke-ein-armer-Wicht-ist.html; Abruf 21.11.2013
72 Ebd.
73 http://www.bancokwanzainvest.com/?page_id=6250&lang=en; Abruf 9.9.2013
74 Frankfurter Allgemeine Zeitung, 27. Mai 2011
75 World Bank: Angola Economic Update, Juni 2013, S. 52
76 Utz Ebertz, Maria Müller: Legacy of a resource-fueled war: The role of generals in Angolas's mining sector, Bonn International Center for Conversion, BIIC, Juni 2013, S. 5 (Übers. d. A.)
77 Lt. Spiegel Online, 13. Juli 2011, http://www.spiegel.de/politik/deutschland/ruestungsdeal-in-afrika-merkel-versorgt-angola-mit-patrouillenschiffen-a-774288.html; Abruf 10.10.2013
78 Vgl. http://makaangola.org/2012/12/16/english-angolas-sovereign-wealth-fund-the-us-5-billion-logo/?lang=en; Abruf 18.11.2013
79 Werner Rügemer: Der Ruin der Kommunen: Ausverkauft und totgespart, Blätter für deutsche und internationale Politik, August 2012
80 http://www.bilanz.ch/unternehmen/banking-das-neue-leben-des-thomas-matter; Abruf 7.9.2013
81 http://www1.wdr.de/themen/wirtschaft/springer110.html; Abruf 26.6.2013
82 http://www.persoenlich.com/news/medien/vorwürfe-gegen-tamedia-verleger-291099#.UlW6sBamTfY; Abruf 7.11.2013
83 http://www.boa-muenchen.org/boa-kuenstlerkooperative/n0010190.htm; Abruf 7.11.2013
84 Dietmar Student, Michael Freitag: Schwarmintelligenz, Manager Magazin, 1. April 2012, S. 28
85 Ebd.

86 Ebd.
87 The Wall Street Journal, 26. Juni 2013
88 Zit. n. NachDenkSeiten de. 21. Februar 2013, http://www.nachdenkseiten.de/?p=16263; Abruf 20.11.2013
89 Handelsblatt, 8. Mai 2005
90 Deutsche Börse Group, Unternehmensbericht 2012
91 Friedrich Merz lässt es krachen, Der Westen, http://www.derwesten.de/politik/friedrich-merz-laesst-es-krachen-id3344184.html; Abruf 7.11.2013
92 http://www.atlantik-bruecke.org/ueber-uns/gremien/; Abruf 2.4.2013
93 Olivier Cyran: Deutschland, ein Wirtschaftsmärchen, Le Monde diplomatique, 13. September 2013
94 Ebd.
95 Eelke M. Heemskerk: The social field of the European Corporate Elite: A network analysis of interlocking directorates among Europe's largest corporate boards. Global Networks, Amsterdam, März 2010, vgl. http://heemskerk.socsci.uva.nl/publications/The%20social%20field%20of%20the%20European%20Corporate%20Elite%20GN.pdf; Abruf 20.8.2013
96 Friedrich Moser, Matthieu Lietaert: The Brussels Business – wer steuert die europäische Union? Filmdokumentation, Arte, 12. Februar 2013
97 https://lobbypedia.de/wiki/European_Roundtable_of_Industrialists
98 Die Welt, 25. Juni 2012
99 http://www.sueddeutsche.de/wirtschaft/foerderung-der-energiebranche-oettinger-schoent-subventionsbericht-1.1793957; Abruf 8. 11.2013
100 http://www.boersennews.de/markt/aktien/eni-it0003132476/89767/fundamental; Abruf 23.7.2013
101 Financial Times, 5. April 2007
102 http://www.forbes.com/profile/paulo-scaroni/; Abruf 22.8.2013
103 http://www.munzinger.de/search/portrait/paolo+scaroni/0/25868.html; Abruf 22.8.2013
104 http://www.software-systems.at/newsletters/die-rohstoff-branche-auf-dem-korruptions-pruefstand/; Abruf 21.8.2013
105 Handelsblatt, 17. Mai 2005

106 http://www.radio24.ilsole24ore.com/notizie/a-ciascuno/2013-05-31/bisignani-scaroni-chiamo-prima-173358.php; Abruf 8.11.2013
107 http://derstandard.at/1308679633143/Schlammschlacht-in-Berlusconis-Regierungspartei
108 http://www.linkiesta.it/bisignani-quel-ponte-tra-prima-e-seconda-repubblica; Abruf 20.6.2013 (Übers. d. A.)
109 Die Welt, 26. Juni 2013
110 Marcella Heine: Der Schattenmann. Aus Sorge um Italien, www.aussorgeumitalien.de/wp/2011/07/05/der-schattenmann/; Abruf 14.11.2013
111 Federico de Rosa: I consigli a Scaroni per Arcore e le mosse su Poste e Unicredit, Corriere della Sera, 23. Juni 2011 (Übers. d. A)
112 The Sun, London, 28. Juli 2013
113 http://eiti.org/document/case-study-nigeria; Abruf 3.6.2013
114 http://www.publishwhatyoupay.org; Abruf 4.7.2013
115 The Economist, London, 15. Juni 2013 (Übers. d. A.)
116 www.deutsche-bank.de/medien/de/content/presse_informationen_2008_4029.htm; Abruf 8.11.2013
117 http://www.saipem.com/site/home/documentation/corporate-governance/documents-of-corporate-governance.html; Abruf 28.11.2013
118 Reuters, 7. Februar 2013
119 http://www.saipem.com/site/home/press/corporate/articolo6329.html; Abruf 20.7.2013
120 http://www.saipem.com/site/home/press/business/articolo6326.html; Abruf 20.7.2013
121 Patrick Fogli, Ferruccio Pinotti: Bleiernes Schweigen, Berlin, 2012, S. 551
122 http://corporateeurope.org/eu-crisis/2013/03/businesseurope-and-european-commission-league-against-labor-rights; Abruf 10.10.2013
123 Corporate Europe Observatory: BusinessEurope and Economic Governance, Brüssel, 8. Mai 2013
124 http://www.efr.be/profumo.aspx; Abruf 8.5.2013
125 Katharina Kort: Alessandro Profumo. Der Angeklagte, Handelsblatt, 6. Juni 2012, S. 54
126 http://www.spiegel.de/wirtschaft/unternehmen/aelteste-bank-der-welt-monte-dei-paschi-affaere-erreicht-ezb-chef-draghi-a-880304.html; Abruf 10.11.2013

127 Ebd.
128 Katharina Kort: Neue Vorwürfe gegen Bankmanager, Handelsblatt, 31. Januar 2013
129 Christian Salewski: Die Selbstbediener, impulse, 28. März 2012, http://www.impulse.de/unternehmen/die-selbstbediener
130 Werner Rügemer: PPP-Public Private Partnership oder Privat macht Public Pleite. Telepolis, 16. Juni 2008, http://www.heise.de/tp/druck/mb/artikel/28/28125/1.html; Abruf 28.11.2013
131 Andreas Wassermann: Himmelhoch, Der Spiegel, 28. Oktober 2013, S. 79
132 http://www.movisol.org/draghi2.htm; Abruf 4.7.2013
133 http://www.proteo.rdbcub.it/article.php3?id_article=176#nb1; Abruf 28.11.2013 (Übers. d. A.)
134 Eduardo Montolli: Il Caso Genchi, Rom, 2009, S. 585
135 David A. Yallop: Im Namen Gottes, München 1984, S. 164
136 Corriere della Sera, 23. März 1993
137 http://www.youtube.com/watch?v=XuqitXGuYks; Abruf 28.11.2013 (Übers. d. A.)
138 Alberto Vannuci: The Controversial Legacy of Mani Pulite: A Critical Analysis of Italian Corruption and Anti-Corruption Policies, Bulletin of Italian Politics, Vol 1., Nr. 2, 2009, S. 258 (Übers. d. A.)
139 Alberto Vannuci, a.a.O., S. 235
140 Enzo Ciconte: Sichtbarkeit und Unsichtbarkeit der Geschichte der Ndrangheta, Konferenz La Ferita 2010, Reggio Calabria, unveröffentlichtes Manuskript, 2012, S. 46
141 Petra Reski: Die Linken sind nicht anders als Berlusconianer ohne Vorstrafen, stern.de, 30. November 2007, http://www.stern.de/politik/ausland/italien-die-linken-sind-nichts-anderes-als-berlusconianer-ohne-vorstrafen-sperrfrist-29112007-603892.html; Abruf 28.11.2013
142 Antonio Massari: Ho scoperto una nuova P2, La Stampa, 5. Dezember 2008 (Übers. d. A.)
143 Stefan Ulrich: Im Schattenreich der Krake, Süddeutsche Zeitung, 19.Mai 2010, http://www.sueddeutsche.de/politik/reportage-im-schattenreich-der-krake-1.916280-2; Abruf 20. 3.2012
144 www.blitzquotidiano.it/economia/alitalia-baldassarre-elia-valori-indagati-cordata-375873/; Abruf 6.7.2013

145 www.consob.it/main/documenti/hide/afflittivi/pec/mercati/2013/d18484.htm
146 http://www.lacentralegroup.it/eng/storia.html; Abruf 1.10.2013
147 http://www.lacentralegroup.it: Abruf 5.10.2013
148 http://www.btboresette.com/un-sostegno-allimprenditoria-minore/; Abruf 28.11.2013
149 http://deutsche-wirtschafts-nachrichten.de/2012/06/15/bloomberg-klagt-gegen-die-ezb-was-hat-mario-draghi-zu-verbergen/; Abruf 3.4.2013
150 Ebd.
151 http://www.nber.org/papers/w9806.pdf (S. 10); Abruf 28.11.2013
152 Landon Thomas Jr. and Jack Ewing: Can Super Mario Save the Day for Europe?, The New York Times, 29. Oktober 2011
153 http://www.youtube.com/watch?v=pEVKyqE7V6g; Abruf 20.9.2013
154 Landon Thomas Jr. and Jack Ewing, a.a.O.
155 Focus Money, 26. Juni 2013, S. 10
156 Frankfurter Allgemeine Zeitung, 14. Dezember 2012
157 Geld Magazin, Juli 2013, S.12
158 Alberto Vannuci, a.a.O., S. 244
159 Jürgen Roth: Netzwerke des Terrors, http://www.bpb.de/veranstaltungen/dokumentation/130099/netzwerke-des-terrors?p=all; Abruf 28.11.2013
160 http://www.amnesty.de/jahresbericht/2013/griechenland; Abruf 28.11.2013
161 http://www.bild.de/politik/kolumnen/martin-lambeck/selbst-nana-mouskouri-kann-schaeuble-keine-neuen-kredite-entlocken-25723426.bild.html; Abruf 19.11.2013
162 Zit. n. Heinrich Goperz: Sophistik und Rhetorik, Darmstadt 1965, S. 217
163 Die Welt, 8. April 2013
164 Stephen Grey, Dina Kyriakidou: Greece's triangle of power, Reuters Special Report, Dezember 2012, S. 6
165 Andrea Albes, Ferry Batzoglou, Nikos Leontopoulos: Monopoly der Millionäre, Stern, 20.Dezember 2012, S. 70
166 Zit. n. Thomas Wieczorek: Die Normalität der Politischen Korruption, Dissertation, Norderstedt 2002, S. 111

167 Ioannis Michaletos: 12 Ultra rich Greeks who should have bailed out Greece themselves, www.businessinsider.com; Abruf 7.7.2013
168 Tages-Anzeiger, Zürich, 2. Juni 2012
169 http://www.enet.gr/?i=news.el.article&id=364951; Abruf 8.7.2013
170 http://www.jewsnews.co.il/2013/06/30/newly-appointed-greek-minister-of-health-raises-jewish-concerns/; Abruf 4.8.2013
171 http://www.neues-deutschland.de/artikel/219047.ultrarechte-traeume-in-athen.html; Abruf 20.7.2013
172 To Vima, 6. August 2012 (Übers. d. A.)
173 Zit.n. Spiegel Online, 1. Mai 2012, Abruf 20.9.2013
174 http://exiledonline.com/austerity-fascism-in-greece-the-real-1-doctrine/; Abruf 15.9.2013
175 http://www.flickr.com/photos/oscepa/10230691816/; Abruf 15.10.2013
176 http://infomobile.w2eu.net/tag/repression/; Abruf 15.10.2013
177 Vgl. Presseerklärung der Anwaltsgruppe für die Rechte von Flüchtlingen und Migranten, vom 24. Februar 2012
178 Bernd Klees: Unzeitgemäße Gedanken, http://www.prof-dr-bernd-klees.de/page1.php; Abruf 4.11.2013
179 Mario Candeias: Handlungsfähigkeit durch Widerspruchsorientierung, zit. n. Oliver Marchart, a.a.O., S. 113
180 Süddeutsche Zeitung, 25. Juli 2013
181 Stephen Grey, Nikolas Leontopoulos: Clandestine loans fortified Athens bank, Reuters, 16. Juli 2012, S. 3
182 http://cemea.economistconferences.com/content/lavrentis-lavrentiadis; Abruf 20.9.2013
183 Stephen Grey: In Greece, claims a mangnate stole from his own bank, Reuters Special Report, 12. Juni 2012, S. 4
184 SonntagsBlick, Zürich, 9. Mai 2010
185 Ioannis Michaletos, a.a.O., www.businessinsider.com; Abruf 6.7.2013
186 Stephen Grey, Dina Kyriakidou, a.a.O., S. 6
187 A.a.O., S. 3
188 Wassilis Aswestopoulos: Getrickst und geschummelt, http://www.dradio.de/dkultur/sendungen/lesart/1681138/; Abruf 19.9.2103

189 http://www.handelszeitung.ch/management/angelopoulos-clan-die-schoene-und-die-schweiz; Abruf 23.10.2013
190 Guy Smallmann, Kate Mara: Into the Fire – The Hidden Victims of Austerity in Greece (Dokumentarfilm), 2012
191 Helena Smith: Greece's neo-Nazi Golden Dawn goes global with political ambitions, The Guardian, 1. April 2013
192 Nils Muiznieks, Report, 16. April 2013, http://www.statewatch.org/news/2013/apr/eu-commissioner-human-rights-greece-report-16-04-13.pdf; Abruf 12.7.2013
193 http://borderlinereports.net/2012/10/25/report-golden-dawn-1980-2012-the-neonazis-road-to-parliament/
194 Dimitris Psarras: The Black Bible of the Golden Dawn, Athen 2012, S. 35-36
195 Zit. n. TV-Sender TVXS, 2. Dezember 2012
196 http://www.abc.net.au/7.30/content/2012/s3503598.htm; Abruf 9.8.2013
197 http://ipanagiotaros.blogspot.gr/; Abruf 20.10.2013
198 Paul Mason: Alarm at Greek police ›collusion‹ with far-right Golden Dawn, BBC-News, 17. Oktober 2012, http://www.bbc.co.uk/news/world-19976841; Abruf 14.11.2013
199 http://www.hellenicparliament.gr/UserFiles/a08fc2dd-61a9-4a83-b09a-09f4c564609d/es20121018.pdf.; Abruf 7.8.2013
200 http://xaameriki.wordpress.com/2013/10/20/nikolaos-michaloliakos-persecuted-for-my-ideas-by-an-anti-hellenic-regime/; Abruf 10.10.2013
201 http://www.npr.org/templates/story/story.php?storyId=228369706; Abruf 20.10.2013
202 https://athens.indymedia.org/front.php3?lang=el&article_id=1399941
203 Yiannis Baboulias: Selective zero-tolerance: is Greece really a democracy anymore?, NewStatesman, 5, Februar 2013 (Übers. d. A.)
204 Süddeutsche Zeitung, 28. September 2013
205 http://tvxs.gr/news/ekloges-2012-enimerosi/mazika-xrysi-aygi-psifise-kai-pali-i-astynomia; Abruf 28.11.2013
206 Augustine Zenakos: Golden Dawn, 1980-2012. The Neonazis' Road to Parliament, http://borderlinereports.net, 25. Oktober 2012; Abruf 15.7.2013
207 Paul Mason, a.a.O., http://www.bbc.co.uk/news/world-19976841; Abruf 14.11.2013 (Übers. d. A.)

208 Maria Margaronis: Greek anti-fascist protesters ›tortured by police‹ after Golden Dawn clash, The Guardian, London, 9. Oktober 2012 (Übers. d. A.)
209 Ta Nea, Athen, 2. Februar 2013
210 Mónica Alves Dias Tischler: Politische Entwicklung nach der Demokratisierung: Die Erfahrungen und Erinnerungen von Korea, Spanien, Portugal und Griechenland, Referat, Internationales Symposiums der Korea Democracy Foundation und Friedrich-Ebert- Stiftung, Seoul, 18. Juni 2007
211 Zit.n. Günter Wallraff, Eckart Spoo: Unser Faschismus nebenan. Erfahrungen bei NATO-Partnern, Köln 1987, S. 105
212 Zit. n. Eckart Spoo: Erinnerungen an einen Militärputsch, Ossietzky-Zeitschrift, 1/2013, S. 15
213 Günter Wallraff, Eckart Spoo, a.a.O., S. 95
214 Eckart Spoo, a.a.O., S. 16
215 Philipp Rock: Macht, Märkte und Moral, Europäische Hochschulschriften, Frankfurt, 2010, S.113
216 A.a.O., S. 103
217 A.a.O., S. 78
218 Florian Hassel: Die Schuldigen des Griechenland-Desasters, Die Welt, 2. Mai 2010
219 Der Spiegel Nr. 44/1969
220 Insight Team of the Sunday Times: The year of the captains, London 1975, S. 11 (Übers. d. A.)
221 Christiane Gerhards, Malte Rauch, Samuel Schirmbeck: Volkserziehung in Portugal, Reinbeck 1976, S. 60
222 Vgl. Insight Team of the Sunday Times: The year of the captains, London 1975, S. 229
223 Der Spiegel, Nr. 16, 1976, S. 125
224 Günter Wallraff, Eckart Spoo, a.a.O., S. 273
225 Rainer Eisfeld: Sozialistischer Pluralismus in Europa. Ansätze und Scheitern am Beispiel Portugal, Köln 1984, S.119
226 Frankfurter Allgemeine Zeitung, 17. Juli 1975
227 Dorlies Pohlmann: Wie die Revolution zurückgedreht wurde, in: Günter Wallraff, Eckhart Spoo, a.a.O., S. 275
228 Raquel Varela: Plante die PCP die »Machtgreifung?«‹, in: 25. April 1974. Die Nelkenrevolution, Bibliothek des Widerstands, Berlin, Band 15, S. 151
229 Rainer Eisfeld, a.a.O., S. 118

230 A.a.O., S. 130
231 Eugénio Óscar Garcia da Rosa: Os Grupos Económicos e o desenvolvimento em Portugal no Contexto da Globalizacao, Vortrag, Universidade Técnica de Lisboa, Lissabon, 19. Juli 2012
232 algarvedailynews, 25. Juli 2012
233 http://www.dn.pt/inicio/portugal/interior.aspx?content_id=3242986; Abruf 18.8.2013
234 Diário de Notícias, 31. Oktober 2011
235 http://queselixeatroika15setembro.blogspot.de; Abruf 28.11.2013
236 Destak, 13. April 2011, S.8 (Übers. d. A.)
237 Ebd.
238 http://blog.transparency.org/2012/09/03/dealing-in-the-dark-portugals-sad-case-study-on-defence-procurement/; Abruf 12.11.2013 (Übers. d. A.)
239 The Portuguese Memorandum of Understanding on Specific Economic Policy Conditionality, Transparencia e Integridada, Lissabon, Juni 2011
240 Christine Wicht: Rezension des Buches von Werner Rügemer: Heuschrecken im öffentlichen Raum: Public Private Partnership – Anatomie eines globalen Finanzinstruments, NachDenkSeiten, 5. Juli 2008, http://www.nachdenkseiten.de/?p=3320; Abruf 28.11.2013
241 Paulo de Morais: Da corrupcao à Crise, Lissabon 2013, S. 9
242 http://www.opais.net/pt/opais/?det=33448; 28.11.2013 (Übers. d. A.)
243 http://uhudla.wordpress.com/2013/07/19/260-osterreichische-panzer-fur-portugal/; Abruf 12.11.2013
244 http://www.dradio.de/dlf/sendungen/europaheute/1629034/; Abruf 18.10.2013
245 Criton M. Zoakos: Eye-Popping Greek Corruption, The International Economy, Washington, Frühjahr 2010, S. 18 (Übers. d. A.)
246 Laut der Zeitschrift Independent, zit. n. Griechenland-Blog, http://www.griechenland-blog.gr/2012/02/deutschlands-korruptions-exporte-nach-griechenland/6777/; Abruf 12.11.2013
247 http://www.zeit.de/2012/02/Ruestung-Griechenland/seite-3; Abruf 23.9.2013

248 http://www.auswaertiges-amt.de/DE/Infoservice/Presse/Interviews/2010/100201-bm-Kathimerini.html?nn=386064; Abruf 19.11.2013
249 Lena Mavraka, Vasilis Papatheodorou: Forgiving Siemens: Unraveling a Tangled Tale of German Corruption in Greece; , corpWatch, 11. Juni 2012, http://www.corpwatch.org/article.php?id=15740; Abruf 12.11.2013
250 http://www.compliancemagazin.de/markt/interviews/siemens240507.html; Abruf 21.11.2013
251 Gespräch mit dem Autor, 24. August 2013
252 http://www.griechenland-blog.gr/2012/02/deutschlands-korruptions-exporte-nach-griechenland/6777/6777/; Abruf 12.11.2013
253 Süddeutsche Zeitung, 7. April 2012
254 Manager Magazin, 26. Juni 2009
255 Athen knöpft sich Pierer & Co vor, Frankfurter Allgemeine Zeitung, 16. April 2013, S. 14
256 http://www.grreporter.info/en/former_minister_confessed_have_taken_200_000_marks_siemens/2858; Abruf 20.11.2013 (Übers. d. A.)
257 http://www.theguardian.com/commentisfree/2012/oct/30/greece-democracy-hot-doc-lagarde-list; Abruf 18.11.2013
258 Joachim Müller-Soares: Vom Stasi-Spitzel zum Milliardär, Capital, 1. Oktober 2008, S. 86
259 Ebd.
260 Beschlussempfehlung und Bericht des 2. Untersuchungsauschusses, Deutscher Bundestag, Drucksache 13/10900, Bonn, 28. Mai 1998, S. 132
261 Ebd.
262 http://www.grreporter.info/en/socrates_kokkalis_dock_because_controversial_contract_greek_state_lottery/4596; Abruf 28.11.2013
263 Dieter Bräuninger: Erlöse, Wettbewerb, Wachstum, Möglichkeiten der Privatisierung im Eurogebiet, EU-Monitor 87, Deutsche Bank Research, 20. Oktober 2011, S. 2
264 Bild, 27. Oktober 2010
265 http://www.ilsole24ore.com/art/notizie/2011-09-29/testo-lettera-governo-italiano-091227.shtml?uuid=Aad8ZT8D; Abruf 28.11.2013 (Übers. d. A.)
266 European Commission, The Second Economic Adjustment Programme für Greece First Review, Dezember 2012

267 http://www.hradf.com/en; Abruf 28.11.2013
268 Ferry Batzoglou: »Für uns zählt nur das Geld«. Zeit-Online, 28. Februar 2013, http://www.zeit.de/wirtschaft/2013-02/griechenland-privatisierung-staatsbesitz Abruf 21.11.2013
269 Gerd Höhler: Privatisierungschef muss Posten räumen; Main-Post, 19. August 2013
270 http://www.ocnus.net/artman2/publish/Business_1/Profile-of-a-Greek-Oligrach-Dimitris-Melissanidis-The-Oil-Trader.shtml; Abruf 19.11.2013
271 http://www.unfollow.com.gr; 28.11.2013
272 http://www.vice.com/en_se/read/unfollow-magazine-oil-smuggling-aegean-oil; Abruf 19.11.2013
273 Ferry Batzoglou: Sanierung auf griechische Art, FAZ-net, 12. Oktober 2013, http://www.faz.net/aktuell/sport/fussball/aek-athen-sanierung-auf-griechische-art-12615640.html; Abruf 28.11.2013
274 Das ausführliche Interview von Wassilis Aswestopoulos mit dem Journalisten Lefteris Charalampopoulos findet sich auf Telepolis, 14.Februar 2013, http://www.heise.de/tp/artikel/38/38565/1.html; 28.11.2013
275 http://www.dimokratianews.gr/content/12064/ηρθε-η-ώρα-να-ενώσουμε-τη-βάση-της-παράταξης; Abruf 28.11.2013 (Übers. d. A.)
276 http://www.rechtsanwalt-griechenland.de/blog/; 28.11.2013
277 Deutsche Bank Research, Beiträge zur europäischen Integration, EU-Monitor 87, 20. Oktober 2011
278 http://www.griechenland-blog.gr/2013/10/wie-viel-kostet-der-haushaltsueberschuss-in-griechenland/60349/; Abruf 28.11.2013
279 Rede im griechischen Parlament am 12. Oktober 2013, vgl. www.primeminister.gov.gr/2013/10/12/12418; Abruf 15.9.2013
280 Reiner Wandler: Protestieren wird bald teurer, Taz, 21.10.2013, S. 10
281 http://www.informelles.de/2012/04/18/tortenwerfer-sind-terroristen/; Abruf 13.11.2013
282 http://www.eurogendfor.org/organization/what-is-eurogendfor; Abruf 28.11.2013
283 http://www.quarterly-review.org/?p=1198; Abruf 27.11.2013
284 Konrad Lischka, Ole Reißmann: Die volle Kontrolle, Spiegel Online, 13. November 2012, http://www.spiegel.de/netzwelt/

netzpolitik/eu-ueberwachungsprojekt-indect-die-volle-kont-rolle-a-866785.html; Abruf 13.11.2013

285 http://www.indect-project.eu/approach-to-ethical-issues; Abruf 10.6.2013

286 Henryk M. Broder: Die letzten Tage Europas – Wie wir eine gute Idee versenken, München 2013, S. 55

287 http://www.derwesten.de/politik/politiker-diaeten-was-abgeordnete-in-bund-laendern-und-eu-verdienen-id6330669.html; Abruf 28.11.2013

288 Jan Fleischhauer: »Wer zahlt, Sie oder ich?«, Spiegel Online, 7. November 2013, http://www.spiegel.de/politik/ausland/jan-fleischhauer-ueber-das-leben-als-eu-abgeordneter-a-932353.html; Abruf 28.11.2013

289 »Lämmer verwandeln sich dann in reißende Wölfe«, Interview mit Wolfgang Hetzer, Die Welt, 11. April 2013, http://www.welt.de/politik/article115185760/Laemmer-verwandeln-sich-dann-in-reissende-Woelfe.html; Abruf 19.11.2013

290 Stephan Kaufmann: Das Volk wird zum Störfaktor, Frankfurter Rundschau, 20. April 2012, http://www.fr-online.de/schuldenkrise/eurokrise--das-volk-wird-zum-stoerfaktor,1471908,14960976.html; Abruf 21. 22.2013

291 Hintergrundpapier für die hochrangigen und thematischen Podiumsdiskussionen, ILO, 9. Europäische Regionaltagung, Oslo, 8.-11. April 2013

292 http://de.groups.yahoo.com/group/contraste-list/message/18579; Abruf 20.11.2013

293 http://www.oya-online.de/article/read/1073-wo_wasser_gemeinschaft_schafft.html; Abruf 20.11.2013

294 https://www.torial.com/anja.humburg/portfolio/9123; Abruf 13.11.2013

295 Ebd.

296 http://berliner-wassertisch.info/%E2%80%9Erekommunalisierung%E2%80%9C-a-la-spd-und-cdu-veolia-und-rwe-vertreter-sollen-chefs-des-neuen-stadtwerks-werden-pressemitteilung-vom-24-10-2013/; Abruf 20.11.2013

297 Berliner Wassertisch, Presseerklärung vom 24. Oktober 2013

298 http://fores.blogs.uv.es/author/fores/page/30/; Abruf 20.11.2013

299 http://www.eldoradogold.com/i/pdf/Greece-Whitepaper.pdf; Abruf 10.10.2013

300 http://www.tagesanzeiger.ch/wirtschaft/unternehmen-und-konjunktur/Hellas--Goldrausch/story/10465236; Abruf 20.9.2013
301 Saeed Shah: Regal's Timis named in Romania organised crime investigation, The Independent, 6. Juni 2005
302 http://antigoldgr.wordpress.com/halkidiki-2/; Abruf 29.9.2013
303 http://www.griechenland-blog.gr/2013/04/schwermetall-verseuchung-bei-goldminen-in-griechenland/12780/; Abruf 13.11.2013
304 http://soshalkidiki.files.wordpress.com/2013/04/women_en.pdf; Abruf 16.11.2013 (Übers. d. A.)
305 http://www.ejolt.org/2013/06/a-canadian-company-the-police-in-greece-and-democracy-in-the-country-that-invented-it/; Abruf 16.11.2013 (Übers. d. A.)
306 Zit. n. Griechenland-Blog, http://www.griechenland-blog.gr/2013/03/eldorado-gold-droht-mit-rueckzug-aus-griechenland/12641/; Abruf 14.11.2013
307 Deutsche Welle, World.de, 13. November 2012
308 https://www.facebook.com/pages/Movimento-dei-Forconi/254645254561355; Abruf 16.12.2013
309 http://www.tagesschau.de/ausland/italienmistgabel100.html; Abruf 16.12.2013
310 http://www.berliner-zeitung.de/politik/forconi-bewegung-in-italien--uns-verbindet-der-zorn-,10808018,25629816.html; Abruf 17.12.2013
311 http://www.flassbeck-economics.de/proteste-in-italien-damit-wollen-die-deutschen-medien-den-buerger-nicht-beunruhigen; Abruf 17.12.2013
312 Katharina Iskandar: Die verwundete Polizei, Frankfurter Allgemeine Sonntagszeitung, 9. Juni 2013, S. 9
313 Schreiben der dju am 5. Juni 2013 an den hessischen Innenminister, Boris Rhein
314 Jonas Nonnemann: Die gefährliche Macht der Polizei, Frankfurter Rundschau, 5. Juni 2013
315 Alfred Grosser: Gesellschaft und Politik in Frankreich und Deutschland; Zur Debatte. Themen der Katholischen Akademie in Bayern, Heft 6/2013, S. 8
316 Wolfgang Streeck: Das Ende der Nachkriegsdemokratie, Süddeutsche Zeitung, 27. Juli 2012, S. 23

317 http://www.rgit-usa.com/de/news-modul/news-single/artikel/mdep-daniel-caspary-bei-rgit/?cHash=64ccc495c88bea645fd0a5d01ea7e905; Abruf 20. 11.2013
318 http://www.ecologic.eu/de/10068; Abruf 20.11.2013
319 http://corporateeurope.org/trade/2013/09/european-commission-preparing-eu-us-trade-talks-119-meetings-industry-lobbyists; Abruf 20.6.2013
320 Wolfgang Uellenberg-van Dawen, Die Entfesselung der Märkte; Ver.di Publik, 06 (2013)
321 Lori Wallach: TAFTA – die große Unterwerfung, Le Monde diplomatique, 8. November 2013, http://www.monde-diplomatique.de/pm/2013/11/08.mondeText1.artikel,a0003.idx,0; Abruf 20.11.2013
322 http://www.oxfam.de/sites/www.oxfam.de/files/20140120-working-for-few-political-capture-economic-inequality-en.pdf, Abruf 22. Januar 2014
323 Serge Halimi: Wir brauchen den Mond, http://www.monde-diplomatique.de/pm/2011/07/08.mondeText1.artikel,a0035.idx,17, Abruf 29. 11.2013
324 http://www.altersummit.eu; Abruf 14.11.2013
325 http://www.altersummit.eu/IMG/pdf/manifest_alter_summit.pdf; Abruf 14.11.2013
326 Aufruf Europa neu begründen, Ver.di Publik, 03/2012, S. 15
327 Wolfgang Gehrcke, Deutscher Bundestag, 188. Sitzung, stenografischer Bericht, Berlin, 29. Juni 2012
328 Bernd Klees: Unzeitgemäße Gedanken, http://www.prof-dr-bernd-klees.de/page1.php; Abruf 20.11.2013

PERSONENREGISTER

Abacha, Sani 99
Ackermann, Josef 51
Adelini, Georgia 234
Adenauer, Konrad 193
Adoke, Mohammed Bello 100
Afonso, José 194
Ager, Brian 88
Alfano, Angelino 280
Alierta, Cesar 89
Alliot-Marie, Michèle 259
Alves Dias Tischler, Mónica 183f.
Amaral, Luis Mira 208
Amorim, Américo 207f., 210
Anagiotaros, Elias 176
Anda, Gratian 61
Andreotti, Giulio 113
Angelopoulos, Theodoros 171
Angelopoulos-Daskalaki, Gianna 171
Antoniou, Dimitris 240ff.
Apel, Hans 187
Araújo, Rui 213ff., 219, 293
Asmussen, Jörg 66
Augustinus 10
Avgeropoulos, Yorgos 276

Baldassarre, Antonio 122
Banoutsos, Andreas 26f., 253, 294
Bär, Michael 79
Bär, Raymond 62
Barnier, Michel 92
Barroso, José Manuel 14f., 53, 56, 89f., 169, 185, 224, 226
Bastos de Morais, Jean-Claude 69
Basu, Sanjay 40
Bazakopoulou, Elena 40
Becker, Boris 62
Benvenuti, Giorgio 279
Berggruen, Nicolas 20
Berlusconi, Silvio 94-98, 110, 113-118, 120f., 248
Berninger, Matthias 82
Bielecki, Jan 92
Bisignani, Luigi 96-100
Blessing, Martin 47, 81
Bobolas, George 272-275
Bodrero, Lorenzo 114, 294
Borchert, Jürgen 285
Brandeis, Louis 18f.
Brandt, Willy 187, 189, 202
Brennan, David 93

Brito, Maria Eulalia de 195
Broder, Henryk M. 262
Brok, Elmar 48
Brüner, Franz-Hermann 19
Bsirske, Frank 290
Büchi, Ralph 75
Bustis, Vicenzo de 101
Buzek, Jerzy 92

Cadilhe, Miguel 209
Caetano, Marcello 193ff.
Cameron, David 92
Candeias, Mario 160
Canfin, Pascal 125f.
Carvalho, Otelo 194, 215
Caspary, Daniel 286
Castries, Henri de 51, 105
Catroga, Eduardo 28f.
Champalimaud, Antónios 206f.
Charalampopoulos, Lefteris 251f.
Chrisochoidis, Michalis 152
Christofias, Demitris 92
Christoforakos, Michael 240f.
Ciampi, Giuliano 115
Citaristi, Severino 112
Claes, Willy 55
Coelho, Jorge 224
Coene, Luc 51
Cohn-Bendit, Daniel 230
Collardi, Boris 62f.
Cossiga, Francesco 118
Costopoulos, Yannis 145
Craxi, Bettino 112f.
Cromme, Gerhard 89
De Mello, Familie 203f.

Dendias, Nicolas 152
Di Pietro, Antonio 112, 127
Diab, Amr 166

Dias Loureiro, Manuel 209
Diekmann, Kai 80
Diez, Georg 54
Djindjic, Zoran 50
Dolata, Uwe 238
Döpfner, Mathias 79
Douzinas, Costas 24
Draghi, Giacomo 127
Draghi, Mario 14, 51, 98, 105f., 108-127, 248
Drougos, Athenasios E. 26, 169, 190, 294

Eckert, Joachim 226
Eichel, Hans 67
Elizabeth II. 113
Enders, Thomas 51
Engelman, Lukas 77
Erdoğan, Recep Tayyip 154, 258
Erhard, Ludwig 192
Ermolli, Bruno 96
Ermotti, Sergio 59
Espírito Santo, Familie 197f.
Etete, Dan 99f.

Fernández Díaz, Jorge 258
Ferreira do Amaral, João 224
Ferrer de Mesquita, Teo 195, 294
Feser, Claudio 76, 79
Fillon, François 92
Fink, Larry 119
Fischer, Joseph (Joschka) 55
Fitschen, Jürgen 81, 101
Fleischhauer, Jan 262
Fogli, Patrick 103
Forster, Pascal 60f., 73
Francioni, Reto 82
Franco, Francisco 258

Freitag, Michael 78
Frey, Rainer-Marc 74
Fyssas, Pavlos 178, 180

Galli, Giorgio 97
Gantner, Alfred 74
Garavini, Laura 110
Garbely, Frank 236
Gardels, Nathan 20
Garrido, Ulisses 23, 28, 163, 293
Gehrcke, Wolfgang 290
Geißdörfer, Josef 238
Genscher, Hans-Dieter 190
Georgantzis, Kostas 271
Georgiadis, Adonis 146ff.
Georgiadou, Vassiliki 147
Gerhards, Christiane 197
Giannakopoulos, Nicolas 294
Giezendanner, Ulrich 65
Glezos, Manolis 18, 136
Gomes, Francisco da Costa 199
Gorz, André 15
Gotti Tedeschi, Ettore 78
Grey, Stephen 139, 167, 293
Grobecker, Sabine 80
Grosser, Alfred 285
Guterres, António 226, 226

Hartmann, Wolfgang 84
Heemskerk, Eelke N. 85
Heil, Hubertus 48
Heinrich, Rainer 269
Heitzmann, Barbara 44f.
Hetzer, Werner 23
Hetzer, Wolfgang 19, 263, 294
Hitler, Adolf 45, 176
Hohn, Christopher 82

Höhn, Reinhard 44ff.
Hollande, Françoise 89
Hoyer, Werner 20
Humburg, Anja 269
Hundt, Dieter 45
Hunold, Joachim 83f.

Iskandar, Katharina 282

Jardim, José Vera 225
Johansson, Leif 89f.
Jung, Volker 241, 245
Jungmann, Horst 249

Kalivas, Yorgos 276
Kall, Martin 74
Kamenetzky, David 81
Kanakis, Nikitas 132
Karamanlis, Familie 170
Karamanlis, Kostas 189f., 232
Karanikas, Harry 166, 293
Karataferis, Georgos 147
Kassidiaris, Elias 176
Kassidiaris, Ilias 179
Katsaris, Dimitris 181
Kaufmann, Stephan 263
Klaeden, Eckart von 51
Klees, Bernd 158, 290f.
Kleinfeld, Klaus 52
Kley, Karl Ludwig 48
Koch, Roland 51
Kögel, Karlheinz 84
Kohl, Helmut 79
Kokkalis, Sokratis 241f., 244ff.
Köppel, Roger 75, 79
Körner, Ulrich 67
Korolec, Marcin 92
Kostopoulos, Familie 171
Kounalaki, Xenia 152

Kousoumbris, Charis 179
Kraljic, Peter 77
Kranidiotis, Failos 178
Kroes, Neelie 52, 92
Kühl, Stefan 46
Kutschenreuter, Michael 245
Kyriakidou, Dina 139

Ladner, Thomas 59ff., 69f.
Lagarde, Christine 52, 242
Latsis, Spiros 14f., 169, 171
Lauth, Hans-Joachim 143
Lavrentiadis, Lavrentis 167
Leontopoulos, Nikolas 167
Leyen, Ursula von der 20
Lima, Duarte 209
Löscher, Peter 52, 87, 89, 92ff.
Louçã, Francisco 23, 219, 257
Loverdos, Andreas 152
Lübke, Heinrich 193
Lucchini, Stefano 100

Magistris, Luigi de 97, 120f.
Malakas, Dimitris 247
Mandelis, Tassos 242
Mappus, Stefan 84
Mara, Kate 173
Marchart, Oliver 16
Marques de Morais, Rafael 71f.
Martinos, Thanassis 165
Mason, Paul 177, 180
Mattei, Ugo 268
Matter, Thomas 74
Matthöfer, Hans 203
Maynihan, Brian 63
Meacher, Michael 53
Melissadidis, Dimitris 250ff.
Mello, José Manuel de 204

Merkel, Angela 21f., 35, 55, 66f., 71, 89, 91f., 94, 129f., 136, 185, 211, 232
Merz, Friedrich 82f.
Metaxa, Ioannis 175
Michaletos, Ioannis 170, 293
Michaloliakos, Nikolaos (Astyanax) 172, 175, 179
Michalos, Panagiotis 144f.
Michos, Nikolaos 179
Mincato, Vittorio 96
Mitsotakis, Familie 170
Mitsotakis, Konstantinos 190
Modigliani, Franco 111
Mohammed Bin Rashi Al Maktoum 57
Monti, Mario 119
Moos, Alfred 202
Morais, Paulo de 220, 222, 225f.
Morgado, Maria 29
Moscovici, Pierre 20
Mouskouri, Nana 131
Moutsos, Yannis 138, 253, 293
Muižnieks, Nils 11, 174, 182
Müller, Erwin 64
Museveni, Yoweri Kaguta 101

Naumann, Reinhard 162
Neves Marques, Marco 32, 162
Niarchos, Philip 169
Niarchos, Stavros 169
Niemann,m Holger 89
Notheis, Dirk 84

Obermann, René 89
Oettinger, Günther 92f.
Oikonomides, Theodora 25, 153, 276

Oliveira Dias, Luis 198
Oliveira e Costa, José 209
Oncken, Dirk 188
Onofre, Paulo 294
Oppenheim, Christopher von 80f.
Otto, Klaus 65

Panagiotaros, Elias 176
Papadimopoulos, Themis 141
Papadopoulos, Georgios 173, 175
Papakonstantinou, Giorgos 242f., 275
Papandreou, Familie 170
Papandreou, Giorgos 142f., 185, 190, 232
Papanicolaou, Spyros 124
Papastavrou, Stavros 143f.
Papathanasiou, Yannis 53
Papavlassopoulos, Efthymis 176
Papoulias, Karolos 136
Passos Coelho, Pedro 28, 193, 212
Pena, Rui 226
Perikles 17
Perraudin, Paul 236
Pierer, Heinrich von 45ff.
Pinochet, Augusto 207
Pinotti, Ferruccio 103
Plutarch 17
Polydoras, Byron 178
Portas, Paulo 29f., 53, 226ff.
Potier, Benoit 93
Potocnik, Janez 92
Prino, Carla 31
Prodi, Romano 121
Profumo, Alessandro 105f.
Protagoras 135

Puig, Felip 259
Putin, Wladimir 94

Ramsauer, Peter 48
Rauch, Malte 197
Rebel, Wolfgang 270
Rehn, Olli 92
Rhein, Boris 281, 283
Richard, Keith 87
Ródriguez, Soraya 259
Rogowski, Michael 84
Rohner, Marcel 65f.
Rohner, Urs 67, 105
Röller, Jan Hendrik 92
Rompuy, Herman Van 92
Rousopoulos, Theodoros 139
Rügemer, Werner 107, 294

Salazar, António de 191-194, 201, 205
Sallas, Michael 167
Samaras, Antonis 40, 131, 139, 142ff., 149, 151, 177, 252, 258
Sanches, Daniel 209
Santos, Bonaventura de Sousa 24
Santos, Isabel dos 72, 208, 210
Santos, José Eduardo dos 69-72
Santos, José Filomeno de Sousa dos 69
Sarasin, Eric 63ff.
Sarkozy, Nicolas 52, 92, 185, 232
Sauter, Daniel 62f.
Scaroni, Paolo 93-96, 101f.
Schäuble, Wolfgang 20, 91, 130-137, 139, 144ff., 165, 236

Scheffer, Jaap de Hoop 51
Schirmbeck, Samuel 195, 197, 201
Schmid, Nils 48
Schnappauf, Werner 47
Scholz, Olaf 48, 55
Schönfelder, Wilhelm 88
Schreiber, Karlheinz 236
Schröder, Gerhard 21
Schulten, Thorsten 24
Schulz, Martin 20, 92
Seferiades, Seraphim 143
Ségol, Bernadette 16, 278
Seifert, Werner 82
Sekeris, Evangelos 144
Serra, Franko 116
Sikorski, Radoslaw 36
Silva, Cavaco 209f.
Simões, Sara 159ff., 218
Sindona, Michele 123
Skopis, Helen 35, 235, 255
Skrekas, Nick 172
Smallmann, Guy 173
Soares, Mário 200f., 203, 211
Sócrates, José, 210, 225
Solow, Robert 111
Soros, George 137, 144
Sousa, Luis de 217, 225
Spalinger, Beat 62
Spieler, Martin 75
Spínola, António de 195, 198-201
Starnoulis, Vangelis 134
Staub, Zeno 74
Stavridis, Stelios 250
Steinbrück, Peer 65
Strähle, Joachim 63
Stratoudakis, Petros 277
Strauß, Franz Josef 192, 198f.

Streeck, Wolfgang 19, 286
Stuckler, David 40
Student, Dietmar 78
Supino, Pietro 75f.

Tedeschi, Gotti 78
Theodorakis, Mikis 18
Theodoridis, Alexander 149, 182, 235, 253, 293
Theodorou, Michail 146
Thoming-Schmidt, Helle 92
Timis, Frank 272-275
Toskas, Lazaros 272
Tremonti, Giulio 98
Trichet, Jean Claude 248
Trimis, Dimitis 170
Tsipras, Alexis 136f., 170
Tsohatzopoulos, Akis 233f.
Tusk, Donald 35f.

Ulemek, Milorad 50

Valente de Oliveira, Luís 224
Valeri, Flavio 100f.
Valori, Giancarlo Elia 115ff., 120-123
Vanucci, Alberto 119
Vardinoyannis, Familie 170
Varela, Raquel 160, 162f., 202, 211, 257, 293
Vassiliou, Androulla 92
Vaxevanis, Kostas 243
Venizelos, Evangelos 243
Ventura Leite, Joaquim 228
Vichas, Giorgos 38f.
Vidal, Joana 72
Voridis, Makis 147f., 153
Voss, Friedrich 198
Voulpiotis, Ioannis 237

Walder, Marc 75
Wallraff, Günter 189, 198ff.
Wasala, Joanna 36
Weber, Axel 66, 105
Wecker, Konstantin 282
Weidmann, Jens 21, 66
Weinberger, Katharina 49
Welteke, Ernst 67-70
Werte, Klaus 48
Westerwelle, Guido 231
Wietlisbach, Urs 74

Witt, Peter 88
Wowereit, Klaus 79

Yayla, Bulut 154f.

Zacharias, Michas 25f., 234, 293
Zaroulia, Eleni 177
Ziegler, Jean 77
Zoakos, Christon M. 229

Schockierende Fakten, brillant recherchiert

Jürgen Roth bei Heyne

978-3-453-62020-9

Jürgen Roth
Der Deutschland-Clan
Das skrupellose Netzwerk aus Politikern, Top-Managern und Justiz
978-3-453-62020-9

Jürgen Roth / Rainer Nübel / Rainer Fromm
Anklage unerwünscht!
Korruption und Willkür in der deutschen Justiz
978-3-453-64518-9

Jürgen Roth
Der tiefe Staat
Die Unterwanderung der Demokratie durch Geheimdienste, politische Komplizen und den rechten Mob
978-3-453-20113-2

Jürgen Roth
Gangsterwirtschaft
Wie uns die organisierte Kriminalität aufkauft
978-3-453-60202-1

Leseproben unter **www.heyne.de**